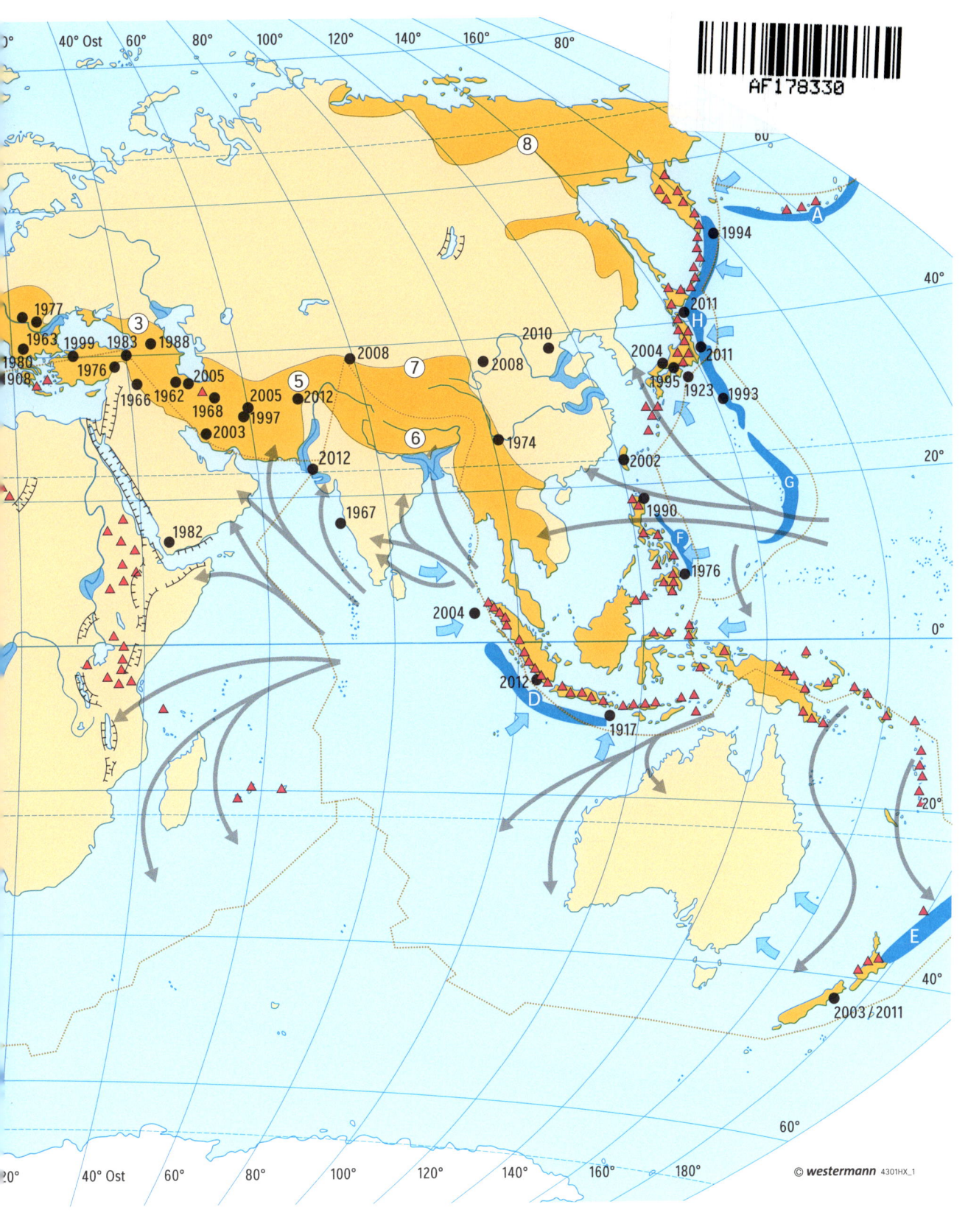

40° Ost   60°   80°   100°   120°   140°   160°   80°   60°   40°

1977
1963   3   1983   1988
1999
1980   1976
1908   1966   1962   2005   2005   2012   5   7   2008   2010
1968   1997   2008
2003   6   1974   2004   1995   1923   2011   2011   1994   H   A
2012   2002   G
1982   1990   F
1967   1976
2004
2012   D   1917
E
2003 / 2011

20°
40°
20°
0°
20°
40°
60°

20°   40° Ost   60°   80°   100°   120°   140°   160°   180°

© westermann 4301HX_1

Heimat und Welt

Klasse 7/8

Berlin
Brandenburg

Autorin und Autoren:

Peter Gaffga

Uwe Hofemeister

Jürgen Nebel

Notburga Protze

unter Mitwirkung der Verlagsredaktion

Beraterin und Berater:

Georg Gillert

Heike Kunert

Unter Mitwirkung der
Verlagsredaktion

Einbandfoto: Ausbruch des Pinatubo, Philippinen

Lernen mit Web-Codes

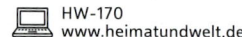
HW-170
www.heimatundwelt.de

Durch Eingabe des Web-Codes unter der
Adresse **www.heimatundwelt.de** gelangt man
auf die passende Doppelseite im aktuellen Atlas
„Heimat und Welt® – Weltatlas + Geschichte".
Auf der Internetseite erhält man Hinweise zu
ergänzenden Atlaskarten mit Informationen zu
den Karten sowie weiterführende Materialien.

Der Band enthält Beiträge von:
Matthias Bahr, Andreas Bremm, Johannes Derichs, Evelyn Dieckmann, Timo Frambach, Luisa Fleischfresser,
Martina Gelhar, Marita Graupner, Karsten Jonas, Gudrun Kort, Norma Kreuzberger, Hans Kronfeldner,
Rainer Lacler, Wolfgang Latz, Jens Mayenfels, Anja Mevs, Friedrich Pauly, Werner Petzold, Carola Schön,
Bärbel Schönherr, Birgit Schreier, Elke Stock, Ralf Tieke, Michael Tempel, Ingo Warken, Walter Weidner,
Christoph Weigert, Martina Weiser, Monika Wendorf, Dorothea Wiktorin, Matthias Wolf und Heike Zehrfeld.

westermann GRUPPE

© 2016 Bildungshaus Schulbuchverlage Westermann Schroedel Diesterweg Schöningh Winklers GmbH,
Georg-Westermann-Allee 66, 38104 Braunschweig
www.westermann.de

Druck A[5] / Jahr 2022
Alle Drucke der Serie A sind im Unterricht parallel verwendbar.

Redaktion: Lektoratsbüro Eck, Kristin Blechschmidt, Berlin; Steffen Stierhof, Braunschweig
Umschlaggestaltung: Thomas Schröder
Druck und Bindung: Westermann Druck GmbH, Georg-Westermann-Allee 66, 38104 Braunschweig

ISBN 978-3-14-**144960**-0

Zur Arbeit mit den Wahlthemen

Viele Kapitel in eurem Geografielehrbuch enthalten jeweils drei Wahlthemen. Ihr könnt euch ein Thema zur Bearbeitung aussuchen. Die Themen sind mit den Farben grün, gelb und rot gekennzeichnet. Grüne Themen sind einfach, gelbe Themen sind etwas schwerer und rote Themen sind am schwersten.

Die Themen sind so gestaltet, dass ihr sie am besten in der Gruppe bearbeiten könnt. Dazu findet ihr Hinweise und Tipps zur Bearbeitung direkt auf diesen Seiten.

Geht bei der Bearbeitung der Wahlthemen folgendermaßen vor:

1. Wählt ein Thema aus.
Informiert euch über die drei Themen. Schaut euch die Überschriften, Bilder, Texte und Tipps an und wählt das Thema aus, das euch am meisten interessiert.

2. Bearbeitet in Gruppen das gewählte Thema.
- Lest zuerst im Farbkasten das Thema, zu dem ihr eine Präsentation erstellen sollt.
- Schaut euch dann die Bilder an. Sie gehören zum Thema und geben Hinweise auf den Inhalt der Texte. Lest auch die Bildunterschriften. Sie können weitere Informationen enthalten.
- Arbeitet jetzt die Texte durch. Lest einen Absatz nach dem anderen. Notiert zu jedem Absatz den wichtigsten Gedanken in einem Satz.
- Lest nun unten auf der Doppelseite die „Tipps für die Erarbeitung". Entscheidet, welche Tipps ihr nutzt.
- Arbeitet die Texte und Materialien der Doppelseite noch einmal unter Beachtung der Tipps durch.

3. Stellt eure Ergebnisse der Klasse vor.
In dem Farbkasten oben auf der Seite steht nach dem Thema häufig der Satz: „Entwickelt dazu eine Präsentation und stellt sie in der Klasse vor." Überlegt euch also, wie ihr das Thema präsentieren wollt. Legt fest, wie ihr euer Arbeitsergebnis der Klasse vorstellt. Ihr könnt:
- einen Vortrag halten,
- ein Plakat gestalten,
- ein Rollenspiel vorstellen,
- einen Song, einen Rap vortragen,
- ein Video erstellen oder
- etwas ganz anderes vortragen.

Auch die Methode „Eine Präsentation erstellen" auf der Seite 43 hilft. Überlegt auch, wie ihr Bilder, Grafiken und Schaubilder eures Wahlthemas in der Präsentation umsetzt. Ihr könnt auf die Seiten in eurem Lehrbuch hinweisen oder eigene Zeichnungen anfertigen. Diese müssen natürlich so groß sein, dass alle in der Klasse sie sehen können.

Zeichenerklärung

Die Aufgaben in den Kapiteln des Buches sind mit den Farben grün, gelb und rot gekennzeichnet. Grüne Aufgaben sind leicht, gelbe Aufgaben sind etwas schwieriger und rote Aufgaben am schwierigsten. Eine Vielzahl der grünen Aufgaben ist mit einer „Starthilfe" (↗) versehen. Die Starthilfe erleichtert euch die Lösung der Aufgabe.

M1   Materialen sind mit „M" gekennzeichnet. Zu ihnen zählen Grafiken, Tabellen, Fotos, Quellen- und Arbeitstexte.

🛈   Zahlreiche Texte (Infotexte) geben weiterführende Informationen.

🌐   Einige Infotexte bieten Transferbeispiele oder zeigen das Thema mit weltweiten Beispielen.

Grundbegriffe   Wichtige Begriffe sind **fett** gedruckt. Sie werden im Anhang in einem Minilexikon erklärt.

Ein wichtiges Ziel im Geografieunterricht ist, dass du dir bestimmte Fähigkeiten und Fertigkeiten aneignest (Kompetenzen). Die Symbole in der Kopfzeile zeigen dir, welche Fähig- und Fertigkeit du auf der Seite besonders trainierst:

🌐   sich orientieren

✏   Methoden anwenden

👥   Kommunizieren

⚖   Urteilen

📖   Systeme erschließen

❗   Dieses Symbol findest du immer am Ende eines Kapitels. Auf diesen Seiten trainierst du dein Wissen und deine Fertigkeiten, die du im Kapitel erworben hast.

👋   Dieses Symbol markiert PRAXIS-Seiten.

Inhaltsverzeichnis

1 Einführung in den Geografieunterricht

Eine Erkundung im Nahraum.
Mit welchen Hilfsmitteln könnte sich die Gruppe orientieren?

Geografie – was heißt das denn?

Das Fach Geografie kennst du bereits aus den Gesellschaftswissenschaften. Jetzt lernst du es als eigenes Fach kennen. Der Name Geografie kommt aus dem Griechischen. „Geo-" (γεω-) bedeutet „Erd-"; „graphein" (γράφειν) bedeutet „schreiben". Wörtlich übersetzt ist die Geografie also die „Erdbeschreibung". Das Fach wird auch Erdkunde genannt. Die einzelnen Bilder dieser Seite verraten dir, was du unter vielem anderen in den nächsten Schuljahren kennenlernen wirst.

So erfährst du zum Beispiel,
* wie die Menschen in den verschiedenen Gebieten der Erde leben, wirtschaften, sich versorgen und wohnen,
* ob die Menschen sich den natürlichen Gegebenheiten anpassen oder die Natur nach ihren Bedürfnissen verändern,
* welche Folgen die Veränderungen für das Leben der Menschen und die Umwelt haben,
* wo und warum es Gebirge, Tiefländer, Vulkane, Wüsten oder Naturereignisse auf der Erde gibt,
* warum und wie der Mensch die Erde nutzt und umgestaltet und warum sie geschützt werden muss.

Du lernst aber auch, wie du dich mithilfe von Karten, Bildern und anderen Materialien selbst über fremde Räume informieren kannst. Viel Spaß dabei!

M1 ?

M2 ?

M3 ?

M4 ?

Starthilfe zu ❶ a) ↗
Du kannst zum Beispiel fragen, wie weit das Mädchen in M3 täglich zur Schule laufen muss oder aus welchem Grund die Frau in M2 Holz sammelt.

❶ Betrachte die Bilder M1–M4 und wähle ein Bild aus.
a) ↗ Stelle eine Frage zu dem Bild.
b) Begründe, warum du dieses Bild ausgewählt hast.

❷ Die einzelnen Bilder in M5 haben Buchstaben. Ordne diese Buchstaben den Arbeitsweisen in M6 richtig zu. Von oben nach unten gelesen erhältst du einen Lösungssatz.

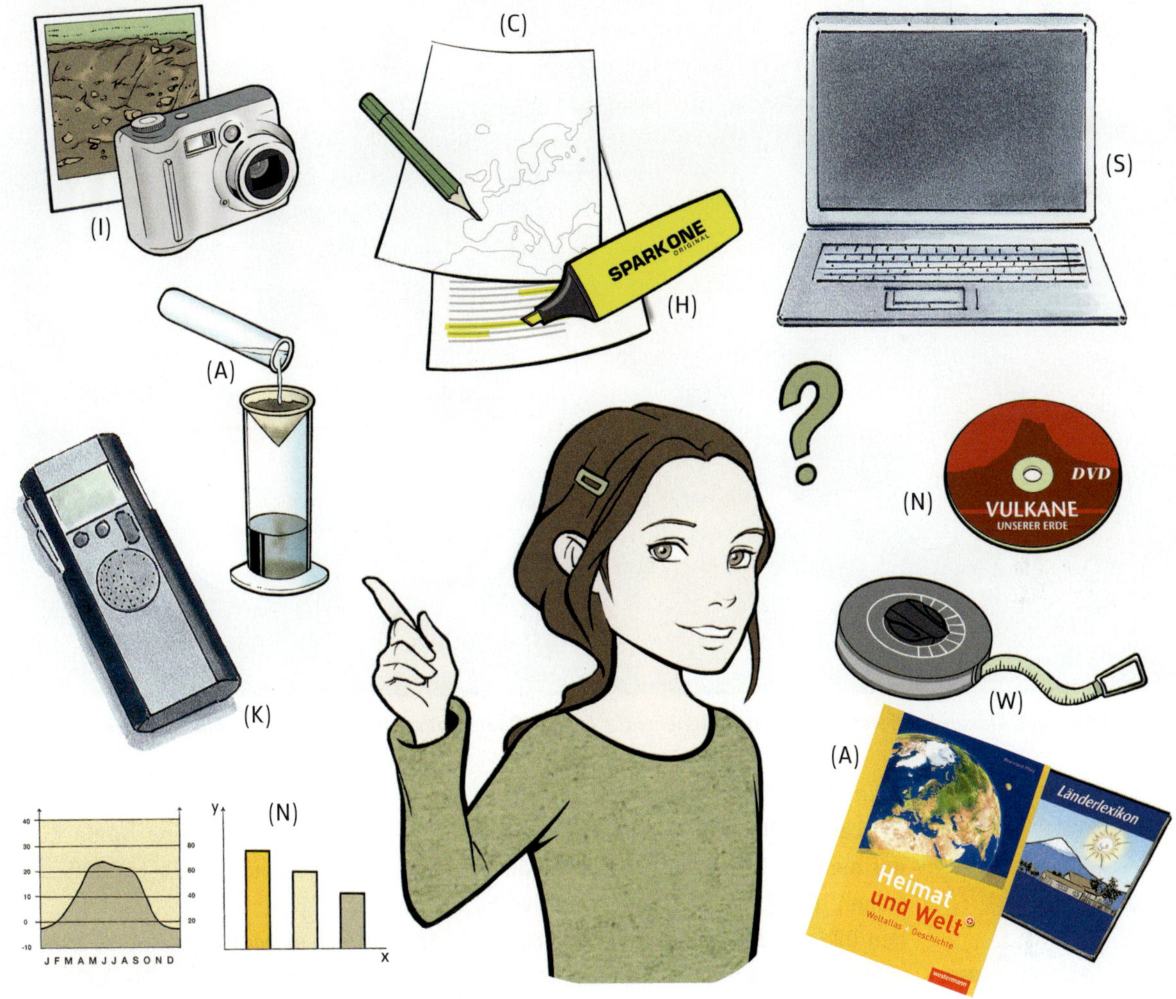

(C)

(S)

(I)

(A)

SPARKONE

(H)

(N) DVD VULKANE UNSERER ERDE

(K)

(W)

(A)

Heimat und Welt

Länderlexikon

(N)

J F M A M J J A S O N D

M5 *Arbeitsmittel im Geografieunterricht (Auswahl)*

(I) Bilder beschreiben
(   ) Kartenskizzen anfertigen
(   ) Texte markieren und auswerten
(   ) Befragungen durchführen
(   ) Experimente durchführen

(   ) Diagramme auswerten
(   ) Filme auswerten
(   ) Entfernungen messen
(   ) Atlas und Lexikon benutzen
(   ) Internet zum Informieren benutzen

M6 *Geografie – ein Fach mit unterschiedlichen Arbeitsweisen*

3 Überlege dir, wie passende Bildunterschriften lauten könnten (M1–M4).

4 Schlage das Inhaltsverzeichnis deines Geografiebuches auf (S. 4–5) und notiere drei Themen, die dich besonders interessieren. Begründe deine Entscheidung.

M1 *Der Astronaut Alexander Gerst bei einem Außeneinsatz an der Raumstation ISS; im Hintergrund die Erde*

M2 *Alexander Gerst ist ein deutscher Wissenschaftler und Astronaut. Von Mai bis November 2014 war er auf der internationalen Raumstation ISS, um dort Experimente durchzuführen.*

Eine Raumfähre setzt zur Landung an

Der Landeanflug der Raumfähre Discovery auf die **Erde** wurde im Fernsehen übertragen. Ein Astronaut berichtete live zu den Bildern, die eine Kamera lieferte: „Willkommen auf der Discovery. Von hier aus sehe ich unsere Erde als kleinen blauen **Planeten**. Unsere Erde ist der bisher einzige uns bekannte Ort im **Weltall**, auf dem wir Menschen dauerhaft leben können. Bis zur Landung auf der Erde sind es noch 500 km. Wir rasen mit großer Geschwindigkeit auf die Erde zu. Jetzt liegt sie wie eine große Kugel vor uns. Eine hauchdünne Lufthülle umgibt sie.

Nun erreichen wir die Lufthülle. Es sind noch 100 km bis zur Erde. Die Außenhaut unserer Raumfähre hat eine Temperatur von 2500 °C (Grad Celsius). Wir würden verglühen, wenn wir keinen Hitzeschild hätten. Nun sind es noch zehn Kilometer bis zum Ziel. Wir durchfliegen die ersten Wolkenfelder. Ab jetzt gleiten wir zur Erde. Alles ist bereit zur Landung.“

1 a) Nenne die Höhe der Lufthülle der Erde (Text).
b) ↗ Beschreibe die Bedeutung der Lufthülle für das Leben auf der Erde (Text).

Starthilfe zu 1 b) ↗
Überlege, ob ohne Lufthülle überhaupt Leben auf der Erde möglich wäre.

2 Beschreibe die Bewegungen der Himmelskörper mithilfe des Textes.

3 Ergänze die Begriffe Planet, Weltall, Stern, Erde und übertrage den Text in deine Mappe oder dein Heft: „*Der Mond umkreist die … Die Erde ist ein … der Sonne. Die Sonne ist ein … im …*“

4 Die Erde ist ein ganz besonderer Himmelskörper. Erkläre (Text).

M3 *Modell unseres Sonnensystems mit den acht Planeten*

Unser Sonnensystem

Das Weltall ist so groß, dass wir uns das nicht mehr vorstellen können. Hier gibt es unzählige **Sterne**. Das sind glühende Gaskugeln, die im Weltall leuchten.

Einer dieser Sterne ist unsere **Sonne**. Sie leuchtet bei uns deshalb so hell, weil sie der Erde von allen Sternen am nächsten ist. Die Sonne ist der Mittelpunkt unseres **Sonnensystems**.

Acht Planeten umkreisen die Sonne auf eigenen **Umlaufbahnen**. Die Planeten leuchten nicht selbst. Sie werden von der Sonne angestrahlt. Einer dieser Planeten ist unsere Erde.

Die Erde bietet ideale Bedingungen für Leben. Sie hat die richtige Entfernung zur Sonne, um nicht zu heiß oder zu kalt zu sein. Und sie ist von einer Lufthülle umgeben.

Die Erde hat einen „Begleiter"; das ist der **Mond**. Er umkreist die Erde auf einer eigenen Umlaufbahn. Auch er leuchtet nicht selbst, sondern wird von der Sonne angestrahlt.

Merke
Die Sonne ist ein Stern im Weltall. Sie ist der Mittelpunkt unseres Sonnen-systems.
Die Erde ist ein Planet unseres Sonnensystems und umkreist die Sonne. Der Mond umkreist die Erde.

Grundbegriffe
• Erde
• Planet
• Weltall
• Sterne
• Sonne
• Sonnensystem
• Umlaufbahn
• Mond

5 *„Mein Vater erklärt mir jeden Sonntag unseren Nachthimmel."* Dieser Satz ist eine Eselsbrücke für unser Sonnensystem. Überprüfe, weshalb (M3).

6 Stell dir vor, du bist Astronaut und du betrachtest die Erde aus dem Weltall. Berichte über das, was du siehst und dabei denkst.

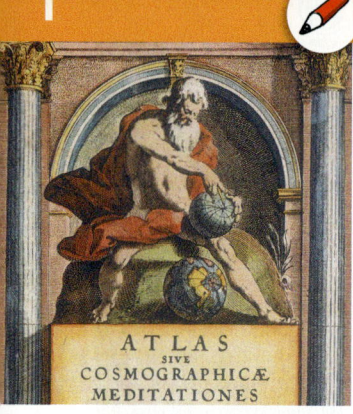

M1 *Erster Atlas aus dem Jahr 1595*

Der Atlas – eine Sammlung von Karten

Bereits im Fach Gesellschaftswissenschaften hast du erfahren, dass der **Atlas** ein wichtiges Hilfsmittel in der Schule ist (z. B. der Heimat und Welt Weltatlas®). Häufig brauchst du den Atlas auch zu Hause. Er hilft dir zum Beispiel, deine Ferienziele oder den Wohnort von Verwandten zu finden.

Du kannst auch im Atlas nachschauen, wenn du etwas über das Weltall oder geografische Entdeckungen erfahren willst oder etwas über einen Vulkanausbruch hörst. Damit du mit dem Atlas gut und schnell arbeiten kannst, besteht er aus mehreren Teilen.

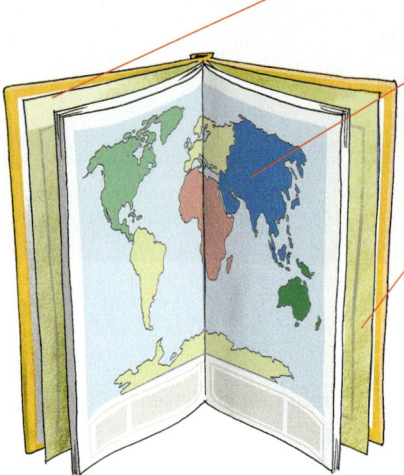

① Das Inhaltsverzeichnis enthält die Überschriften aller Karten im Atlas mit den Seitenzahlen, auf denen sie zu finden sind.

② Der Schwerpunkt des Atlas ist der Kartenteil. Er enthält alle Karten. In vielen Atlanten kommen zuerst die Karten über dein Bundesland, dann die zu Deutschland, Europa und den übrigen Kontinenten.

③ Das Register ist ein alphabetisches Verzeichnis der Namen, die auf den Karten im Atlas vorkommen. Das sind Städte, Staaten, Flüsse, Meere, Berge und Landschaften. Hinter dem jeweiligen Namen stehen die Seitenzahl und das Planquadrat (zum Beispiel 122, A 3). Damit kannst du das gesuchte Wort mithilfe des Gitternetzes schnell finden.
In vielen Atlanten gibt es zusätzlich ein Sachwortregister. Dort sind wichtige Begriffe zu verschiedenen Sachthemen alphabetisch aufgelistet. Hinter den Begriffen stehen die Seitenzahlen im Atlas und die Nummern der Einzelkarten, auf denen sie zu finden sind (zum Beispiel 166.2).

ⓘ Atlas (Ατλας)
In der griechischen Mythologie (Götter- und Heldengeschichten des antiken Griechenlands) ist Atlas ein Riese in Menschengestalt, der am westlichsten Punkt der damals bekannten Welt den Himmel tragen muss, damit dieser nicht auf die Erde stürzt.
Noch heute trägt das Hochgebirge im Norden Afrikas den Namen Atlas.

M2 *So ist der Atlas aufgebaut.*

Einen Ort im Atlas finden

1. Suche den Namen im Register. Schreibe Seite und Planquadrat auf.
2. Schlage die entsprechende Seite im Atlas auf.
3. Suche den Namen auf der Atlaskarte in dem angegebenen Planquadrat.

Starthilfe zu ❶ ↗
Nutze das Register im Atlas.

❶ ↗ Schreibe die Namen folgender Staaten untereinander:
Benin, Bolivien, Italien, China, Mexiko. Schreibe hinter die Staatennamen die Atlasseite und das Planquadrat.

❷ Ermittle mithilfe des Atlas folgende Angaben:
a) Hauptstadt von Bulgarien,
b) Fluss, der durch Florenz fließt,
c) Nachbarstaaten von Namibia,
d) Staat, in dem Samara liegt.

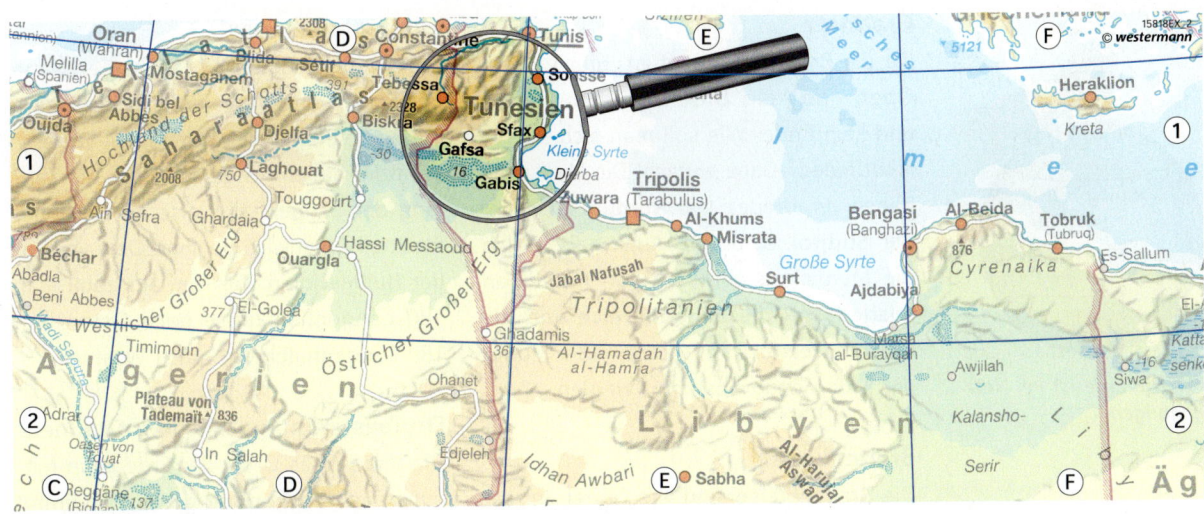

M3 *Der Ort Gafsa in Tunesien (Afrika)*

G

Gaalkacyo 133, H 4
Gabis 132, D 1
Gaborone 124, 1 F 8
Gabun 124, 1 E 6
Gachnang 16, C 3
Gades (hist. Cádiz) 197, 2 B 3
Gafsa 132, D 1
Gaggenau 14, B 3
Gaienhofen 16, C 3
Gail 85, K 4
Gaildorf 15, E 2/3
Gailingen 16, C 3

M4 *Auszug aus dem Register des Atlas*

	A	B	C	D	E	F	...
1				D1			
2							
3							
4							
5							
...							

M6 *Planquadrate*

Orte

Einwohner

◼	über	5 000 000
◼	1 000 000 –	5 000 000
⊙	500 000 –	1 000 000
●	100 000 –	500 000
○	20 000 –	100 000
∘	unter	20 000

M7 *Auszug aus der Legende der Karte M3*

Im Register findest du:	Name	Seite	Planquadrat
	Gafsa	132	D1

Du schlägst die Seite 132 auf und findest im **Planquadrat** D1 den Ort Gafsa (M3). Gafsa ist eine Stadt in Tunesien (Afrika). Mithilfe der Legende (M7) kannst du erkennen, dass die Einwohnerzahl zwischen 20000 und 100000 liegt.

Achtung: Im Register ist das Planquadrat angegeben, in dem der geschriebene Name beginnt.

M5 *So suchst du einen Ort im Register – das Beispiel Gafsa*

③ a) Elbrus, Kinshasa, Watzmann, Orinoco, Ganges. Ermittle (Atlas, Register), ob es sich um eine Stadt, einen Berg oder einen Fluss handelt.

b) Bestimme die Höhenlage des Titicacasees (Atlas, Register). Lokalisiere, zu welchen beiden Staaten er gehört, deren Hauptstädte und in welchem Gebirge er sich befindet.

Merke
Ein Atlas ist eine Sammlung von Karten aus der ganzen Welt. Das Register enthält die Namen aller Orte im Atlas. Es hilft bei der Atlasarbeit.

Grundbegriff
• Atlas

M1 *Die Erde ist ins Netz gegangen*

Gradnetz

Da die Erde eine Kugel ist, gibt es kein Oben und kein Unten, keinen Anfang und kein Ende. Wie soll man sich da zurechtfinden? Ganz einfach! Die Menschen haben verabredet: Der **Nordpol** ist oben, der **Südpol** ist unten. Auch haben sich die Menschen ein Netz von Hilfslinien ausgedacht: die **Längenkreise** und die **Breitenkreise**. Damit kann jeder Punkt der Erde genau bestimmt werden.

Breitenkreise

Die Breitenkreise sind wie Gürtel um die Erde gelegt. Der längste Breitenkreis ist der **Äquator**. Er ist etwa 40 000 Kilometer lang und teilt die Erde in eine **Nord-** und eine **Südhalbkugel**. Nach Norden und Süden gibt es 90 Breitenkreise. Sie haben alle den gleichen Abstand zueinander. Ihre Länge wird vom Äquator bis zu den Polen immer geringer. An den Polen sind sie jeweils nur noch ein Punkt.

Längenhalbkreise

Die **Längenhalbkreise**, auch **Meridiane** genannt, verlaufen vom Nordpol zum Südpol. Sie sind alle gleich lang. Wissenschaftler haben festgelegt, dass die Zählung der Längenhalbkreise im Londoner Stadtteil Greenwich beginnt. Dort verläuft der **Nullmeridian**. Von ihm aus zählt man 180 Längenhalbkreise nach Osten und 180 Längenhalbkreise nach Westen.

Ortsbestimmung mit dem Gradnetz

Die Lage eines Ortes der Erde kann mithilfe des **Gradnetzes** genau bestimmt werden. Der Schnittpunkt des Längenhalb- und des Breitenkreises, auf dem ein Ort liegt, wird in Koordinaten angegeben. Zuerst wird immer die nördliche oder südliche Breite, dann die westliche oder östliche Länge bezeichnet. Die Benennung der Längenhalb- und Breitenkreise erfolgt in Grad (°). So hat Punkt A in M2 die Koordinaten 20° N (Nord)/40° W (West).

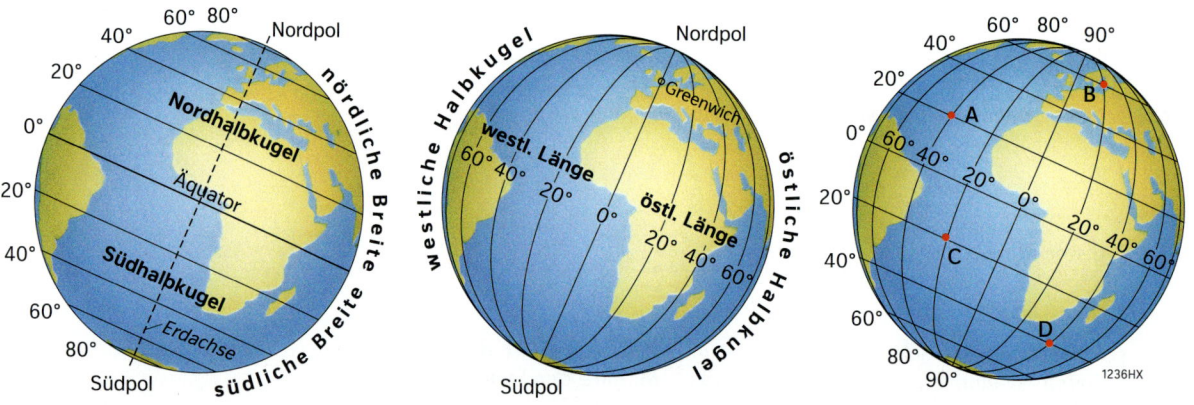

M2 *Gradnetz der Erde*

Grundbegriffe

- Nordpol
- Südpol
- Längenkreis
- Breitenkreis
- Äquator
- Nordhalbkugel
- Südhalbkugel
- Längenhalbkreis
- Meridian
- Nullmeridian
- Gradnetz

1 Beschreibe das Gradnetz der Erde (Text, M1–M3).

2 Ermittle die Koordinaten der Punkte B, C und D (Text, M2 rechte Abbildung).

3 a) Nenne fünf Länder, durch die der Nullmeridian verläuft (Atlas).
b) Nenne fünf Länder, durch die der Äquator verläuft (Atlas).

Auf Karten sind die Gitterlinien des Grad-netzes eingezeichnet. Die Grad-zahlen stehen am Kartenrand.

Wie du die Position eines Ortes im Grad-netz bestimmst, erfährst du auf dieser Seite.

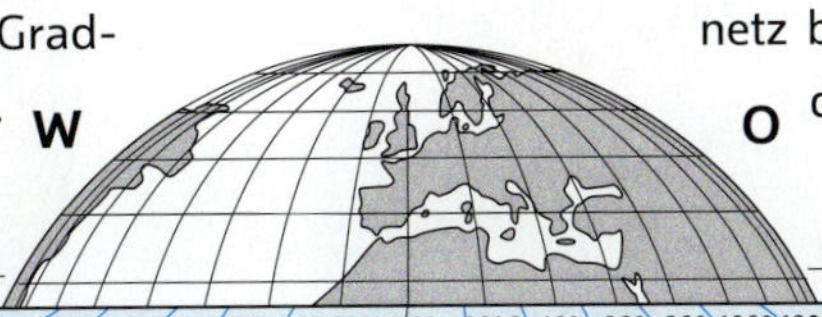

W   **O**

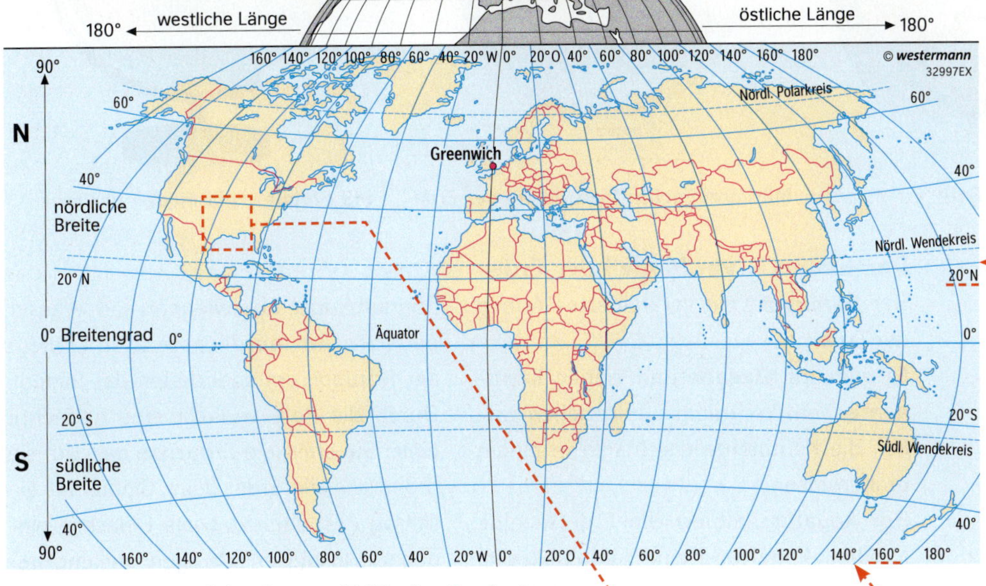

180° ← westliche Länge   östliche Länge → 180°

© westermann
32997EX

N

nördliche Breite

0° Breitengrad

S

südliche Breite

Greenwich

Nördl. Polarkreis

Nördl. Wendekreis

Äquator

Südl. Wendekreis

Hier kannst du den Breitenkreis ablesen

Hier kannst du den Längenhalb-kreis (Meridian) ablesen

M3 *Orientierung auf der Karte mithilfe des Gradnetzes*

Die Lage eines Ortes im Gradnetz bestimmen

1. Lies am rechten oder linken Karten-rand die Gradangabe des Breiten-kreises (Breitengrad) ab, auf dem der Ort liegt (z.B. New Orleans 30° N).

2. Lies am oberen oder unteren Kartenrand die Gradangabe des Meridians (Längengrad) ab, auf dem der Ort liegt (z.B. New Orleans 90° W).

3. Füge beide Gradangaben zu den Koordinaten des Ortes zusammen (z.B. New Orleans 30° N / 90° W).

M4 *Kartenausschnitt der Karte M3*

4 Bestimme die Länder, in denen sich folgende Koordinaten be-finden (Atlas):
a) 20° N / 100° W
b) 20° S / 140° O
c) 0° / 60° W
d) 60° N / 80° O
e) 20° N / 0°

5 Schreibe folgenden Text ab und vervollständige ihn:
Auf 90° N befindet sich ... . Längen-halbkreise werden auch ... genannt. Der Äquator ist mit ... Kilometern der ... Breitenkreis. Der Nullmeridi-an verläuft durch ... . Es gibt zwei-mal 90 ...kreise und zweimal 180 ... .

Merke
Das Gradnetz ist ein Netz aus gedachten Hilfslinien, das über die Erde gespannt ist. Damit kann die Lage eines Ortes auf der Erde bestimmt werden. Man unter-scheidet Breiten- und Längenhalbkreise.

M1 *Satellitenbild der Erde*

M2 *Vereinfachte Darstellung der Erde*

M3 *Globus – ein Modell der Erde*

Der Globus – ein Modell der Erde

Der **Globus** ist ein verkleinertes Abbild der Erde.

Es gibt drei **Ozeane** und sieben **Kontinente**. Vom Weltraum aus gesehen wirken die Kontinente wie Inseln in einem großen Meer.

Der Äquator halbiert die Erde in eine Nordhalbkugel und eine Südhalbkugel. Während sich auf der Nordhalbkugel die meiste Landmasse befindet, ist die Südhalbkugel überwiegend mit Wasser bedeckt. Am nördlichsten Punkt liegt der Nordpol, am südlichsten der Südpol. Durch die Pole verläuft eine gedachte Linie. Sie stellt die **Erdachse** dar. Um sie dreht sich die Erde. Beim Globus ist ein schräg gestellter Stab als Erdachse eingebaut. In dieser schrägen Stellung bewegt sich die Erde auf ihrer Umlaufbahn um die Sonne.

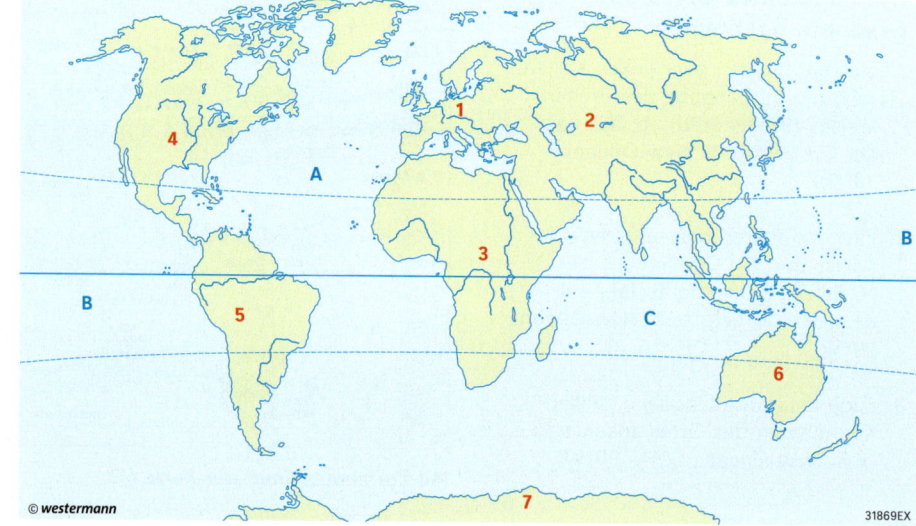

M4 *Übungskarte Erde: 1 – 7 Kontinente, A – C Ozeane*

Merke
Ein Globus ist ein verkleinertes Abbild der Erde, das um seine Achse gedreht werden kann. Die Darstellung ermöglicht es, einen guten Überblick über die Erde zu bekommen.

Grundbegriffe
- Globus
- Ozean
- Kontinent
- Erdachse

1 Beschreibe und vergleiche die Darstellungen der Erde (Text, M1–M3).

2 Notiere die Kontinente, die auf der Nordhalbkugel, auf der Südhalbkugel und auf beiden Erdhalbkugeln liegen (M4, M5).

3 Bearbeite die Übungskarte M4. Lege dazu eine Tabelle an (Kontinente, Ozeane).

Zahlenwerte aus Texten, Tabellen und Karten lassen sich zeichnerisch darstellen, damit sie anschaulicher werden. Eine solche Zeichnung heißt Diagramm. Ein Säulendiagramm eignet sich besonders gut, um Zahlenwerte miteinander zu vergleichen. Je größer eine Zahl ist, desto höher ist die dazugehörige Säule. So gehst du vor:

Zeichnen eines Säulendiagramms

1. Zeiche auf ein kariertes Blatt unten eine waagerechte Linie (Rechtsachse oder x-Achse; ① in M6) und links auf dein Blatt eine senkrechte Linie (Hochachse oder y-Achse; ②). Die beiden Linien müssen genau im rechten Winkel zueinander stehen.

2. Auf der Hochachse werden die Zahlenwerte (z.B. Fläche in Millionen Quadratkilometer; ③) eingetragen. 1 cm Höhe entspricht im Beispiel zehn Millionen Quadratkilometern. Die Achse beginnt immer mit Null. Sie muss so hoch sein, dass sie über den höchsten Wert hinausreicht, damit man auch diese Angabe gut ablesen kann.

3. Zeichne die erste Säule (z.B. für den Pazifischen Ozean, der eine Fläche von 180 Millionen km² hat; ④). Die Säule beginnt unten auf der Rechtsachse und ist 0,5 cm oder ein Rechenkästchen breit. Die Höhe liest du links auf der Hochachse ab. Zwischen den einzelnen Säulen bleiben 0,5 cm oder ein Rechenkästchen frei. Zeichne weitere Säulen (z.B. für die anderen zwei Ozeane) in der Reihenfolge ihrer Größe.

4. Färbe die Säulen ein und beschrifte sie.

5. Gib dem Diagramm eine Überschrift.

M5 *Kontinente und Ozeane*

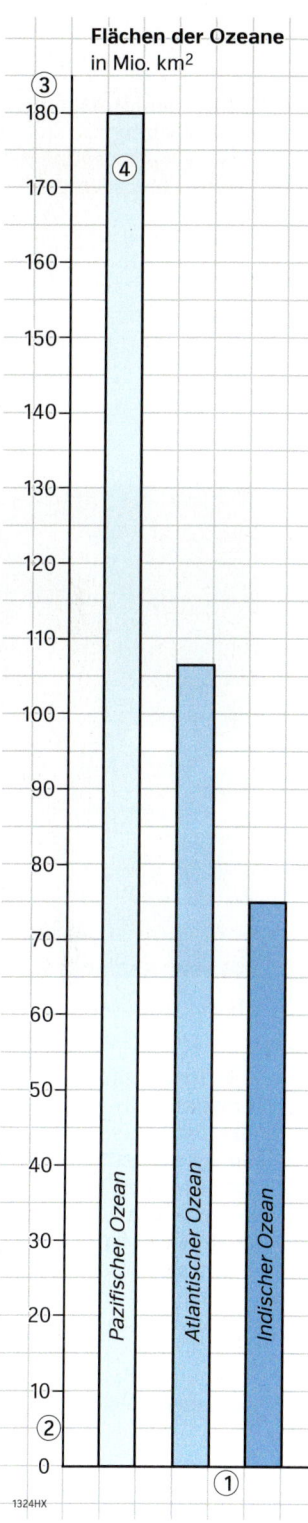

M6 *Säulendiagramm*

④ Liste die Kontinente und Ozeane ihrer Größe nach auf (M5).

⑤ Zeichne ein Säulendiagramm für die Flächengrößen der Ozeane und der Kontinente (M5, M6).

⑥ Vergleiche die Größe aller Landflächen mit der Größe aller Wasserflächen (M5, M6).

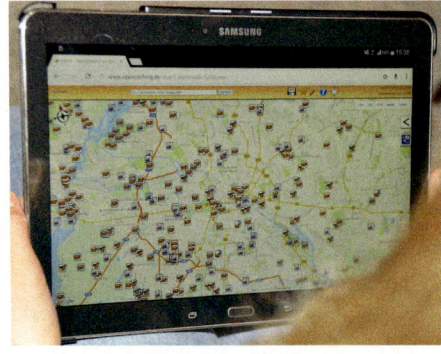

M2 *Ein Geocache wird im Internet ausgewählt.*

Internetadressen für Geocaching
www.opencaching.de
www.geocaching.de

Eine neue Form der Schnitzeljagd oder Schatzsuche ist das Geocaching. Geocache bedeutet übersetzt „Versteck auf der Erde". Meist verstecken Geocacher Notizbücher und kleine Gegenstände an selbst ausgewählten Stellen in wasserdichten Dosen. Die Koordinaten und wichtige Informationen über das Versteck (cache) werden auf speziellen Seiten im Internet veröffentlicht. Andere Geocacher suchen dann mithilfe eines GPS-Gerätes oder Smartphones danach.

M1 *Ein Geocache wird vorbereitet.*

ℹ Unterteilung der Längenhalb- und Breitenkreise

Um die Lage eines Ortes möglichst genau anzugeben, wird der Abstand zwischen zwei Gradangaben noch in Minuten und Sekunden unterteilt.
1 Grad = 60 Gradminuten
(1° = 60')
1 Minute = 60 Gradsekunden (1' = 60")

ℹ GPS

GPS steht für Globales Positionsbestimmungssystem. Ein GPS-Empfänger kann seinen Standort auf wenige Meter genau anzeigen. Die Position wird durch die Angabe der Schnittpunkte der Längenhalb- und Breitenkreise (Koordinaten) bestimmt.

Suchen eines Geocaches

Vorbereitung

- Rufe eine Geocaching-Internetseite auf. Falls du dich dort als Nutzer anmelden musst, gehe achtsam mit deinen persönlichen Daten um.
- Wähle ein Gebiet aus, in dem du auf Verstecksuche gehen möchtest. Suche auf einer Karte ein Versteck aus. Notiere die Hinweise zu dem Versteck und gib die Koordinaten in einen GPS-Empfänger (GPS-Gerät, Smartphone) ein.

Suche

- Gehe mithilfe des GPS-Empfängers zu den angegebenen Koordinaten und suche den Cache.
- Wenn du ihn gefunden hast, öffne ihn und trage dich mit Datum und Nickname in das dort vorhandene Logbuch ein.

Suche beenden

- Lege den Cache wieder zurück, damit andere Geocacher auch danach suchen können.
- Verlasse das Versteck so, wie du es vorgefunden hast.

① Informiere dich im Internet über Geocaching.

② Wähle im Internet ein Versteck in deiner Nähe aus und versuche, den Cache zu finden.

③ Erstelle einen Cache. Verstecke ihn und veröffentliche die Koordinaten im Internet.

M3 *Ein Geocache wird versteckt.*

M4 *Ein Geocache wurde gefunden.*

Besonderen Spaß macht es, selbst eine Schatzsuche mit GPS-Empfängern zu planen und durchzuführen. Ihr könnt interessante Verstecke auswählen und die Schatzsuche mit Rätseln und Aufgaben spannender gestalten.

Es ist auch möglich, mehrere Caches miteinander zu verbinden (multicache). In jedem Versteck befinden sich dann die Koordinaten des nächsten Caches. So müsst ihr nacheinander mehrere Verstecke suchen, bis ihr endlich den „Schatz" gefunden habt.

Wir organisieren eine Schatzsuche

Vorbereitung

- Bildet Gruppen mit jeweils fünf bis sechs Schülern. Teilt jeder Gruppe auf dem Stadtplan ein begrenztes Gebiet in der Nähe eurer Schule zu.
- Jede Gruppe sucht in ihrem Gebiet sechs interessante Stellen, an denen ein Geocache gut versteckt, aber auch gefunden werden kann.
- Lest direkt an den Verstecken die Koordinaten mithilfe eines GPS-Empfängers ab und notiert sie.
- Legt eine Reihenfolge fest, in der die Verstecke von einer der anderen Gruppen gesucht werden sollen.
- Überlegt euch Rätsel oder Aufgaben, die mit dem Cache versteckt und gelöst werden müssen.

Durchführung

- Füllt für jedes Versteck einen Behälter mit einem Zettel als Logbuch mit Aufgaben oder Rätseln und mit den Koordinaten des nächsten Fundortes. Ihr dürft auch Tipps aufschreiben.

- Beschriftet die Behälter mit einem wasserfesten Stift (z. B. Cache-Name, Koordinaten, „Bitte nicht entfernen!").
- In den letzten Behälter könnt ihr einen „Schatz" als Überraschung hineinlegen.
- Versteckt die Behälter an den vorgesehenen Stellen. Ihr dürft sie auf keinen Fall vergraben.
- Gebt jetzt jeweils einer anderen Gruppe die Koordinaten eures ersten Verstecks.
- Begebt euch auf Schatzsuche.

Auswertung

- Besprecht die Lösungen der Aufgaben und Rätsel.
- Bewertet die Eignung der Verstecke.

---

④ Recherchiert in Gruppen. Wird in eurer Region eine organisierte Schatzsuche angeboten?

⑤ Führt eine selbst geplante Schatzsuche durch.

M1 *Tag und Nacht auf der Erde*

M3 *Schüler stellen Tag und Nacht nach.*

Das braucht ihr:
- einen Globus als Erde
- eine Lichtquelle
- einen Klebepunkt

So geht ihr vor:
1. Stellt den Globus auf den Tisch. Markiert die Stelle, wo Deutschland liegt, mit einem Klebepunkt. Verdunkelt den Raum und beleuchtet den Globus mit einer Lichtquelle.
2. Dreht den Globus von West nach Ost. Wie verändern sich die hellen und dunklen Bereiche auf dem Globus?
3. Haltet den Globus ab und zu an und überlegt, wo gerade Tag oder Nacht bzw. Sonnenaufgang oder Sonnenuntergang ist.

M2 *Modellversuch – Entstehung von Tag und Nacht*

Entstehung von Tag und Nacht

Die Erde dreht sich in 24 Stunden einmal um die eigene Achse. Diese Bewegung bezeichnet man als **Erdrotation**. Dabei wird immer nur die eine Hälfte der Erde von der Sonne beschienen. Dort ist dann Tag. Auf der von der Sonne abgewandten Seite ist Nacht. Auf der Erde haben wir den Eindruck, dass sich die Sonne über den Himmel bewegt. In Wirklichkeit bewegt sich aber die Erde von West nach Ost. Deshalb sehen wir die Sonne im Osten aufgehen und im Westen untergehen.

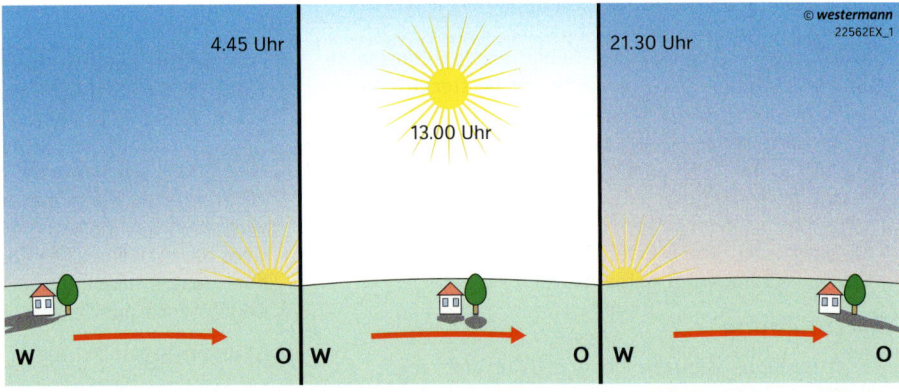

4.45 Uhr   13.00 Uhr   21.30 Uhr

© **westermann**
22562EX_1

W   O W   O W   O

M4 *Erdrotation und Sonnenstand im Sommer in Deutschland (Mitteleuropäische Zeitzone)*

Merke
Tag und Nacht resultieren aus der Drehung der Erde um die eigene Achse. Alle Gebiete, die zur gleichen Zeit Tag und Nacht haben, weisen die gleiche Zeit auf.

Grundbegriffe
- Erdrotation
- Zeitzone
- Mitteleuropäische Zeitzone (MEZ)

1 Beschreibe M1.

2 Nenne drei Länder, die wie Deutschland in der Mitteleuropäischen Zeitzone liegen (Atlas).

3 Führt den Modellversuch durch. Beschreibt eure Beobachtungen (M2, M3).

4 Erkläre die Entstehung von Tag und Nacht (Text, M1).

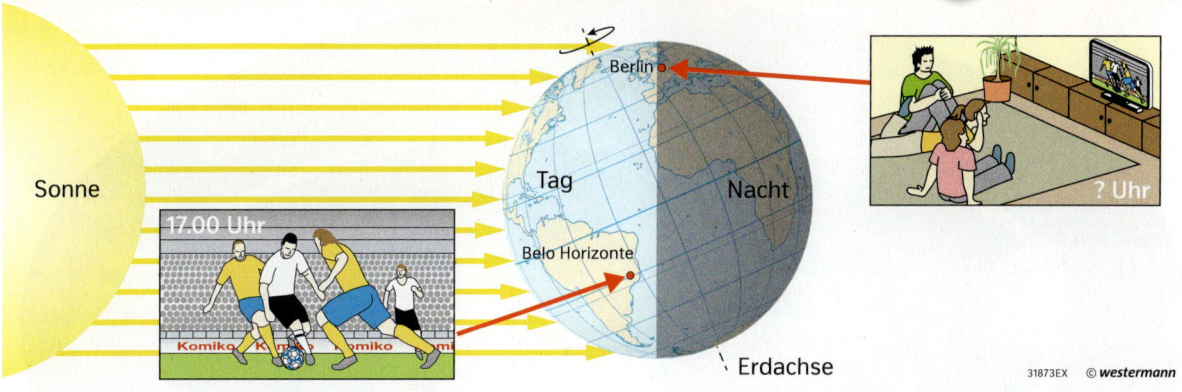

M5 *Übertragung des Halbfinalspiels der Fußball-Weltmeisterschaft 2014 Brasilien gegen Deutschland aus Belo Horizonte*

Zeitzonen

Weil sich die Erde um die eigene Achse dreht, ist im gleichen Moment in dem einen Land Abend, in einem anderen Land Morgen. Also gibt es dort unterschiedliche Uhrzeiten.

1884 haben sich viele Länder darauf geeinigt, die Erde in 24 **Zeitzonen** einzuteilen. Alle Gebiete, in denen etwa zur gleichen Zeit Tag und Nacht ist, haben die gleiche Zeit.

Jede dieser Zeitzonen erstreckt sich über 15 Längenhalbkreise. Manchmal wird davon abgewichen, zum Beispiel, wenn die Zeitzonengrenze mit den Staatsgrenzen nicht übereinstimmt und Staaten sonst in zwei Zeitzonen liegen würden. Staaten mit einer sehr großen West-Ost-Ausdehnung, zum Beispiel die Vereinigten Staaten von Amerika, können auch in mehreren Zeitzonen liegen. Deutschland liegt in der **Mitteleuropäischen Zeitzone (MEZ)**.

M7 *Weltzeituhr auf dem Berliner Alexanderplatz*

M6 *Weltzeituhren in einer Firma mit internationalen Geschäftsbeziehungen*

5 Erläutere M4.

6 Um 17.00 Uhr beginnt in Brasilien das Länderspiel. Wie spät ist es in Deutschland (M5, Atlas)?

7 Ermittle, wann du von Berlin aus (Sommerzeit) in New York anrufen musst, um deinen Gesprächspartner um 9.00 Uhr morgens zu erreichen (M6, Atlas).

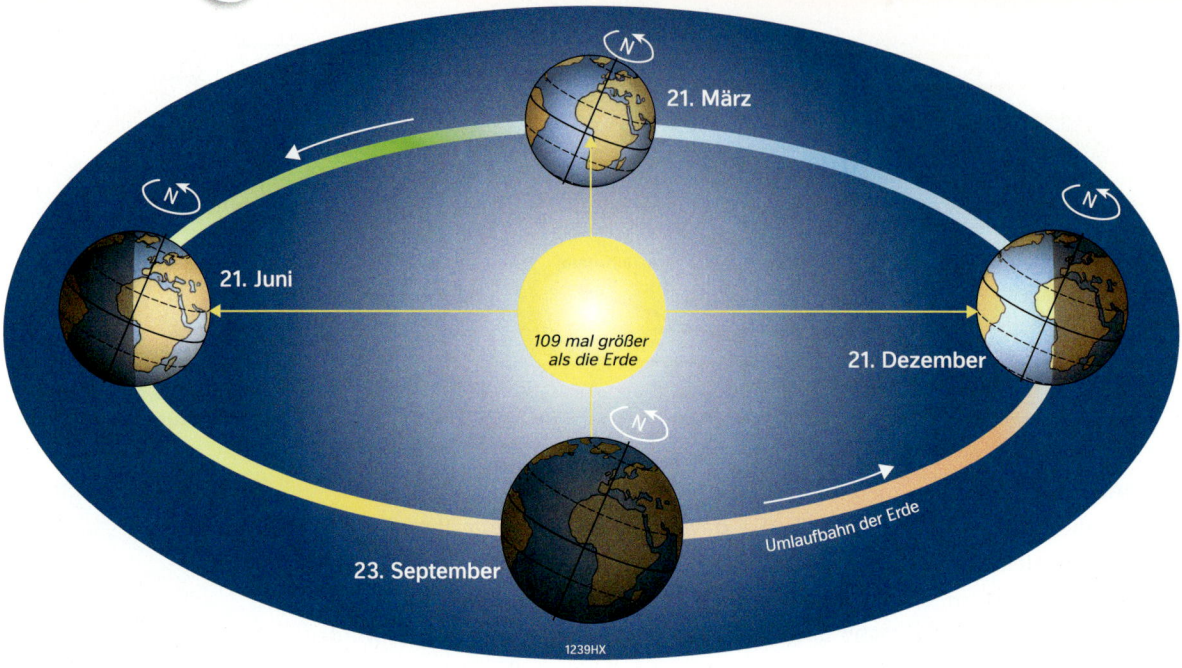

M1 *Die Bahn der Erde um die Sonne*

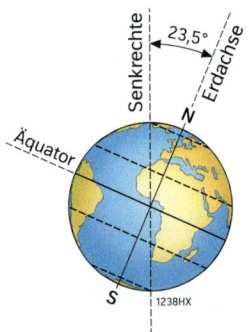

M2 *Die Erdachse steht schief.*

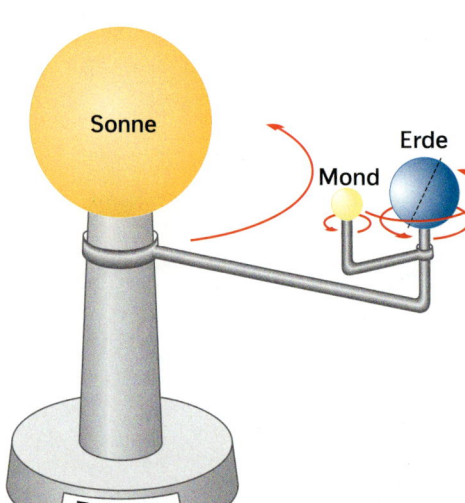

M3 *Modell – Bewegungen von Mond und Erde um die Sonne*

Entstehung der Jahreszeiten

Mit einer Geschwindigkeit von etwa 30 km in der Sekunde rast die Erde durch das Weltall. Nur durch die Anziehungskraft der Erde fallen wir nicht von der Kugel. Die Erde benötigt für ihren Weg um die Sonne ein Jahr. Dabei ist die Erdachse gegenüber der Umlaufbahn um 23,5° geneigt. Diese Schräglage und die Richtung der Neigung behält die Erde das ganze Jahr über bei. Dadurch entstehen die **Jahreszeiten**. Im Sommer ist der Nordpol der Sonne zugewandt und im Winter von der Sonne abgewandt. Wird die Nordhalbkugel stärker von der Sonne beschienen, ist bei uns Sommer. Wird die Südhalbkugel stärker beschienen, ist bei uns Winter.

① Beschreibe die Bewegungen der Erde und des Mondes mithilfe eines Telluriums (M3).

② Erläutere die Entstehung der Jahreszeiten (Text, M1).

③ Erkläre, warum in Australien Weihnachten im Sommer gefeiert wird.

④ Erläutere die Entstehung von Polartag und Polarnacht (Text, M4).

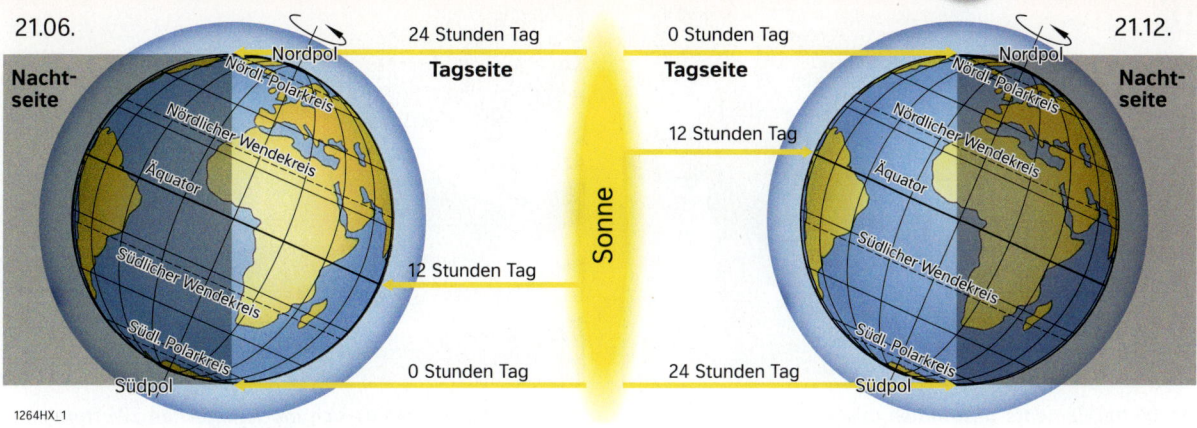

21.06.

24 Stunden Tag   0 Stunden Tag

Tagseite   **Tagseite**

Nacht-
seite

Nordpol   Nordpol

Nördl. Polarkreis   Nördl. Polarkreis

Nördlicher Wendekreis   Nördlicher Wendekreis

Äquator   Äquator

12 Stunden Tag

Südlicher Wendekreis   Südlicher Wendekreis

Südl. Polarkreis   Südl. Polarkreis

12 Stunden Tag

Südpol   Südpol

0 Stunden Tag   24 Stunden Tag

Sonne

Nacht-
seite

21.12.

1264HX_1

M4 *Stellung der Erde bei Polartag und Polarnacht*

Polarnacht und Polartag

Im Sommer geht die Sonne nicht unter, im Winter geht die Sonne nicht auf. Diese Naturerscheinungen gibt es in den Gebieten zwischen den Polen und den Polarkreisen, also in der Arktis und in der Antarktis.

Während des **Polartages** scheint die Sonne 24 Stunden am Tag. Die **Polarnacht** ist die Zeit ohne Sonnenlicht. Je weiter man sich vom Pol in Richtung Polarkreis bewegt, desto kürzer ist die Dauer von Polartag und Polarnacht.

M5 *Polartag in Longyearbyen (Spitzbergen / Norwegen) im August 23.00 Uhr*

M6 *Polarnacht in Longyearbyen (Spitzbergen / Norwegen) im November 13.00 Uhr*

5 Vergleiche M5 und M6. Erläutere die unterschiedlichen Lichtverhältnisse.

6 a) Erkläre, warum die Dauer des Polartages an verschiedenen Orten unterschiedlich ist (Text).
b) Überlege, wo die Polarnacht am längsten ist (Text, M4).

7 Während der Polarnacht am Nordpol herrscht in der Antarktis Polartag. Überprüfe (M4).

Merke
Jahreszeiten entstehen durch die Bewegung der Erde um die Sonne und die Neigung der Erdachse um 23,5°. Daraus resultieren auch Polartag und Polarnacht.

Grundbegriffe
• Jahreszeit
• Polartag
• Polarnacht

M1 *Wetterelemente bestimmen unser tägliches Leben.*

M3 *Der Mensch behilft sich mit künstlichen „Wetterelementen".*

Wie die Wetterelemente unser Leben bestimmen

Deine täglichen Lebensabläufe werden auch von den **Wetterelementen** bestimmt: Was ziehe ich an? Wie komme ich zur Schule? Wo treffen wir uns am Nachmittag? All dies hängt davon ab, wie die Wetterelemente an diesem Tag ausgeprägt sind. Das Zusammenspiel der Wetterelemente wird als **Wetter** bezeichnet. Ganze Berufszweige sind vom Wetter abhängig: Der Landwirt ist auf Regen zum richtigen Zeitpunkt im Jahr angewiesen und das Bauunternehmen kann bei Frost und Schnee nicht arbeiten. Der Mensch war daher schon immer daran interessiert, das Wetter der nächsten Tage, Wochen oder Monate vorherzusagen. Früher haben sich die Menschen an Bauernregeln orientiert, heute nutzt der Wetterdienst Computer zur Vorhersage. Dennoch ist es auch heute noch schwierig, das Wetter mehr als fünf Tage sicher im Voraus zu wissen.

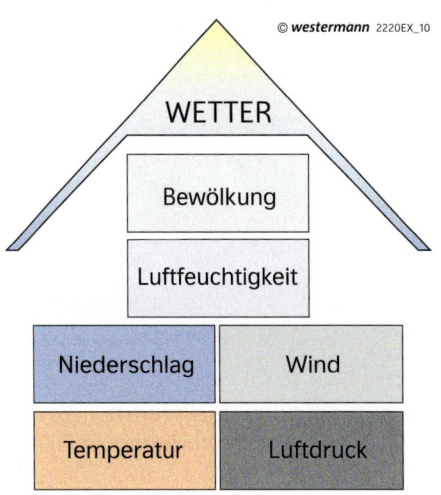

© *westermann* 2220EX_10

M2 *Wetterelemente – Bausteine des Wetters*

Früher war das Wetter für die Menschen bedrohlich, weil es für sie unverständlich war. Als Erklärung dachten sie sich Götter, Geister und Dämonen aus. Im 4. Jahrhundert v. Chr. betrachtete der Grieche Aristoteles in dem Buch Meteorologie (Μετεωρολογικά) das Wetter erstmals aus wissenschaftlicher Sicht. Er beschrieb die Wetterelemente und versuchte, sie physikalisch zu erklären.

M4 *Wetter zwischen Mythos und der Wissenschaft Meteorologie*

Merke
Das Zusammenspiel der Wetterelemente zu einem bestimmten Zeitpunkt an einem bestimmten Ort bezeichnet man als Wetter.

Grundbegriffe
- Wetterelement
- Wetter

1 Nenne vier Situationen, in denen du vom Wetter abhängig bist.

2 Erläutere die Begriffe „Wetterelemente" und „Wetter".

3 a) Ermittle das vorhergesagte Wetter für Berlin am 24. März (M5).
b) Formuliere einen Wetterbericht zu M5.

Deutschland

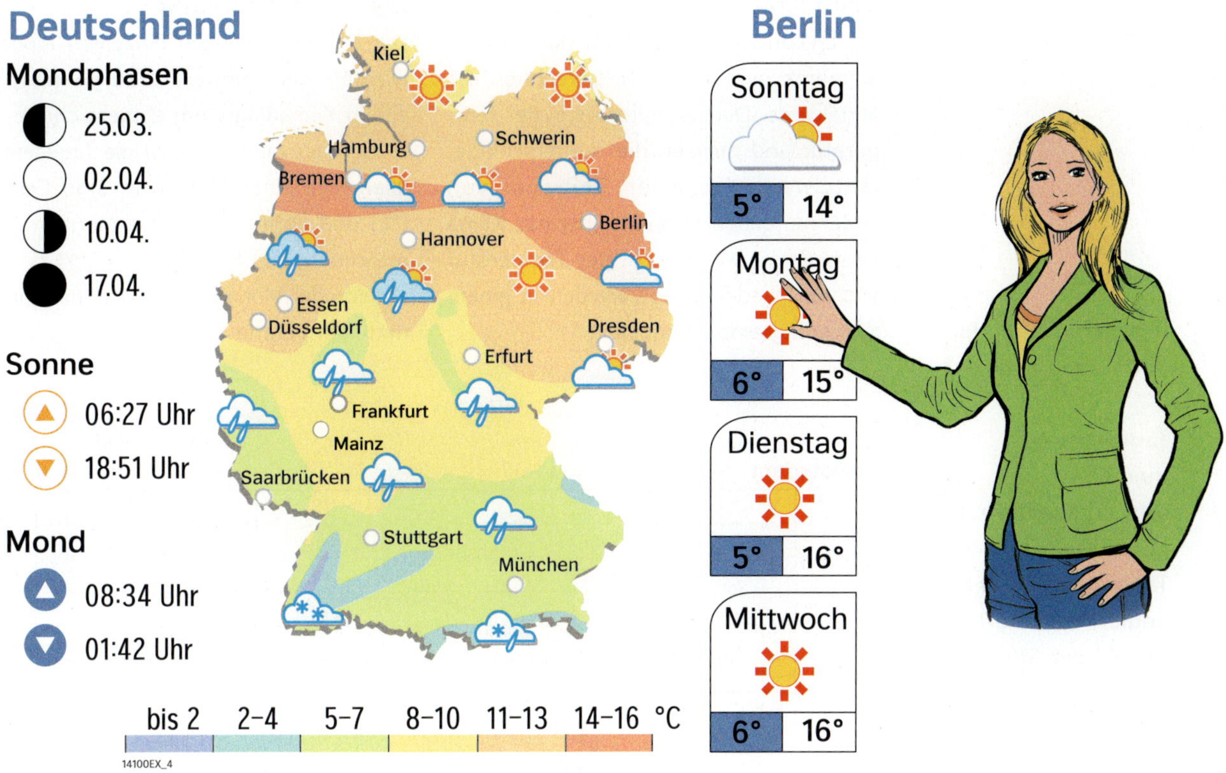

Mondphasen

◑ 25.03.

○ 02.04.

◐ 10.04.

● 17.04.

Sonne

▲ 06:27 Uhr

▼ 18:51 Uhr

Mond

▲ 08:34 Uhr

▼ 01:42 Uhr

Kiel
Hamburg
Schwerin
Bremen
Hannover
Berlin
Essen
Düsseldorf
Dresden
Erfurt
Frankfurt
Mainz
Saarbrücken
Stuttgart
München

bis 2	2–4	5–7	8–10	11–13	14–16 °C

14100EX_4

M5 *Wettervorhersage für Samstag, den 24. März*

Berlin

Sonntag 5° 14°

Montag 6° 15°

Dienstag 5° 16°

Mittwoch 6° 16°

Manchmal helfen uns auch heute noch alte Bauernregeln. Diese sind früher aus Beobachtungen entstanden, die vor allem von Bauern gemacht wurden. Diese waren für ihre Ernte besonders stark vom Wetter abhängig. Bauernregeln gelten zumeist nur für bestimmte Gebiete, treffen dann aber relativ häufig zu. Hier einige Beispiele:

- Ist bis Dreikönig kein Winter, so kommt keiner mehr dahinter. (Dreikönig: 6. Januar)
- An St. Medardus wird ausgemacht, ob 40 Tage die Sonne lacht. (St. Medardus: 8. Juni)
- Das Wetter am Siebenschläfertag sieben Wochen bleiben mag. (Siebenschläfer: 27. Juni)
- Ist der Oktober warm und fein, kommt ein scharfer Winter drein.
- Bricht vor Allerheiligen der Winter ein, so herrscht um Martini (Martinstag) Sonnenschein. (Allerheiligen: 1. November; Martinstag: 11. November).

M6 *Bauernregeln – eine (unsichere) Wettervorhersage*

wetteronline

Weather pro

YAHOO!

wetter.com

M7 *Wetter-Apps für das Smartphone – der schnelle Zugang zur Wettervorhersage*

4 Liste weitere Bauernregeln (M6) auf. Frage hierzu deine Eltern oder recherchiere im Internet.

5 Überprüfe eine Bauernregel aus M6 für deinen Wohnort für das letzte Jahr. Nutze das Internet.

Das Klima

Wetterkundler beobachten die Wetterelemente jeden Tag. Sie berechnen die Mittelwerte (Durchschnittswerte) der Temperatur und messen die Niederschläge. Mittelwerte für einen Zeitraum von 30 Jahren geben Auskunft über das **Klima** eines Ortes. Mittelwerte der Temperatur und der Niederschläge werden in einem **Klimadiagramm** dargestellt.

Die Temperaturkurve

Die Temperaturen der einzelnen Monate werden als Temperaturkurve (rot) in einem Klimadiagramm eingezeichnet. Dazu muss man zunächst die Tagesmittel aller Tage eines Monats in Grad Celsius (°C) und daraus dann das Monatsmittel errechnen.

Mithilfe der Monatsmittel wird die Jahresmitteltemperatur errechnet.

Wie berechnest du Mitteltemperaturen?

Tagesmittel:

Innerhalb eines Tages wird stündlich die Temperatur gemessen. Diese Temperaturwerte werden addiert und durch die Anzahl der Stunden eines Tages (24 Stunden) dividiert.

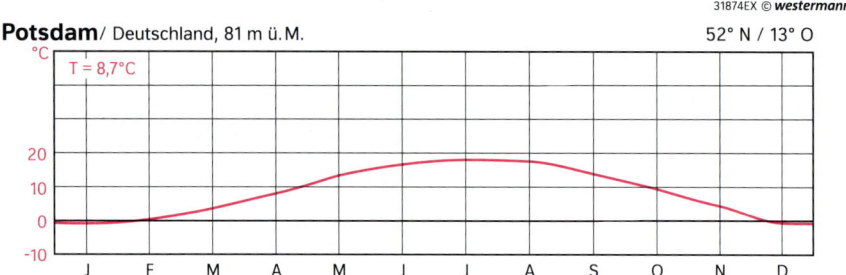

M1 *Temperaturkurve von Potsdam*

Monatsmittel:

Die Mitteltemperaturen aller Tage eines Monats werden addiert. Diese Zahl dividiert man durch die Anzahl der Tage des Monats (31, 30, 29 oder 28 Tage).

Die Niederschlagssäulen

Bei den Niederschlägen addiert man die Niederschlagsmengen aller Tage eines Monats. Dann erhält man den Monatsniederschlag in Millimetern. Die Monatsniederschläge zeichnet man in Niederschlagssäulen (blau) in einem Klimadiagramm ein. Die Niederschläge aller Monate eines Jahres ergeben zusammen den Jahresniederschlag.

Jahresmittel:

Die Mitteltemperaturen aller Monate eines Jahres werden addiert. Diese Zahl dividiert man durch die Anzahl der Monate eines Jahres (12 Monate).

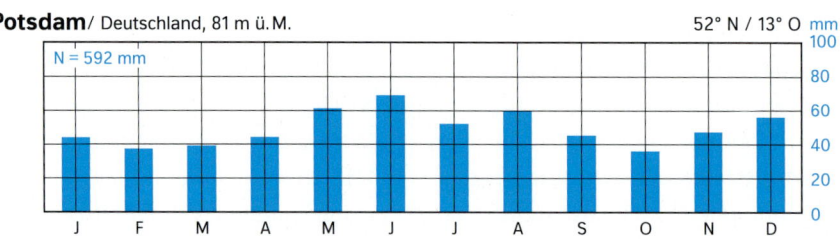

M2 *Niederschlagssäulen von Potsdam*

Starthilfe zu ② ↗
Das Wort Oktober wurde in M1 mit einem Buchstaben abgekürzt.

① Beschreibe die Merkmale eines Klimadiagramms.

② ↗ Nenne in M1 den Mittelwert der Temperatur für Oktober.

③ a) Nenne die Jahresmitteltemperatur von Potsdam (M1).
b) Stelle dar, wie sie zustande kommt.

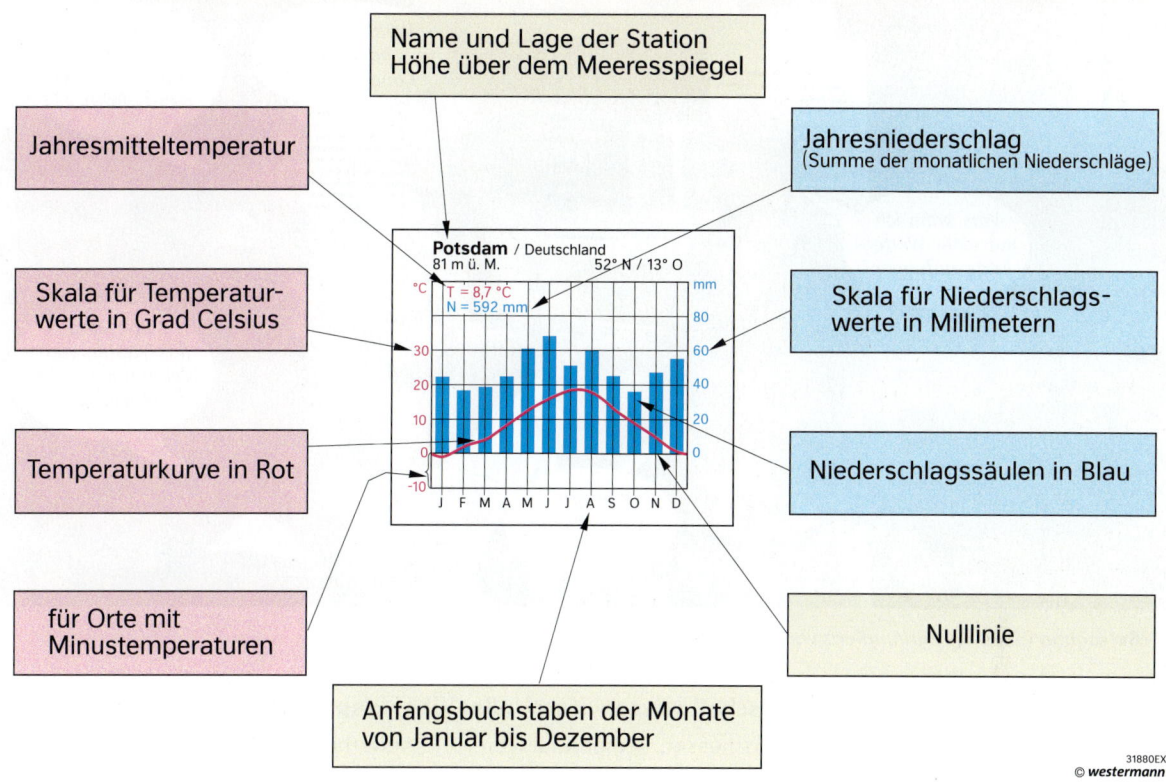

M3 *Das Klimadiagramm in seinen Einzelheiten*

Auswerten eines Klimadiagramms

1. Allgemeines zur Klimastation
- Nenne zuerst den Namen und die Lage der Klimastation. Gib an, wie hoch die Klimastation über dem Meeresspiegel liegt.

2. Die Temperaturen
- Nenne die Jahresmitteltemperatur sowie den Monat mit der höchsten Temperatur und den Monat mit der niedrigsten Temperatur.
- Beschreibe den Verlauf der Temperatur von Januar bis Dezember. Auf der linken Seite findest du dazu die rot beschriftete Temperaturachse.

3. Die Niederschläge
- Nenne den Jahresniederschlag sowie den Monat mit den meisten Niederschlägen und den Monat mit den geringsten Niederschlägen.
- Beschreibe den Verlauf der Niederschläge von Januar bis Dezember. Beachte, dass die blaue Niederschlagszahl an der rechten Niederschlagsachse jeweils doppelt so groß ist wie die Temperaturzahl auf der linken Seite.

Merke
Das Zusammenwirken von Temperatur, Niederschlag, Luftfeuchtigkeit, Bewölkung, Wind und Luftdruck über einen Zeitraum von mindestens 30 Jahren nennt man Klima.
Ein Klimadiagramm informiert über zwei Klimakennzeichen eines Ortes: die Temperaturen und die Niederschläge.

Grundbegriffe
- Klima
- Klimadiagramm

4 Werte das Klimadiagramm von Potsdam aus (M3).

5 Erkläre, warum Wetter und Klima nicht dasselbe sind.

6 Überprüfe, ob der wärmste Monat in Potsdam auch der mit den höchsten Niederschlägen ist (M1, M2).

Was kann ich mit einer Wetterkarte anfangen?

Was bedeutet das Wort Kondensation?

Mit welchem Instrument misst man den Luftdruck?

Wie wird das Wetter, wenn der Himmel voller Federwolken ist?

Wie groß ist ein Wassertröpfchen?

M1 *Befragung eines Wetterkundlers vor einer Wetterhütte*

„Wetterfrösche" wissen (fast) alles über das Wetter

Niederschlagsmesser, Temperaturschreiber, Sonnenscheinmesser, Schäfchenwolken, Wetterkarte …

Die Schülerinnen und Schüler der 7b hätten nicht gedacht, dass ein Besuch auf einer Wetterwarte so interessant sein kann.

Ein Wetterkundler (Fachbegriff: Meteorologe) hat sie durch die Wetterwarte geführt. Er hat den Schülerinnen und Schülern die Messinstrumente in der Wetterhütte (M1) gezeigt und erklärt. Er hat erzählt, wie eine Wetterkarte entsteht und was bei einer Wettervorhersage zu beachten ist. Der Wetterkundler hat über seine Arbeit in der Wetterwarte berichtet. Außerdem hat er erläutert, welche Aufgaben der Deutsche Wetterdienst hat. Die Schülerinnen und Schüler wissen jetzt, warum die Wetterkundler nicht mehr ohne Computer auskommen.

M2 *In einem Büro des Deutschen Wetterdienstes*

Tägliche Arbeit eines Wetterkundlers

Ausbildung eines Wetterkundlers

Messinstrumente für die einzelnen Wetterelemente

Wetterrekorde der Station (z. B. heißester und kältester Tag)

Auswertung von Wetterdaten

Wetterkarte und Wettervorhersage

Tipps für den Bau einer eigenen Wetterstation

M3 *Themen für den Besuch einer Wetterwarte (Auswahl)*

Besuch einer Wetterwarte

Vorbereitung

a) Kontaktaufnahme zur Wetterwarte
- Sucht eine Wetterwarte in der Nähe eurer Schule (M4, Internet).
- Fragt dort nach, ob und wann ihr mit der Klasse kommen könnt.
- Vereinbart einen Termin (Tag, Uhrzeit, Dauer des Besuches).
- Legt den Weg fest (z. B. Eisenbahn, Bus, Fußweg).

b) Erstellung eines Fragebogens
- Legt euch viele Zettel zurecht. Schreibt auf jeden Zettel eine Frage, die euch zur Wetterwarte oder zum Wetter interessiert.
- Legt die Zettel auf einen großen Tisch. Ordnet nun die Fragen nach einzelnen Themen.
- Achtet darauf, dass sich keine Fragen überschneiden.
- Fasst ähnliche Fragen zu einer einzigen Frage zusammen.
- Legt eine sinnvolle Reihenfolge fest.
- Schreibt dann den Fragebogen.

c) Erstellt einen Merkzettel mit Dingen, die ihr außer dem Fragebogen noch mitnehmen müsst, zum Beispiel:

- Schreibzeug und einen Block, damit ihr euch Notizen machen könnt.
- Fotoapparat oder Smartphone zum Fotografieren in der Wetterwarte
- Diktiergerät oder Smartphone zum Aufzeichnen eines Gesprächs
- Vergesst nicht, ein kleines Geschenk als „Dankeschön" mitzunehmen.

Durchführung

Notiert die Antworten zu den Fragen auf dem Fragebogen. Macht Fotos. Nehmt wichtige Beiträge des Wetterkundlers auf.
(Hinweis: In vielen Wetterwarten liegen Prospekte zum Thema Wetter und Klima aus. Nehmt aber nur die Prospekte mit, die ihr auch wirklich braucht.)

Präsentation

- Bildet Arbeitsgruppen.
- Erstellt zu jedem Thema (siehe Punkt 1. b) ein Plakat mit Fotos und Texten.
- Stellt eure Arbeitsergebnisse den anderen Gruppen vor.

Internetadressen mit Informationen zu Wetterwarten und Wetterstationen
www.dwd.de
wetterstationen.
meteomedia.de

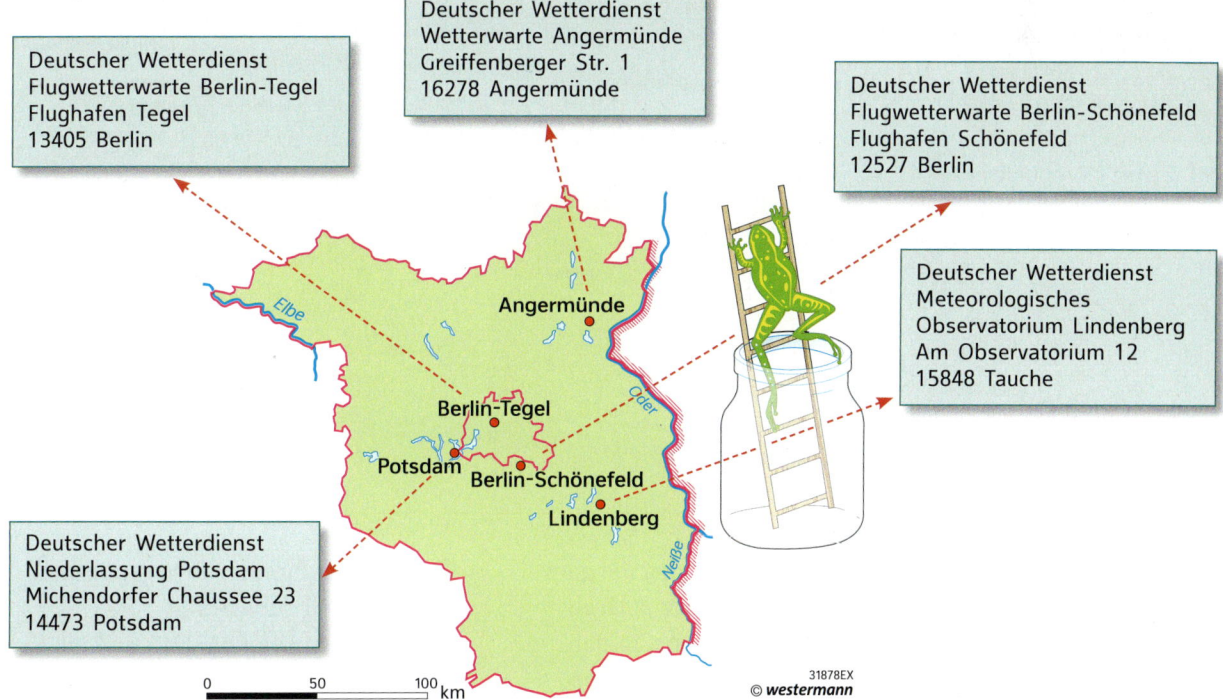

Deutscher Wetterdienst
Wetterwarte Angermünde
Greiffenberger Str. 1
16278 Angermünde

Deutscher Wetterdienst
Flugwetterwarte Berlin-Tegel
Flughafen Tegel
13405 Berlin

Deutscher Wetterdienst
Flugwetterwarte Berlin-Schönefeld
Flughafen Schönefeld
12527 Berlin

Deutscher Wetterdienst
Meteorologisches
Observatorium Lindenberg
Am Observatorium 12
15848 Tauche

Deutscher Wetterdienst
Niederlassung Potsdam
Michendorfer Chaussee 23
14473 Potsdam

Angermünde
Berlin-Tegel
Potsdam
Berlin-Schönefeld
Lindenberg

Elbe
Oder
Neiße

0   50   100 km

31878EX
© westermann

M4 *Lage und Anschriften von Wetterwarten in Berlin und Brandenburg (Auswahl)*

M2 *Klimazonen in Europa*

M1 *Steppe in der Ukraine*

Kalt, warm, gemäßigt

Temperatur und Niederschlag sind die wichtigsten Merkmale des Klimas. Landschaften mit ähnlichen Temperaturen und Niederschlägen werden zu einer **Klimazone** zusammengefasst.

Die Vegetation hat sich den klimatischen Bedingungen angepasst. Laubbäume, wie zum Beispiel die Buche, wachsen in der **gemäßigten Zone**. Sie würden in der **polaren und subpolaren Zone** (kalte Zone) erfrieren und in der **subtropischen Zone** (warme Zone) vertrocknen.

M3 *Vegetation in Europa*

Starthilfe zu ❷ a) ↗
Verwende dazu folgende Begriffe: Tundra, Laub- und Mischwald, baumlose Landschaft, sommergrün, Hartlaubgehölze

❶ Nenne je zwei Länder, die ganz oder zum Teil in der polaren und subpolaren Zone, in der gemäßigten Zone und in der subtropischen Zone liegen (M2, Atlas).

❷ a) ↗ Beschreibe die Vegetation in M1, M5, M7 und M8.
b) Gib den Fotos M5, M7 und M8 eine passende Bildunterschrift mithilfe der Legende in der Karte M3.

Neapel / Italien
25 m ü. M.   41° N / 14° O

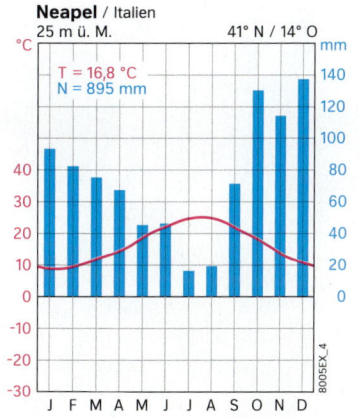

M4 *Klimadiagramm Neapel*

M7 ?

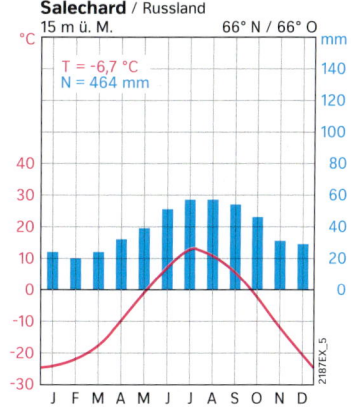

M5 ?

Trier / Deutschland
265 m ü. M.   49° N / 6° O

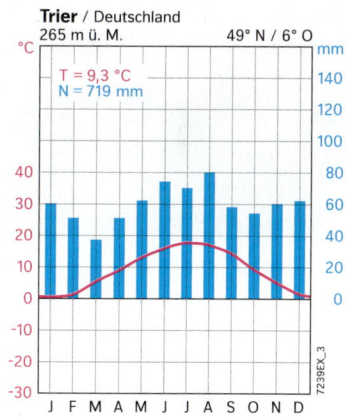

M9 *Klimadiagramm Trier*

Salechard / Russland
15 m ü. M.   66° N / 66° O

M6 *Klimadiagramm Salechard*

M8 ?

Merke
In Europa gibt es drei
Klimazonen.
Die Vegetation hat
sich an das Klima
angepasst.

Grundbegriffe
- Klimazone
- gemäßigte Zone
- polare und sub-
  polare Zone (kalte
  Zone
- subtropische Zone
  (warme Zone)

3 a) Ordne die Fotos M5, M7 und M8
je einer Klimazone in M2 zu.
b) Ordne die Fotos M5, M7 und M8
je einem der Klimadiagramme M4,
M6 und M9 zu.

4 Überprüfe am Beispiel des Laub-
und Mischwaldes, inwieweit das
Klima (M2) und die Vegetation
(M3) gut zusammenpassen.

Wind, Wasser und Eis gestalten unsere Landschaft

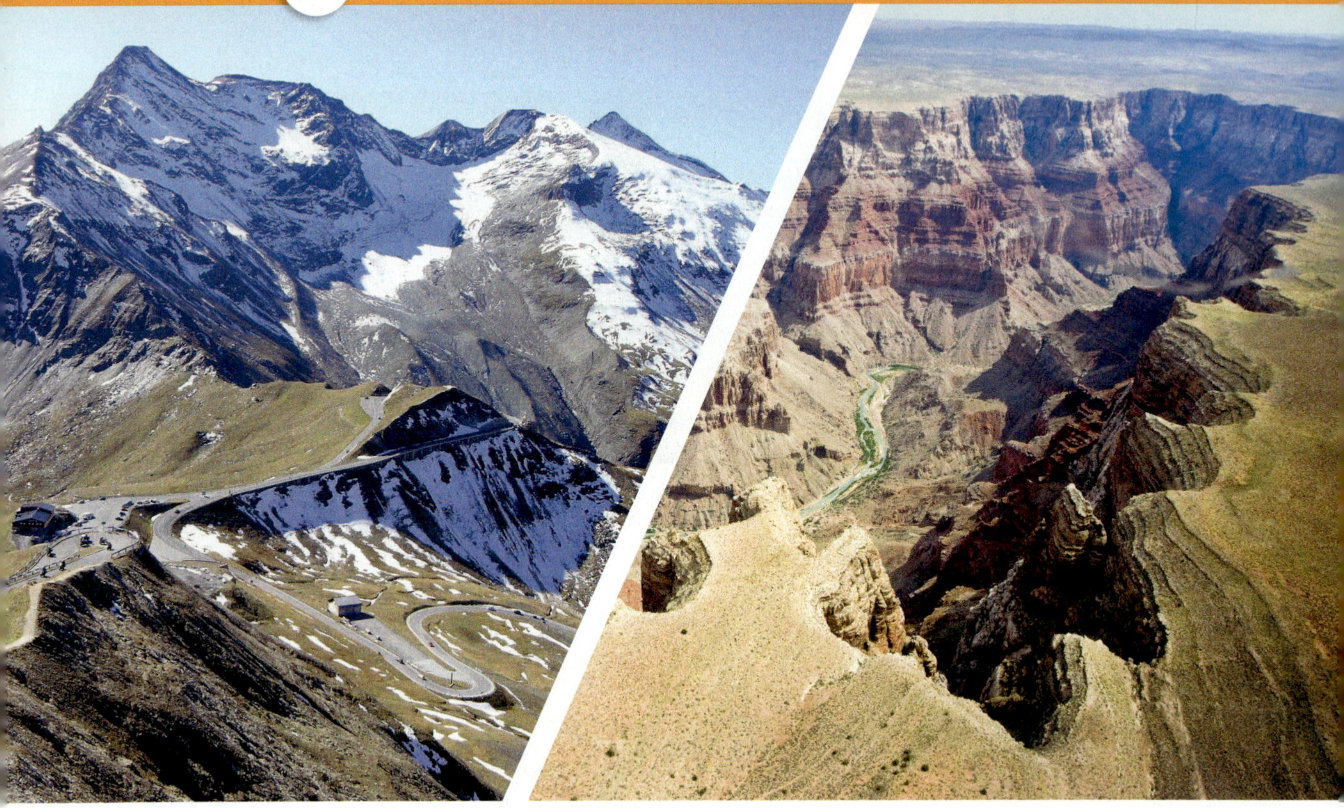

M1 *Die Alpen in Europa und der Grand Canyon im Südwesten der USA – Ergebnis der Kräfte der Natur*

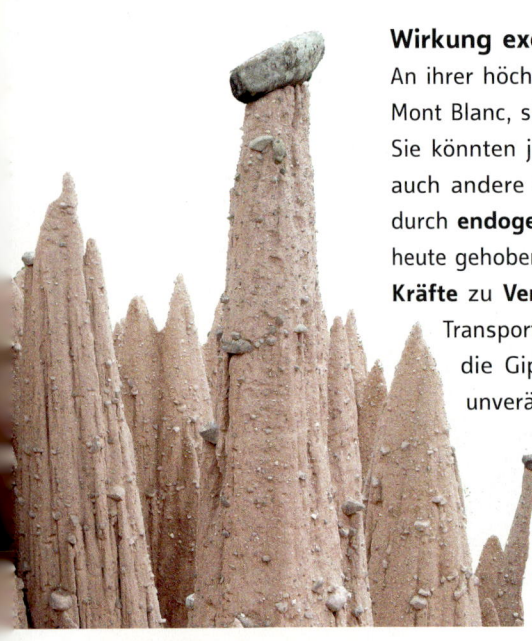

M2 *Erdpyramiden in den Alpen*

Wirkung exogener Kräfte

An ihrer höchsten Stelle, dem Gipfel des Mont Blanc, sind die Alpen 4810 m hoch. Sie könnten jedoch viel höher sein. Wie auch andere Gebirge werden die Alpen durch **endogene** (erdinnere) **Kräfte** noch heute gehoben. Weil **exogene** (erdäußere) **Kräfte** zu **Verwitterung**, Abtragung und Transport der Gesteine führen, bleibt die Gipfelhöhe trotzdem nahezu unverändert. Die Gesteine werden erst an Stellen wieder abgelagert, die tiefer liegen.

Wenn Wasser in kleine Spalten des Gesteins eindringt und dort gefriert, vergrößert es sein Volumen. Das kann dazu führen, dass die Gesteine auseinanderbrechen. Dies ist ein Beispiel für die Verwitterung. Allgemein versteht man darunter die Lockerung und Zerstörung von Gesteinen durch wechselnde Temperaturen, Wasser, Chemikalien oder den Druck von Pflanzenwurzeln.

Ist ein Gestein durch die Verwitterung gelockert, können die Bruchstücke durch Wasser, Wind oder Eis umgelagert werden. Diese Umlagerung umfasst die Vorgänge Abtragung, Transport und Ablagerung. Die Richtung der Umlagerung wird durch die Schwerkraft bestimmt.

Grundbegriffe
- endogene Kräfte
- exogene Kräfte
- Verwitterung

1. Beschreibe die Wirkung exogener Kräfte.
2. Beschreibe die Katastrophe in M4.
3. Erläutere folgende Aussage: *„Der Hunsrück war auch einmal ein Hochgebirge ähnlich den Alpen.“*

Abtragung	→ Transport →	Ablagerung

Wind
Ausblasen von Gesteinsmaterial, Abschleifen des Gesteins durch Wind

Ablagerung des mitgeführten Materials, Dünenbildung

Fließendes Wasser
Abtragung von Gesteinsmaterial, Talbildung

Verringerung der Fließgeschwindigkeit führt zur Ablagerung des mitgeführten Materials.

Massenbewegung
Gesteinsschutt folgt der Schwerkraft: Felsstürze, Erdrutsche und Schlammlawinen (Muren)

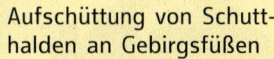

Aufschüttung von Schutthalden an Gebirgsfüßen

Gletscher
Ausschürfung von Tälern durch Gletscher

Ablagerung des abgetragenen Materials im eisfreien Gebiet

M3 *Wirkung exogener Kräfte*

Sankt Lorenzen zerstört

Der kleine Ort Sankt Lorenzen liegt etwa 20 km südöstlich der Stadt Liezen im Paltental (Steiermark/ Österreich). Während sich der Ort selbst auf einer Höhe von 750 m über dem Meeresspiegel befindet, überragen ihn die umgebenden Berge um bis zu 1600 m. Vom 19. bis 21. Juli 2012 kam es zu heftigen Unwettern mit starkem Regen. Innerhalb von drei Tagen fielen 141 mm Niederschlag.
Irgendwann konnten die Böden an den Hängen des Paltentals das Regenwasser nicht mehr aufnehmen.

Es bahnte sich mit mitgerissenen Bodenmassen und Gesteinen seinen Weg ins Tal. Die Mure (fließender Strom aus Schlamm und Gestein) wählte dabei einen vorgezeichneten Weg: das Seitental des Lorenzerbachs, das in den Ort Sankt Lorenzen führt. Von den 125 Gebäuden der Ortschaft wurden 74 verschüttet und zum Teil komplett zerstört. Glücklicherweise starben keine Menschen. Es wurden Boden- und Gesteinsmassen transportiert, die einem 15 m hoch aufgefüllten Fußballplatz entsprechen.

M4 *Eine Mure verschluckt ein Dorf.*

4 Erkläre die Umlagerung durch verschiedene exogene Kräfte (M3).

5 Erörtere, ob der Grand Canyon (M1) durch die Wirkung exogener Kräfte entstanden ist.

Merke
Gesteine können durch Verwitterung gelockert und zerstört werden.

*Die Gesteine der Erde sind einer ständigen Zerstörung und Neubildung ausgesetzt. Dieser stetige Wandel aus Verwitterung, Transport, **Sedimentation**, Umwandlung und Neubildung wird im **Gesteinskreislauf** beschrieben.*

M1 *James Hutton (1726–1797) war ein schottischer Landwirt, Naturforscher und Geologe. Er gilt als Mitbegründer der Geologie als Wissenschaft. Bereits vor mehr als 200 Jahren entwarf er die Grundlagen für den Kreislauf der Gesteine.*

Die Gesteine an der Erdoberfläche werden ständig durch exogene (erdäußere) Kräfte, wie zum Beispiel durch das Wetter, beeinflusst. Verwitterungsprozesse wie Regen, Hitze, Schnee, Frost, Wind, extreme Temperaturunterschiede und andere Faktoren lassen das Gestein zerfallen.

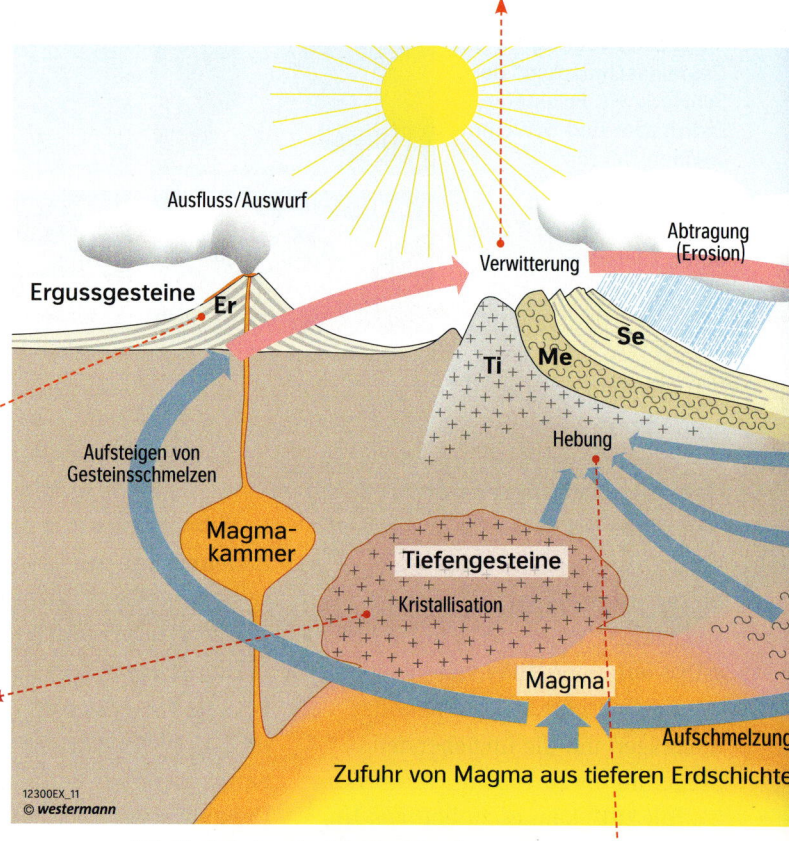

M3 *Modell des Gesteinskreislaufs*

Magmatisches Gestein entsteht, wenn heißes, geschmolzenes Gestein abkühlt und fest wird.
Wenn dies beim Aufsteigen und langsamen Abkühlen in der Erdkruste passiert, bilden sich Kristalle und es entsteht ein Tiefengestein. Falls das noch flüssige Gestein die Erdoberfläche erreicht und dort als Lava schnell abkühlt, können sich keine Kristalle bilden. Stattdessen entsteht eine einheitliche Grundmasse. Diese Gesteine werden Ergussgesteine genannt.

Sedimentgestein, metamorphes Gestein und magmatisches Gestein können an die Oberfläche gehoben werden. Durch exogene Kräfte setzt unmittelbar die Verwitterung der Gesteine ein.

Granite (Tiefengestein)

Basalt
(Ergussgestein)

M2 *Magmatisches Gestein*

Das braucht ihr:
- einen Bunsenbrenner
- eine Schüssel mit Eiswasser
- ein kleines Gesteinsstück
- eine Schutzbrille, eine Zange

So geht ihr vor:
1. Setzt die Schutzbrillen auf und erhitzt den Stein (z. B. Granit) mit dem Bunsenbrenner, indem ihr den Stein mit der Zange in den blauen Teil der Flamme haltet.
2. Legt den Stein mit der Zange in eine Schüssel mit Eiswasser.
3. Wiederholt die Schritte 1 und 2. Beobachtet, was passiert.

M4 *Experiment – Verwitterung durch extreme Temperaturunterschiede*

Sandstein
(festes Sedimentgestein)

Sand
(lockeres
Sedimentgestein)

M6 *Sedimentgesteine*

Transport

Ablagerung
(Sedimentation)

unverfestigte Sedimente

Verfestigung

verfestigte Sedimente

Umwandlung
(Metamorphose)

**metamorphe
Gesteine**

Ti	Tiefengesteine
Me	Metamorphe Gesteine
Se	Sedimentgesteine
Er	Ergussgesteine

→ exogene Prozesse
→ endogene Prozesse

An der Erdoberfläche finden Umlagerungen durch den Einfluss exogener Kräfte statt. Verwittertes Material wird abgetragen. Durch Gletscher, die Schwerkraft, Wind und Wasser (z. B. in Flüssen) wird das verwitterte Material abtransportiert und an anderer Stelle wieder abgelagert. Dabei bilden sich Lockersedimente. Dieser Prozess heißt Sedimentation.

Die Lockersedimente werden zum Beispiel an Flussmündungen abgelagert. Je mehr **Sedimente** abgelagert werden, umso höher wird der Druck, der auf die unteren Schichten wirkt. Nach und nach wird das Lockersediment verfestigt.

Durch hohen Druck und hohe Temperaturen, die unterhalb der Erdoberfläche herrschen, können Gesteine verformt und in anderes Gestein umgewandelt werden. Dabei entstehen **metamorphe Gesteine**.

Gneis

M5 *Metamorphes Gestein*

Merke
Die ständigen Veränderungen durch exogene und endogene Kräfte laufen in einem Kreislauf ab. Dieser wird als Gesteinskreislauf bezeichnet.

Grundbegriffe
- Sedimentation
- Gesteinskreislauf
- Sediment
- metamorphes Gestein
- magmatisches Gestein

❶ a) Nenne vier verschiedene Gesteinsarten.
   b) Beschreibe die Entstehung dieser Gesteinsarten.

❷ Erkläre den Gesteinskreislauf (M3).

Faustskizze als Orientierungshilfe

Faustskizzen sind vereinfachte Zeichnungen bereits vorhandener Karten. Einfache Umrisslinien und ausgewählte topografische Objekte werden darin eingetragen. Faustskizzen helfen, sich einen Überblick über ein Gebiet zu verschaffen. Die Raumstruktur, zum Beispiel die Verteilung von Gebirgen, Tiefländern und Flussläufen, wird vereinfacht dargestellt.

Lernkarte als Merkhilfe

Mit Beschriftung der Objekte wird aus der Faustskizze eine Lernkarte. Sie hilft, sich topografische Objekte eines neuen Raumes leichter einzuprägen. Wenn du sehr viele Karteninhalte darstellen möchtest, verwende Transparentpapier für thematisch ähnliche Eintragungen, um sie nur bei Bedarf über deine Lernkarte zu legen. Die Karte bleibt dadurch übersichtlich.

Eine Lernkarte anfertigen

1. Umriss zeichnen
• Zeichne zunächst den Umriss des Raumes. Gerade Linien erleichtern die Arbeit. Trage Besonderheiten ein, z.B. Äquator, Wendekreise.

2. Objekte skizzieren
• Skizziere mit weiteren Farben: Gebirge – braun; Flüsse und Seen – blau; Landschaften – gelb oder grün; Siedlungen – rot
• Verwende für die Objekte einfache Formen (z.B. Mehrecke, Kreise).

3. Weitere Eintragungen
• Du kannst auch thematische Eintragungen vornehmen, z.B. zum Siedlungs- und Verkehrssystem.

4. Legende anlegen
• Fertige eine Legende an.

5. Objekte beschriften
• Beschrifte die Objekte.

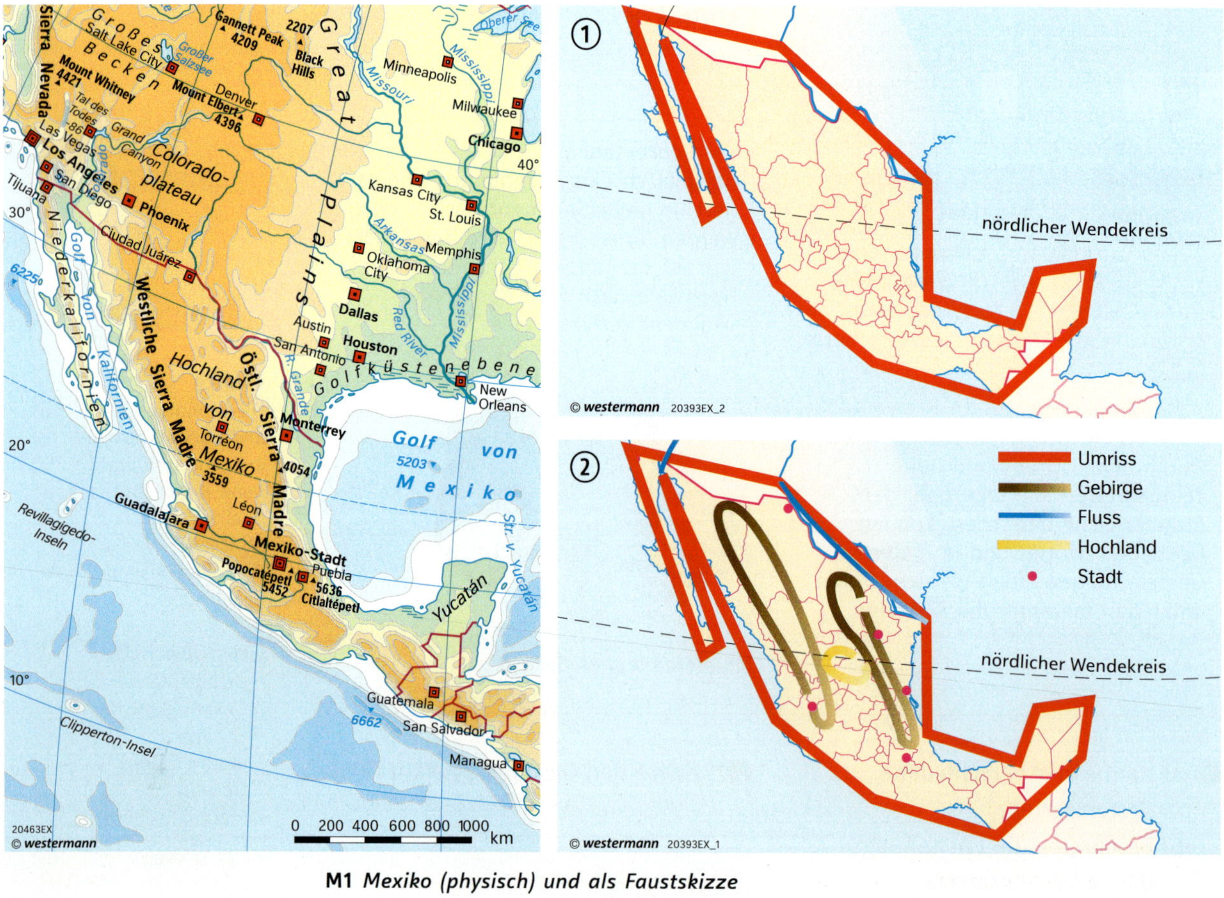

M1 *Mexiko (physisch) und als Faustskizze*

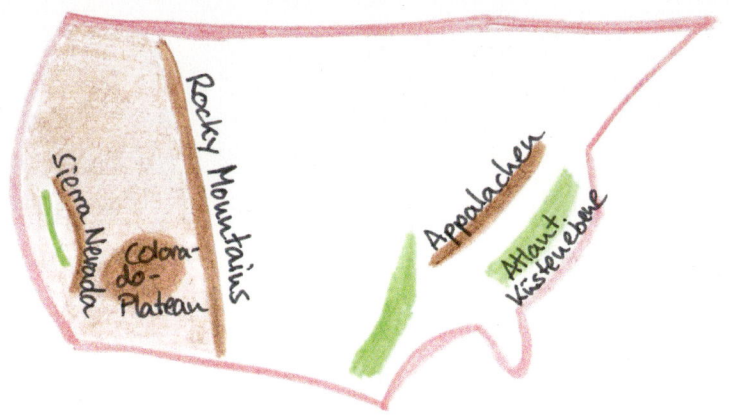

M2 *Satellitenbild Nordamerikas*

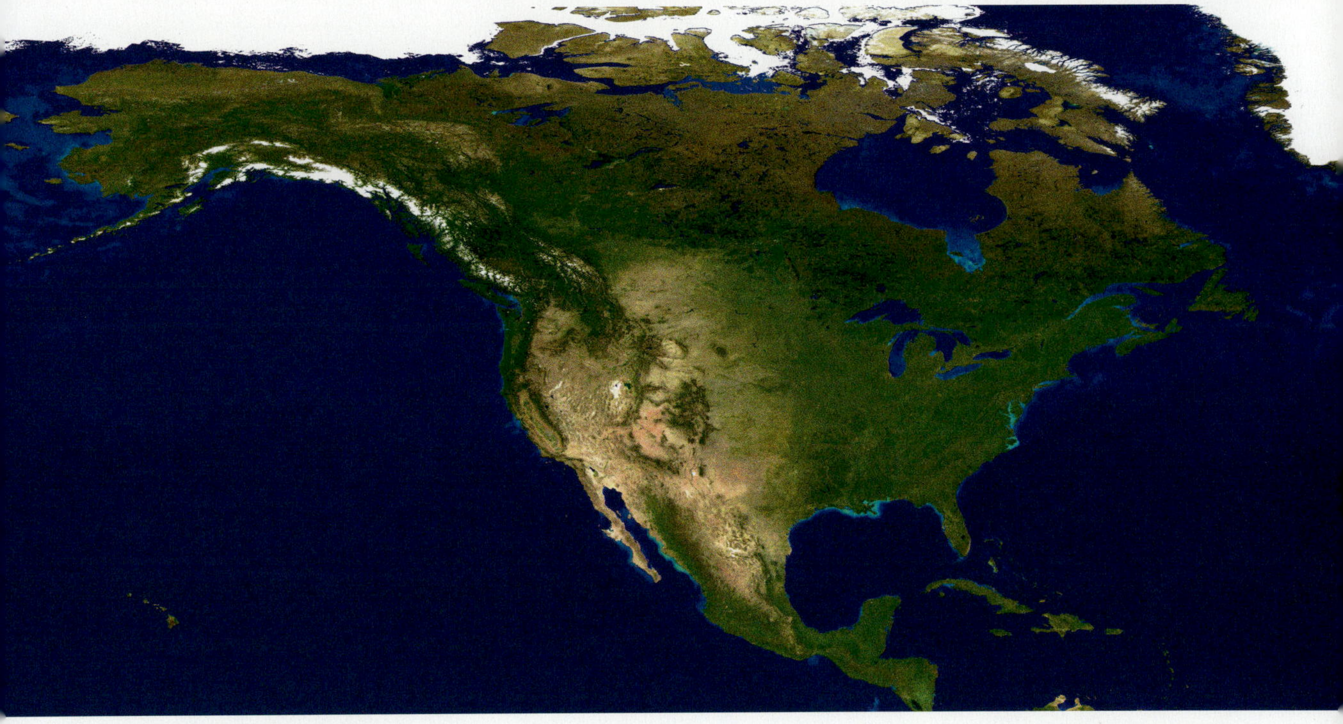

M3 *Beispiel: Lernkarte USA Relief (ohne Alaska)*

Das benötigst du...

- Fragestellung/
  Thema
  (zum Beispiel
  Reliefvergleich)
- Atlas
- Satellitenbilder
- Transparentpapier
- verschiedenfarbige
  Stifte

M4 *Arbeitsmittel für eine Lernkarte*

❶ Bestimme mithilfe des Atlas die topografischen Objekte Nordamerikas. Fertige dazu eine Liste an (Atlas).

❷ a) Zeichne einen Kartenumriss von Nordamerika (Atlas).
b) Wähle zehn Objekte aus deiner Liste aus, die sich auf der Faustskizze wiederfinden sollen. Zeichne diese ein und beschrifte sie.
c) Präge dir die erstellte Lernkarte bis zur nächsten Unterrichtsstunde ein und bereite dich darauf vor, diese wiedergeben zu können.

❸ Vergleiche die physische Karte mit den Faustskizzen (M1). Welche topografischen Objekte wurden vereinfacht dargestellt?

Merke
Faustskizzen sind vereinfachte Zeichnungen von Karten, die nur grundlegende topografische Objekte enthalten.

37

2 Leben in Risikoräumen

Ein Tornado in Oklahoma (USA) rast mit geballter Geschwindigkeit auf Wohnhäuser und Ställe zu.
Kannst du dir vorstellen, was die Bewohner in diesem Moment tun?

M1 *Vulkanausbruch auf Hawaii*

M3 *Kälteinbruch in Washington (USA)*

M2 *Gliederung Amerikas*

Nordamerika wird von Grönland (zu Dänemark gehörig), Kanada und den USA gebildet. Als Mittelamerika werden die Länder bezeichnet, die zwischen den USA und dem Panamakanal liegen. Alle Länder südlich des Panamakanals gehören zu Südamerika.

Anglo- und Lateinamerika sind politisch-kulturelle Begriffe, die dazu dienen, den englischsprachigen vom spanisch-portugiesischsprachigen Raum abzugrenzen. In den angloamerikanischen Ländern USA und Kanada spricht man Englisch und Französisch, während in Lateinamerika Spanisch bzw. Portugiesisch gesprochen wird.

Naturräumliche Gegensätze

Der Doppelkontinent Amerika bietet ein Bild voller Kontraste. Vieles wirkt in Amerika gigantisch. Hierzu gehören eindrucksvolle Hochgebirgslandschaften mit gewaltigen Vulkanen, ausgedehnte Tieflandsgebiete und Flüsse, die auch zu den längsten in der Welt zählen. Die Großen Seen in Nordamerika bilden die größte zusammenhängende Süßwasserfläche der Erde.

Immer wieder erreichen uns Meldungen von verheerenden Wetterereignissen in Nordamerika. Meistens handelt es sich um Hurrikans, Tornados oder Kaltlufteinbrüche. Der Hurrikan Katrina, der im Sommer 2005 auf New Orleans (Louisiana) traf, richtete große Schäden an und forderte viele Tote.

Im Westen des Doppelkontinentes grenzen verschiedene Erdplatten aneinander. Dadurch besteht die Gefahr von Erdbeben. Starke Erdbeben können in wenigen Sekunden ganze Städte auslöschen. Sie treffen die Menschen meist unvorbereitet.

Starthilfe zu ② ↗
Verwende auch die Begriffe Hochgebirge und Tiefland.

❶ Beschreibe die Gliederung Amerikas. Gib für jede Region einen Staat an (M2).

② ↗ Beschreibe das Relief des Doppelkontinents (M4, Atlas).

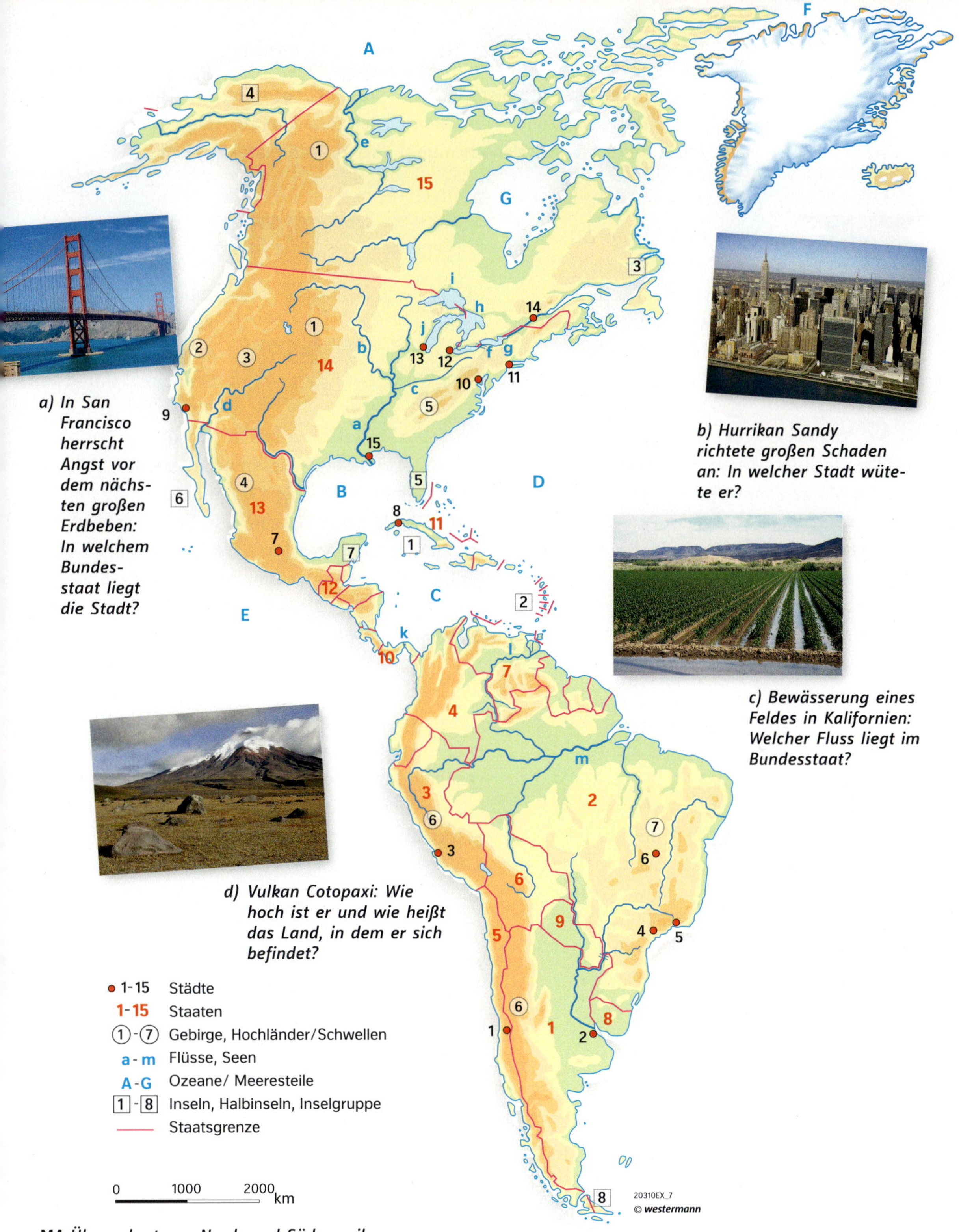

A

4

1

e

15

G

F

3

A

a) In San Francisco herrscht Angst vor dem nächsten großen Erdbeben: In welchem Bundesstaat liegt die Stadt?

2

3

1

14

b

i

h

j

13   12

f   g

14

10   11

c

5

9

d

a

15

5

B

4

6

13

7

7

8

11

1

C

2

D

E

k

10

b) Hurrikan Sandy richtete großen Schaden an: In welcher Stadt wütete er?

c) Bewässerung eines Feldes in Kalifornien: Welcher Fluss liegt im Bundesstaat?

l

7

4

m

3

6

3

6

2

7

6

5

9

4   5

6

1   1   2   8

d) Vulkan Cotopaxi: Wie hoch ist er und wie heißt das Land, in dem er sich befindet?

● 1-15   Städte
1-15   Staaten
①-⑦   Gebirge, Hochländer/Schwellen
a-m   Flüsse, Seen
A-G   Ozeane/ Meeresteile
☐1 -☐8   Inseln, Halbinseln, Inselgruppe
—— Staatsgrenze

0   1000   2000
                              km

8   20310EX_7
© *westermann*

M4 *Übungskarte zu Nord- und Südamerika*

❸ Beantworte die Fragen zu den Fotos a bis d (M4, Atlas).

❹ Erstelle eine Lernkarte von Südamerika (M4). Wähle 3 Flüsse, 5 Städte, 2 Gebirge und 5 Staaten aus.

Weltweit kommt es zu Naturereignissen wie Erdbeben, großen Flutwellen, Tsunamis, Vulkanausbrüchen oder Wirbelstürmen. Meist treffen sie die Menschen unvorbereitet. Wenn diese **Naturereignisse** Auswirkungen auf Menschen und große Zerstörungen zur Folge haben, werden sie zu **Naturkatastrophen**.

Im Frühjahr 2015 ereigneten sich in Nepal mehrere starke Erdbeben. Mehr als 8 600 Menschen starben. Bedeutende Kulturgüter wurden zerstört. Auch in Nachbarländern waren Opfern zu beklagen. Am Mount Everest kamen Bergsteiger durch eine vom Erdbeben ausgelöste Lawine ums Leben. Schätzungen zufolge waren mehr als acht Millionen Menschen von den Erdbeben betroffen.

M1 *Erdbeben in Nepal*

Am 26.12.2004 ereignete sich im Indischen Ozean vor Indonesien ein schweres Seebeben. Durch dieses Beben wurde ein Tsunami ausgelöst, eine Riesenwelle, die sich über den gesamten Indischen Ozean ausbreitete und verheerende Zerstörungen anrichtete. Mehr als 200 000 Menschen verloren ihr Leben. Über eine Millionen Küstenbewohner wurden obdachlos.

M3 *Tsunami in Thailand*

Der Ausbruch des Vulkans Eyjafjallajökull auf Island am 10.05.2010 hatte weiträumige Auswirkungen. Er spuckte Rauch und Asche in die Luft – und zwar in solch riesigen Mengen, dass

der Flugverkehr über weiten Teilen Nord- und Mitteleuropas mehrere Tage beeinträchtigt war. Tausende Menschen mussten ihre Flüge verschieben.

M2 *Vulkanausbruch auf Island*

Zwischen Mai und Juni 2013 hat es in Deutschland unvorstellbare Mengen Niederschlag gegeben. Die Folge war ein Jahrhunderthochwasser, welches zu Deichbrüchen und dadurch zu

Überschwemmungen ganzer Landstriche führte. Die Schäden im deutschen Elbeeinzugsbereich werden auf über sechs Milliarden Euro geschätzt.

M4 *Elbehochwasser bei Fischbeck in Sachsen-Anhalt*

❶ Erläutere den Unterschied zwischen Naturereignis und Naturkatastrophe.

❷ Notiere die Namen der Gebirge (1–8) und der Tiefseegräben (A–H) auf der Umschlagseite des Buches.

❸ Entscheide und begründe, ob die Naturereignisse (M1–M4) zu einer Naturkatastrophe geworden sind.

❹ Berichte, wie Naturereignisse das Leben der Menschen beeinflussen und bedrohen können (M1–M4).

Eine Präsentation erstellen

Vorbereitung

- Material beschaffen, Themen festlegen, Fragen stellen
- Woher können wir Informationen und Bilder über die Ereignisse bekommen?
- Nach der Materialbeschaffung: Es gibt viele interessante Dinge. Über welche Themen wollen wir etwas schreiben?
- Mit welchen Mitteln können wir die Präsentation anschaulich gestalten?

Durchführung

- Material sichten, Texte schreiben und mit Bildern ergänzen
- interessante Fotos und Grafiken auswählen
- Materialien nach Themen sortieren, die in der Präsentation vorkommen sollen; unbrauchbares Material zur Seite legen

- ausgewählte Texte lesen und wichtige Informationen herausschreiben
- Texte mit anschaulichen Fotos, Zeichnungen und Tabellen ergänzen

Präsentation erstellen

- Auswahl einer bestimmten Präsentationsart wie Wandzeitung, Mappe oder digitale Präsentation
- Überschrift für jede Seite überlegen, auch für die Titelseite
- Themenseiten herstellen: Materialien übersichtlich anordnen, mehrere Varianten probieren
- Texte, Fotos, Grafiken, Tabellen beschriften
- verschiedene Farben benutzen; sehr sauber schreiben oder Beschriftung mit dem Computer verfassen

Homepage, PowerPoint-Präsentation

Du kannst deine Ergebnisse auch auf der Homepage eurer Schule präsentieren oder eine PowerPoint-Präsentation erstellen. Bitte die Netz-AG oder deine Lehrerin / deinen Lehrer um Mithilfe.

Referat/Vortrag

Ein Referat ist ein kurzer Vortrag (etwa 10 Minuten) über ein Thema. Zu Beginn informierst du über die Gliederung und die Dauer deines Referats. Mögliche Hilfsmittel sind Plakate, Folien, Tafelanschrieb.

Mein Thema lautet ...

Reportage

Mache aus deinen Ergebnissen eine Reportage, die du aufnimmst. Übrigens: Viele lokale Rundfunksender senden gerne Schülerreportagen!

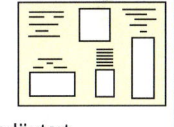

Wandzeitung

Bei einer Wandzeitung werden eine Überschrift sowie kurze Texte und Bilder auf einem großen Blatt Papier geordnet zusammengestellt. Bei der Präsentation werden die einzelnen Teile der Wandzeitung dann erläutert.

Prospekt, Informationsbroschüre

Für eine Informationsbroschüre musst du neben deinen Texten vor allem Abbildungen und Fotos auswählen. Klebe die Informationen so zusammen, dass du ein Faltblatt erhältst.

Buch, Mappe

Wenn du deine Ergebnisse als Buch präsentieren willst, dann benötigst du zwei Pappen als Vorder- und Rückseite (Buchdeckel). Die Buchseiten musst du entsprechend der Größe der Pappen anfertigen. Binden kannst du dein Buch, indem du die Seiten lochst und mit einer Schnur zusammenbindest. Gestalte das Deckblatt deines Buches!

9044EX_5

M5 *Präsentationsmöglichkeiten*

5 Wähle ein Naturereignis, das auf den folgenden Seiten thematisiert wird aus. Sammle Informationen darüber und erstelle eine Präsentation zu deinen Ergebnissen.

Entscheide dich für eine der vorgestellten Präsentationsmöglichkeiten (M5).

Merke

Wenn Naturereignisse negative Folgen für Menschen und ihre Lebenswelt haben, werden sie zu Naturkatastrophen.

Grundbegriffe

- Naturereignis
- Naturkatastrophe

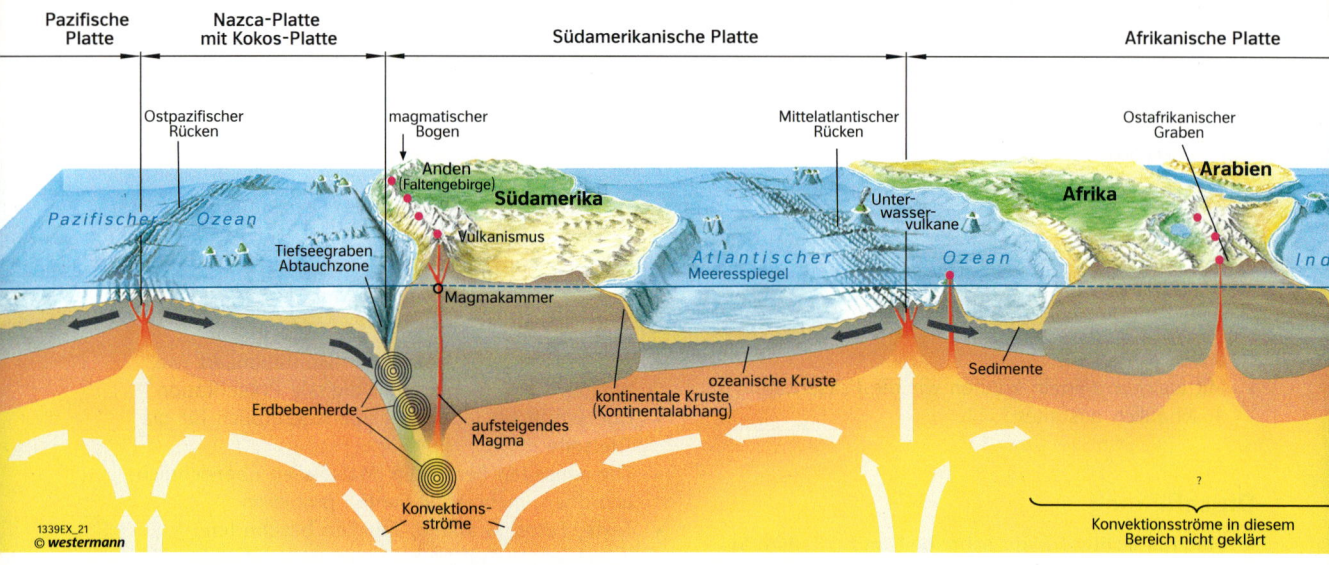

M1 *Querschnitt durch die Gesteinshülle der Erde*

🌐 Inseln der Mittelozeanischen Rücken

Der ozeanische Rücken im Atlantik heißt Mittelatlantischer Rücken (M1). Eine seiner größten Erhebungen ist Island. Weitere Inseln sind z.B. die Azoren und Sankt Helena.
Am ostpazifischen Rücken entstanden dort, wo die Nazca-Platte und die Kokosplatte auseinanderdriften, die Galapagosinseln.

Unglaublich! Gebirge gibt es auch im Meer

Wissenschaftlerinnen und Wissenschaftler haben den Meeresboden erforscht. Sie stellten fest, dass es am Meeresboden bis zu 4000m hohe Gebirge gibt. An einigen Stellen ragen sie sogar als Inseln aus dem Ozean heraus (z.B. Island). Diese **mittelozeanischen Rücken** durchziehen die Ozeane und sind insgesamt 65000km lang.

Die Gebirge am Meeresboden haben in der Mitte eine tiefe Spalte. Daraus quillt kontinuierlich **Magma** (heißer Gesteinsbrei), das sich links und rechts ablagert und abkühlt. So bildet sich neuer Ozeanboden. Die Platten schieben sich dabei auseinander.

Die Hitze im Erdinneren bringt die Gesteinsschmelze in Bewegung. Diese **Konvektionsströme** im zähflüssigen Erdinneren sorgen pausenlos für Nachschub von Magma. Dadurch bewegen sich auch die **Erdplatten** der festen Gesteinshülle der Erde (Kruste). Diese Bewegungen führten dazu, dass der Urkontinent Pangäa zerbrach (M4).

Auch heute sind die Erdplatten ständig in Bewegung und verändern ihre Lage.

M2 *An der Nahtstelle von zwei Erdplatten – Erdspalte auf Island*

① a) Es gibt auch Gebirge am Meeresboden. Erläutere diese Aussage mithilfe von M1.
b) Erkläre ihre Entstehung.

② ↗ Stelle dar, wie sich die Lage des Kontinents Südamerika im Laufe der Zeit verändert hat (M4).

Starthilfe zu ② ↗
Die heutigen Umrisse von Südamerika sind blau eingezeichnet.

Station	Verlagerung pro Jahr und Richtung
Potsdam (Deutschland)	2 cm nach Nordosten
Osterinseln (Chile)	7 cm nach Osten
Galapagos (Ecuador)	5 cm nach Osten
Melbourne (Australien)	6 cm nach Norden
Boston (USA)	2 cm nach Westen
Mombasa (Kenia)	3 cm nach Osten

M3 *Forschungsstationen und ihre jährliche Verlagerung*

Das Bild der Erde verändert sich

Die Bewegungen der Erdplatten sind unterschiedlich. Sie treiben entweder aufeinander zu, bewegen sich voneinander weg oder aneinander vorbei. Treiben zwei Erdplatten aufeinander zu, kann sich eine Platte unter die andere schieben. In diesen **Subduktionszonen** sinkt das Gestein der unten liegenden Platte tief ab und es entstehen **Tiefseegräben**. Je tiefer das Gestein abtaucht, desto wärmer wird es. In über 700 km Tiefe schmilzt es. Es bildet sich Magma, das nach oben aufsteigt. Dadurch entstehen Vulkane (siehe Seite 46).

Stoßen zwei Platten aufeinander, werden Gesteinsschichten an den Plattenrändern aufgefaltet. So ist zum Beispiel der Himalaya mit dem höchsten Berg der Erde entstanden. Schrammen zwei Platten aneinander vorbei, kann es, wie an allen anderen Plattengrenzen auch, zu Erdbeben kommen.

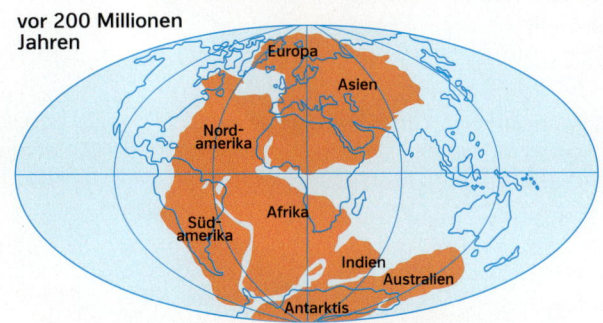

vor 200 Millionen Jahren

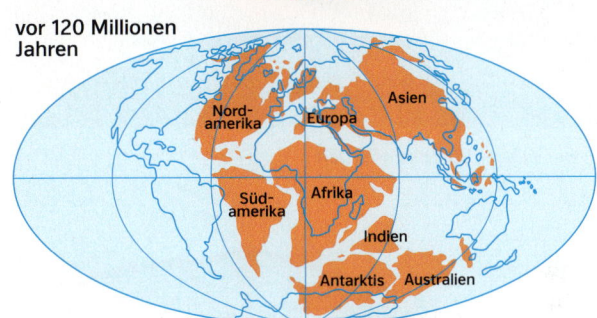

vor 120 Millionen Jahren

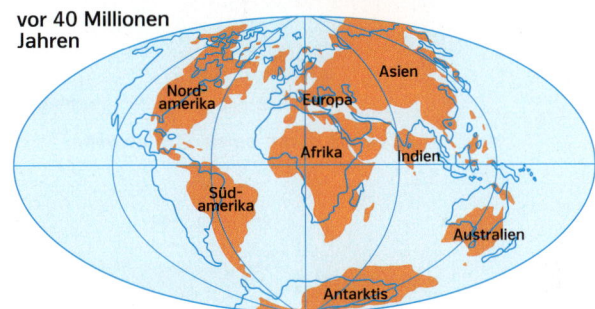

vor 40 Millionen Jahren

Die Erde in 50 Millionen Jahren

1446EX_8
© **westermann**

M4 *Verschiebungen der Kontinente*

❸ Nenne je zwei Beispiele für Platten,
a) die sich auseinanderbewegen,
b) die zusammenstoßen,
c) bei der sich die eine unter die andere schiebt (Atlas).

❹ Ordne die Forschungsstationen in M3 den Erdplatten zu. Nutze die Atlaskarte der Plattentektonik mit dem Register.

Grundbegriffe
- Mittelozeanischer Rücken
- Magma
- Konvektionsstrom
- Erdplatte
- Subduktionszone
- Tiefseegraben

M1 *Lavastrom bei einem Vulkanausbruch*

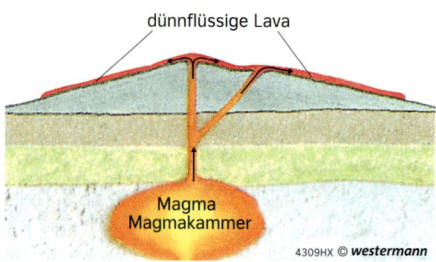

dünnflüssige Lava

Magma
Magmakammer

4309HX © **westermann**

M2 *Schnitt durch einen Schildvulkan*

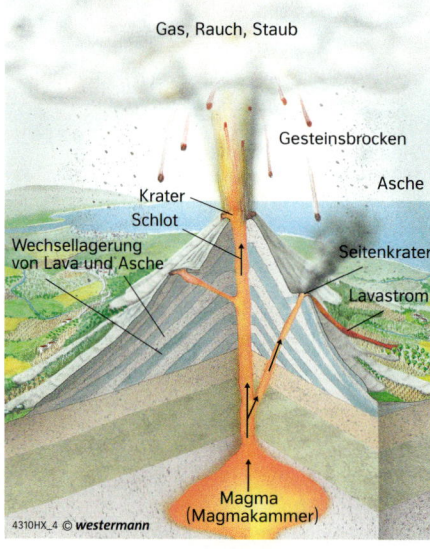

Gas, Rauch, Staub

Gesteinsbrocken

Asche

Krater
Schlot
Wechsellagerung
von Lava und Asche
Seitenkrater
Lavastrom

Magma
(Magmakammer)

4310HX_4 © **westermann**

M3 *Schnitt durch einen Schichtvulkan*

Verbindungen zum Erdinneren

Es gibt über 400 aktive **Vulkane** auf der Erde. Sie treten meist an den Rändern der Erdplatten auf. Dort ist die Erdkruste besonders dünn. In einem Vulkan steigt das fließfähige, heiße Magma auf. Es ist mit Gasen angereichert und deshalb leichter als das umgebende Gestein. Magma sammelt sich in Hohlräumen, den Magmakammern. Wenn sich ausreichend Druck gebildet hat, kommt es zum Ausbruch.

Das bei einem Vulkanausbruch an der Erdoberfläche austretende Magma heißt **Lava**. Diese kann entweder sehr dünnflüssig oder recht zäh sein. Die dünnflüssige Lava fließt langsam an den Vulkanhängen herab, erstarrt und ein flacher **Schildvulkan** entsteht. Im Gegensatz dazu entstehen **Schichtvulkane**, wenn dickflüssige Lava explosionsartig aus dem Schlot heraustritt. Dabei werden viel Asche und Gesteinsbrocken in die Luft geschleudert. So lagern sich Lava und Asche an den Vulkanhängen im Wechsel ab.

Merke
Vulkane treten an den Rändern von Erdplatten auf. Bei einem Vulkanausbruch tritt heißes Magma in Form von Lava aus.

Grundbegriffe
- Vulkan
- Lava
- Schildvulkan
- Schichtvulkan

---

1 Beschreibe den Lavastrom (M1).

2 Erläutere den Aufbau eines Schichtvulkans (Text, M3).

3 Erkläre die Vorgänge bei einem Vulkanausbruch (Text, M1–M3).

M4 *Die Grundform wird aus Styropor geformt.*

M6 *Die Oberfläche des Modells wird mit Gips geformt.*

Das braucht ihr:

- Styroporplatten
  50 x 100 cm
  (1 x 2 cm Stärke als
  Grundplatte,
  3 x 5 cm Stärke
  als Vulkanform)
- Styroporkleber,
  Styroporschneider,
  Federmesser,
  Formsäge
- 2 kg Gips, Filzstifte,
  Deckfarben,
  verschiedene Pinsel
- Eimer, Wasser, Papier,
  dünne Holzspieße

So geht ihr vor:

1. Bearbeiten des Styropors

- Zerschneidet 5 cm dicke Styroporplatten in folgende Stücke:
  2 x 50 x 70 cm; 2 x 30 x 50 cm;
  je einmal 40 x 60 cm, 20 x 30 cm,
  10 x 10 cm.
- Schichtet die Stücke nach der Größe zu einem Berg auf.
- Halbiert Platten zum Aufklappen des später fertiggestellten Vulkans.
- Verklebt die Schichten miteinander.

2. Oberfläche formen

- Schneidet die Stufenkanten der zusammengeschobenen Hälften mit dem Federmesser ab.
- Rührt 2 kg Gips mit 1,5 l Wasser in einem Eimer an.

- Formt mit dem Gipsbrei die „Hänge" des „Vulkans" glatt. Die Hälften dürfen dabei nicht zusammenkleben.

3. Gestalten des Modells

- Bemalt nach dem Trocknen des Gipses das Modell innen und außen:
  z.B. Rot für Lava; Rotgelb für Magma;
  Grün für Wald, Wiesen, Gärten; Braun für Ackerbau; Grau für Ascheschichten.

4. Kennzeichnen der Vulkanteile

- Stellt Fähnchen aus Papier und Holzspießen her.
- Beschriftet die Fähnchen.
- Steckt die Holzspieße mit Fähnchen an die richtige Stelle des Modells.

M5 *Das Modell wird bemalt.*

M7 *Die Teile des Vulkanmodells werden gekennzeichnet.*

4 Beschreibe, in welchen Ländern und an welchen Plattengrenzen folgende Vulkane liegen: Pinatubo, Ätna, Popocatépetl, Fujisan (Atlas).

M1 *Lage des Vesuv in Italien*

M2 *Neapel mit Blick auf den Vesuv*

Leben am Vulkan und seine touristische Nutzung

Trotz der großen Gefahr, die beim Ausbruch eines Vulkans besteht, leben viele Menschen in seiner Nähe. Dieser Raum bietet dafür verschiedene Anreize.

Zwischen den Ausbrüchen liegt meist eine lange Zeit. In dieser entstehen in der Umgebung des Vulkans zum Beispiel günstige natürliche Bedingungen für die ackerbauliche Nutzung. Die Vulkanasche ist mineralstoffreich und sorgt für eine natürliche Düngung. Auf den verwitternden Lavadecken entstehen fruchtbare Böden. Die Hitze und die Dämpfe, die aus dem Inneren des Vulkans kommen, können für Heizwerke und Heilbäder genutzt werden. Die vulkanischen Gesteine (Bims, Basalt) eignen sich als Baumaterial. Nicht zuletzt bietet die üppige Natur, gepaart mit der reizvollen Landschaft der Vulkangegenden, Möglichkeiten für Tourismus.

Jahr	Vulkan	Tote
79 n. Ch.	Vesuv (Italien)	18 000
1669	Ätna (Italien)	20 000
1985	Nevado del Ruiz (Kolumbien)	25 000
2002	Nyiragongo (D.R. Kongo)	147
2010	Merapi (Java)	324
2014	Sinabung (Sumatra)	15

M3 *Schwere Vulkanausbrüche (Auswahl)*

„Besser einen Tag als Löwe leben als ein Leben als Feigling", entgegnen die Bewohner am Vesuv gern, wenn sie auf die Gefahr angesprochen werden. „Das Problem wird zugunsten der positiven Faktoren verdrängt", sagt ein Vulkanologe der Universität Bristol.

(Quelle: A. Bojanowski: Zukunftsszenario: Forscher simulieren Vesuv-Ausbruch. www.spiegel.de, 27.04.2012)

M4 *Leben mit dem Risiko*

Starthilfe zu ❶ ↗
Denke dabei z. B. an Erwerbsmöglichkeiten.

❶ ↗ Begründe warum Menschen oft in der Nähe von Vulkanen leben (Text).

❷ Beschreibe die landwirtschaftliche Nutzung am Vesuv (Text, Atlas).

❸ Löse die Übungskarte (M1).

M5 *Touristen in Pompeji*

Neapel ist keine italienische Vorzeigestadt - und dennoch eine der interessantesten Metropolen des Landes. [...] Sie liegt am Vesuv und ist ein idealer Ausgangspunkt für Touren in die Umgebung.

[...] Ein Ausflug an den Krater gehört für viele Touristen dazu. Die meisten fahren mit dem Bus oder dem Auto in den Parco nazionale del Vesuvio. Schon auf dem Weg dorthin sind von der Autobahn aus riesige schwarze Lavabrocken zu sehen. Sie sind seit dem Ausbruch in der Antike liegengeblieben. Im Nationalpark geht es durch Haarnadelkurven bis auf ungefähr tausend Meter Höhe. So bleibt Zeit für einen Blick auf die Landschaft, in der die Überreste des jüngsten größeren Ausbruchs von 1944 zu sehen sind, obwohl die Lava inzwischen von Moosen, Flechten und Besenginster überdeckt wird. Für Busse und Autos ist dann aber bald Schluss - vom Parkplatz aus geht es zu Fuß weiter bis an den Kraterrand. Der liegt nur 200 Meter höher. Doch der Aufstieg ist anstrengend.

In der Region rund um den Vesuv leben heute rund drei Millionen Menschen. Die Vorstellung, dass der ruhende Vulkan irgendwann wieder einmal explodieren könnte, scheint keinerlei Panik auszulösen. Doch das ist durchaus denkbar. Was bei einer Eruption passiert, ist in Pompeji deutlich zu sehen. Die Ausgrabungsstätte ist heute eine der wichtigsten Touristenziele am Golf von Neapel. [...]

(Quelle: A. Heimann/dpa/lei: Moloch Neapel: Im Schatten der Camorra. www.spiegel.de, 20.08.2012)

M6 *Der Vesuv als Touristenattraktion*

---

4 Ordne die Vulkane in M3 den Erdplatten zu, an die sie grenzen. Nutze den Atlas mit dem Register.

5 Diskutiert, inwiefern Touristen ein Risiko eingehen, wenn sie nach Neapel reisen.

Merke
In der Umgebung eines Vulkans entstehen günstige natürliche Bedingungen für den Ackerbau. Zudem bieten Vulkanlandschaften Möglichkeiten für den Tourismus.

M1 *Rettungskräfte suchen nach einem Erdbeben nach Überlebenden in Trümmern eines Wohnhauses.*

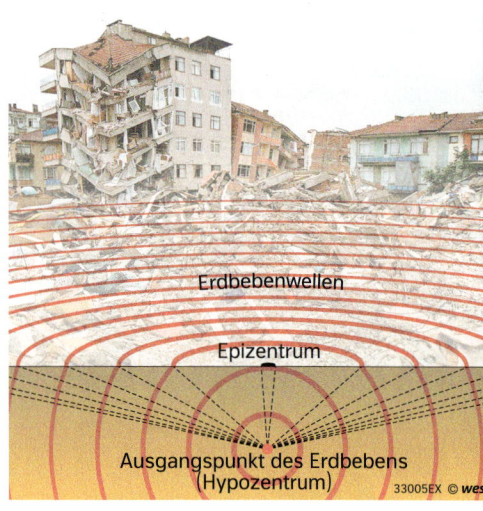

Erdbebenwellen

Epizentrum

Ausgangspunkt des Erdbebens
(Hypozentrum)
33005EX © west

M2 *Ausbreitung von Erdbebenwellen (nicht maßstabsgetreu)*

Ein Ruck geht durch die Erde

Erdbeben lassen sich nicht vorhersagen und treffen die Bewohner deshalb oft unvorbereitet. Sie dauern meist zwischen zehn Sekunden und vier Minuten und können ganze Städte zerstören.

Bei ihren Bewegungen verhaken sich die Erdplatten miteinander. Dadurch entstehen Spannungen in der Erdkruste. Werden die Spannungen zu groß, verschieben sich die Platten ruckartig. Dann bebt die Erde.

Erdbeben entstehen in Bereichen, wo Erdplatten zusammenstoßen, aneinander vorbeidriften oder sich untereinanderschieben.

Vom **Hypozentrum** (Erdbebenherd) breiten sich Erdbebenwellen in alle Richtungen aus. Der Bereich, an dem die Erdbebenwellen die Erdoberfläche erstmals erreichen, heißt **Epizentrum**.

ℹ️ **Richterskala**
Die Richterskala gibt die Stärke von Erdbeben an. Sie wird mit Seismographen gemessen.
Die von Charles Richter entwickelte Skala ist nach oben offen. Jede Stufe entspricht einem zehnmal stärkeren Beben.

Stärke 1–2: nur durch Instrumente nachweisbar
Stärke 3–4: Erschütterungen vom Menschen meist unbemerkt, leichte örtliche Schäden
Stärke 5–6: Möbel verschieben sich, Gläser klirren, geringe Schäden an Häusern in Leichtbauweise
Stärke 7: Häuser schwanken, Häuser in Leichtbauweise stürzen ein, leichte Schäden an Häusern in massiver Bauweise
Stärke 8–9: viele Gebäude und Anlagen (z. B. Gleise) werden zerstört
Stärke höher als 9: massive Zerstörungen im Umkreis von Tausenden Kilometern spürbar

M3 *Ausgewählte Stufen der Richterskala und ihre Folgen*

Starthilfe zu ❶ ↗
Verwende auch die Begriffe Hypozentrum und Epizentrum.
Die Grundlagen der Plattentektonik kannst du auf S. 44/45 nochmal nachlesen.

❶ ↗ Erkläre die Entstehung von Erdbeben (Text, M2, M4).

❷ Beschreibe M1. Nenne Folgen von Erdbeben und erkläre, warum bei Erdbeben so viele Menschen zu Tode kommen (Text, M1, M2, M3, M5).

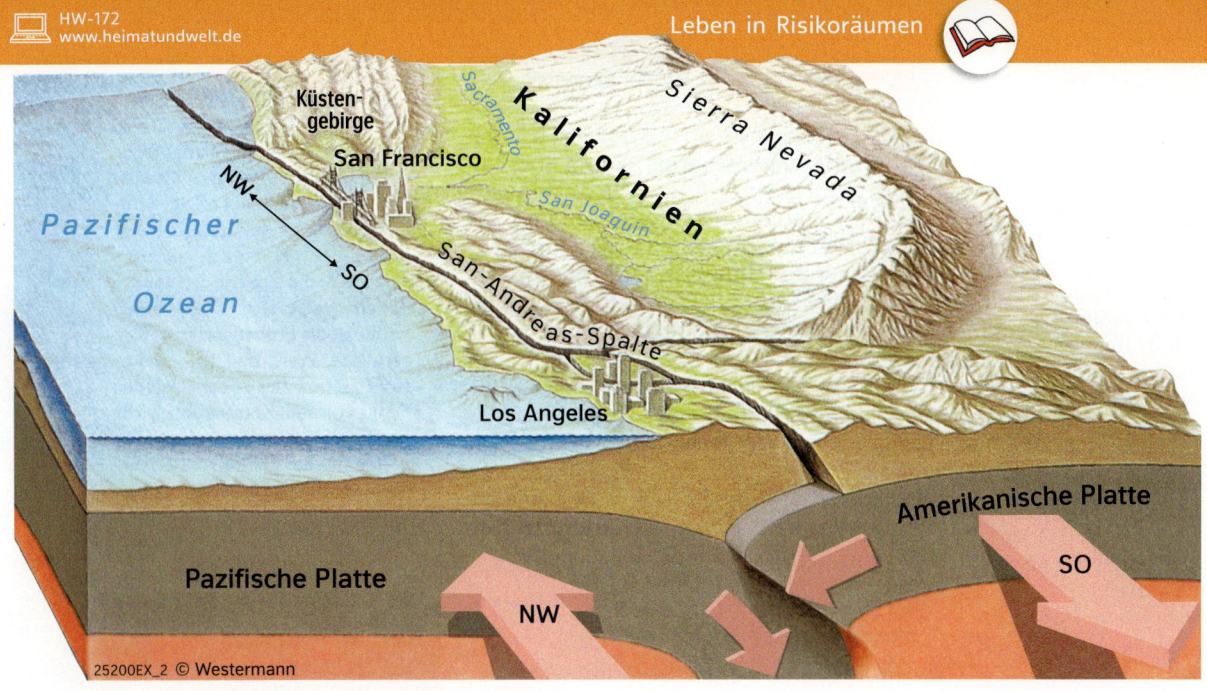

M4 *Modell der Plattenverschiebung in Kalifornien (USA)*

An der Erdbebenspalte Kaliforniens

Im Westen Kaliforniens driften die Pazifische und die Amerikanische Platte aneinander vorbei. Die Nahtstelle der Erdplatten heißt hier San-Andreas-Spalte. Sie verläuft über 1500 Kilometer durch Orte und Städte, unter Straßen, Staudämmen und Pipelines. Versetzte Baumreihen und Straßen, Risse in Gebäuden, in Brücken und Betonflächen zeugen von den Plattenverschiebungen. Diese verursachen jährlich etwa 10 000 kleinere Erdbeben, die nur geringen Schaden anrichten. Aber die Menschen sind auch dort ständig durch ein mögliches starkes Erdbeben bedroht.

„The Big One" (das große Erdbeben) wird innerhalb der nächsten drei Jahrzehnte befürchtet. Die Wahrscheinlichkeit für ein Beben der Stärke 6,7 bis zum Jahr 2038 liegt bei 99,7 Prozent.

1. Sekunde: Ein leises Grollen ist zu hören.
3. Sekunde: Die Erde bebt. Glasfronten bersten. Häuserwände stürzen ein.
6. Sekunde: Hochhäuser beginnen bis zu drei Meter zu schwanken.
8. Sekunde: Die Fahrbahn einer Schnellstraße stürzt ein.
12. Sekunde: Stromausfall, Menschen stecken in Fahrstühlen fest, U-Bahn-Züge bleiben stehen.
16. Sekunde: Gasleitungen platzen und verursachen Brände. Mehrere Stadtteile stehen in Flammen.
20. Sekunde: Urplötzlich unheimliche Stille. Todesstille!

M5 *Aus dem Protokoll eines Erdbebens in San Francisco (1989)*

M6 *Obstplantage in Kalifornien*

Merke
Erdbeben können entstehen, wenn zwei Erdplatten zusammenstoßen, aneinander vorbeidriften oder sich untereinanderschieben.

Grundbegriffe
• Erdbeben
• Hypozentrum
• Epizentrum

❸ Erläutere mithilfe von M4 die Aussage: „San Francisco und Los Angeles auf Kollisionskurs."

❹ Beschreibe M6. Erkläre, wie das Bild mit der Plattentektonik in Zusammenhang steht.

❺ Erläutere die Ausbreitung von Erdbebenwellen (Text, M2).

Erdbebenvorkommen

Erdbeben können in vielen Regionen der Erde auftreten. Daher sind Vorwarnungen und Schutzübungen besonders wichtig.
Die meisten Erdbeben zwischen 1900 und 2015 ereigneten sich in: China (152 Erdbeben), Indonesien (114), Iran (106), Türkei (77), Japan (59), Peru (43) und den USA (41).

Erdbebenvorhersage

Erdbeben lassen sich nicht exakt vorhersagen, weil nicht sicher ist, ob sich die aufgestauten Spannungen in der Erde auch ruckartig entladen. Mit hochempfindlichen Geräten zeichnen die Erdbebenforscher (Seismologen) die Erdbeben weltweit auf. Mithilfe von Satelliten können kleinste Veränderungen in gefährdeten Gebieten an den Plattengrenzen registriert werden. Plötzliche Veränderungen der chemischen Zusammensetzung des Grundwassers können auf bevorstehende Erdbeben hindeuten.
Die Menschen in den betroffenen Gebieten nutzen auch die Veränderung des Verhaltens von Tieren vor einem Erdbeben als Warnung.

M2 *Schutzübung in einer Schule auf Java zum Verhalten bei einem Erdbeben*

Die Kröten hätten bereits das nahende Erdbeben gespürt. Hunderttausende von ihnen machten sich zwei Tage zuvor in der Stadt Mianzhu (China) auf die Wanderung. Der Ort liegt nur 60 km vom Epizentrum entfernt. Auf der Straße überrollten Autos die flüchtenden Kröten.
Einen Tag zuvor hatten fast 1000 km entfernt Zehntausende von Kröten die Stadt Taizhou bevölkert. Experten wissen schon seit langem, dass Tiere Erdstöße schon vorher spüren können.
(Quelle: A. Landwehr, dpa : Retten gegen die Zeit. www.n-tv.de, 13.05.2008)

M1 *Erdbebenvorhersagen durch das Verhalten von Tieren*

„Drop, cover and hold" – gehe zu Boden, suche Schutz und halte dich fest. So lautet die Faustregel bei Erdbeben. An der ersten landesweiten Übung in Neuseeland nahmen am Mittwochmorgen gut eine Million Menschen teil.
In fast 4000 Schulen, Behörden und Unternehmen, aber auch unter freiem Himmel machten die Menschen mit. Die Regierung will die Menschen für den Ernstfall vorbereiten. Schließlich liegt das Land in einer der aktivsten Erdbebenregionen der Welt.
(Quelle: (rtr): Erdbeben-Übung mit einer Million Menschen. www.tagesspiegel.de, 26.09.2012)

M3 *Schutzübung in Neuseeland*

1 Berichte darüber, wie Tiere durch ihr Verhalten vor Erdbeben warnen können (M1).

2 Erläutere das richtige Verhalten bei Erdbeben (M2, M3).

3 Erkläre die Aussage: „Nicht das Erdbeben, sondern schlechte Häuser töten."

M4 *Das Transamerica-Building hat ein starkes Erdbeben überstanden.*

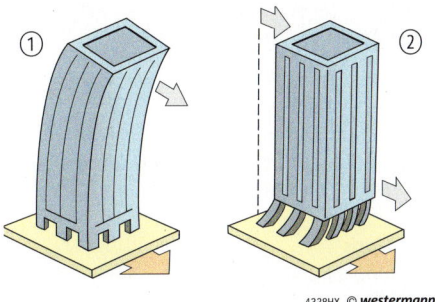

M5 *Konstruktion eines erdbebensicheren Gebäudes*

Labels in M5: Trennungsfuge / Versorgungsleitungen frei in Schächten / Stahlgeflecht zur Verstärkung in der Decke und den Wänden / nach oben hin dünner werdende Mauern / Hängedecke / Mauersockel / Sand und Kies / Pfeiler / Fundamente aus Beton

Erdbebensicheres Bauen

Die größte Gefahr für die Menschen geht bei einem Erdbeben von einstürzenden Häusern aus. Die meisten Erdbebenopfer werden dabei verschüttet. Deshalb ist der beste Schutz gegen Zerstörungen, erdbebensicher zu bauen. Eine stabile Bauweise mit Stahl und Beton hilft, auch starke Beben relativ schadlos zu überstehen. Es ist allerdings sehr teuer, Gebäude erdbebensicher zu errichten.

Wenn Schwingungsdämpfer in die Gebäude eingebaut werden, verringert sich die Gefahr des Einsturzes bei einem Erdbeben. Federelemente und Hartgummidämpfer dienen als Stoßdämpfer. So werden Erdstöße besser abgefangen, weil die Gebäude nicht mehr fest mit dem Baugrund verankert sind.

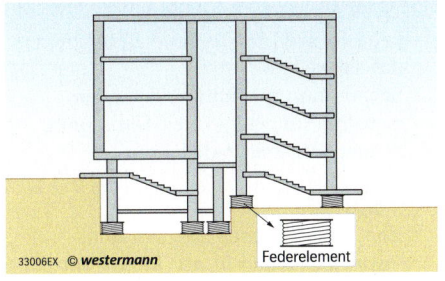

M6 *Erdbebengefährdete ① und erdbebensichere ② Bauweise*

M7 *Federelemente für Fundamente*

④ Liste Möglichkeiten des erdbebensicheren Bauens auf und erläutere eine davon genauer (Text, M5 – M7).

⑤ Recherchiere Verhaltensregeln bei Erdbeben in gefährdeten Gebieten.

Merke
Erdbeben lassen sich nur schwer vorhersagen. Erdbebensicheres Bauen von Gebäuden soll die Gefahr des Einsturzes bei einem Erdbeben verringern.

M1 *Schüler werten einen Film aus*

Filme zeigen uns oft Aufnahmen aus den verschiedensten Regionen der Erde. Gegenüber dem Bild haben sie den Vorteil, dass sie Vorgänge und Abläufe anschaulich in einer Abfolge darstellen können.

Dabei werden in Filmen auch Zeitlupenaufnahmen genutzt, um Szenen langsamer und damit anschaulicher ablaufen zu lassen. Durch Zeitrafferaufnahmen können noch langsamere Vorgänge verfolgt werden.

Wenn ein Film zur Bearbeitung eines bestimmten Unterrichtsinhaltes im Geografieunterricht genutzt werden soll, müssen dafür geografische Sachverhalte aus Filmen und Filmausschnitten ausgewählt und gegliedert werden.

www.ardmediathek.de

Das Erste® Mediathek

www.zdf.de/ZDFmediathek

Einen Film auswerten:

1. Film anschauen
- Schau dir den gesamten Film an.
- Äußere schriftlich oder mündlich deine ersten Eindrücke.

Tipps
Mögliche Leitfragen:
Worum geht es?
Was hat mich besonders beeindruckt?
Was habe ich nicht verstanden?

2. Schwerpunkte festlegen
- Lege Schwerpunkte beim Betrachten des Films fest.
- Schaue den gesamten Film oder einzelne Sequenzen des Films unter diesen Schwerpunkten an.

Tipps
Die verschiedenen Betrachtungsaspekte werden in der Klasse verteilt. Konzentriere dich auf Handlung, Inhalt und Personen deines Schwerpunkts. Zwischenüberschriften und Stichwörter helfen dir bei der Strukturierung des Inhalts.

3. Schwerpunkte verknüpfen
- Stelle Beziehungen zwischen den Betrachtungsschwerpunkten her.

Tipps
Ordne die Schwerpunkte chronologisch oder inhaltlich.
Verknüpfe die Schwerpunkte miteinander.
Schreibe dafür eine Inhaltsangabe des Films.

4. Film beurteilen
- Stelle die Ergebnisse des Films zusammen.
- Beurteile den Film.

Tipps
Fasse die Kernaussage des Films in wenigen Sätzen zusammen.
„Der Film informiert über … ."
„Der Film verfolgt das Ziel … ."
„Der Film gefällt mir (nicht), weil … ."

1 Werte einen Film über Naturkräfte oder Naturkatastrophen anhand der Anleitung aus.

M2 *Rollenspiel im Klassenraum*

Die Durchführung eines Rollenspiels ermöglicht das Nachempfinden von Alltags- oder Konfliktsituationen im Klassenraum. Dabei übernehmen Schülerinnen und Schüler Rollen, um Standpunkte von Personen in einer realen Konfliktsituation nachvollziehen zu können. Die Diskussion der Rollenspieler(innen) soll zu einer Lösung des gespielten Konfliktes führen, bei der die Bedürfnisse der einzelnen Rollen Berücksichtigung finden.

Ein Rollenspiel durchführen:

1. Rollen bestimmen
- Bestimmt einen oder mehrere Diskussionsleiter(innen).
- Bildet entsprechend der Anzahl der Rollen Gruppen.
- Legt in der Gruppe eine Schülerin/einen Schüler fest, die/der die Meinung während der Diskussion vertritt.

2. Argumente notieren
- Jedes Gruppenmitglied liest die Argumente der gewählten Rolle.
- Notiert gemeinsam die wichtigsten Argumente, die in der Rolle beschrieben werden.
- Setzt euch mit den Gegenargumenten der anderen Rollen auseinander.

3. Klassenraum gestalten
- Stellt vorn im Klassenraum Tische für die Teilnehmer(innen) auf.

Achtung
Die Rolle der Diskussionsleiter(innen) ist anspruchsvoll. Sie müssen die Diskussion genau verfolgen und alle Argumente zusammenfassend erläutern.

4. Durchführung
- Die Diskussionsleiter(innen) beschreiben die Ausgangssituation.
- Sie haben die Aufgabe, die Gesprächsführung während der Diskussion zu leiten.
- Die einzelnen Rollenspieler(innen) tragen ihren Standpunkt vor. Danach erfolgt die Diskussion.
- Die anderen Schülerinnen und Schüler stellen als Journalisten Fragen an die Diskussionsteilnehmer(innen).
- Am Ende des Rollenspiels werden die Diskussionsteilnehmer(innen) aus ihrer Rolle entlassen.

5. Auswertung
- Die Rollenspieler(innen) und Beobachter(innen) bewerten den Spielverlauf.
- Bei einer gemeinsamen Abschlussdiskussion, losgelöst von den Rollen, werden mögliche Lösungen für den Konflikt erarbeitet.

❷ Führt ein Rollenspiel anhand der Anleitung durch. Nutzt zum Beispiel die Ausgangssituation und Rollenkarten auf den Seiten 56 und 57.

San Francisco

Cable Car

San Francisco

Golden Gate Bridge

San Francisco, 20.01.2013

Sehr geehrte Damen und Herren,

Wissenschaftler sagen voraus, dass es mit hoher Wahrscheinlichkeit in den nächsten 30 Jahren ein schweres Beben mit der Stärke 8 auf der Richterskala in unserer Stadt geben wird. Aus großer Sorge um das Wohl unserer Stadt und ihrer Einwohner möchte ich Sie daher zu einer Konferenz einladen. Gemeinsam mit Fachvertretern unterschiedlicher Gruppen möchte ich mit Ihnen darüber diskutieren, was in Anbetracht einer möglicherweise bevorstehenden Katastrophe zu tun ist.

Mit freundlichen Grüßen

Edwin M. Lee
Bürgermeister von
San Francisco

M1 *Einladung*

Die kalifornische Stadt San Francisco ist eine der schönsten Städte der Welt. Hier gibt es viele Sehenswürdigkeiten und die Menschen genießen Sonne und Wind an den Stränden nahe der Stadt.

Doch San Francisco liegt auf der San-Andreas-Spalte und die Einwohner der Stadt haben Angst vor einem nächsten großen Erdbeben. Bereits im Jahr 1906 bebte die Erde und San Francisco wurde nahezu vollständig zerstört. Forscher rechnen damit, dass ein ähnlich starkes Beben, genannt „The Big One", die Stadt in den nächsten 30 Jahren erneut erschüttern wird. Trotz dieses Risikos ziehen immer mehr Menschen nach San Francisco und in die angrenzende Region der Stadt.

---

1 Bildet fünf Gruppen, bestimmt Diskussionsleiter und führt das Rollenspiel „Erdbebenkonferenz in San Francisco" nach der Anleitung auf S. 55 durch.

2 Beurteilt, wie realistisch die Forderungen der einzelnen Teilnehmer sind und welche Maßnahmen am ehesten umsetzbar wären.

Bürgerinitiative

Ihr seid, genau wie viele andere Bewohner von San Francisco, bereits vor Jahren in die Stadt gekommen, weil ihr in einem Unternehmen der Computerbranche eine Arbeit gefunden habt. Euer ganzes Geld habt ihr in den Bau eures Hauses gesteckt. Jetzt bekommt ihr allerdings, genau wie viele andere Bürger der Stadt, Angst. Fordert die Stadtverwaltung auf, euch Geld zu geben, damit ihr euch in einer anderen Stadt niederlassen könnt. Nach eurer Ansicht muss es für die Stadtverwaltung doch besser sein, euch bei einer Umsiedlung finanziell zu unterstützen, als abzuwarten, bis das Geld für Hilfsmaßnahmen ausgegeben werden muss. Gleichzeitig fordert ihr den Bürgermeister auf, keine neuen Bürger mehr in der Stadt aufzunehmen.
Ihr findet es verantwortungslos, diese Stadt noch wachsen zu lassen. Um deutlich zu machen, welche Auswirkungen ein Erdbeben für die Großstadt San Francisco haben kann, berichtet über vergangene Erdbeben und deren Auswirkungen für Menschen und Bauten im US-Bundesstaat Kalifornien.

Diskussionsleiter(innen)

Ihr seid die Diskussionsleiter(innen). Eure Meinung ist neutral und darf während der Diskussion keine einseitige Richtung einschlagen. Behandelt alle Diskussionsteilnehmer(innen) gleich. Achtet darauf, dass alle Teilnehmer die gleiche Redezeit bekommen, ausreden können und nicht beleidigt werden. Am Ende der Diskussion sollt ihr alle Argumente zusammentragen. Beurteilt selbst oder stimmt ab, welche Maßnahmen geeignet wären.

Geologen

Ihr arbeitet als Wissenschaftler an der Universität in San Francisco. Erklärt den Teilnehmern, warum San Francisco erdbebengefährdet ist. Fertigt an der Tafel eine Skizze an, aus der deutlich wird, aus welchen Gründen es an den Plattengrenzen verstärkt zu Erdbeben kommen kann. Ihr geht davon aus, dass es in den nächsten 30 Jahren zu einem starken Erdbeben kommen wird. Weist die Konferenz auf die Gefahren und Auswirkungen hin. Fordert die Behörden auf, die Stadt bei den geringsten Anzeichen von Erdbeben zu evakuieren, damit keine Menschen in Gefahr geraten.

Stadtverwaltung

Ihr arbeitet bei der Stadtverwaltung von San Francisco. Ihr vertretet die Meinung, dass es viel zu teuer sei, bei jedem Anzeichen eines Erdbebens die Stadt zu evakuieren. Die Stadt hat kein Geld für Notunterkünfte und für die Versorgung. Wer soll entscheiden, wann die Stadt evakuiert wird? Wer soll den Schaden, der durch Arbeitsausfall entsteht, bezahlen? Eurer Meinung nach muss man nur gut auf ein Erdbeben vorbereitet sein. Da im Falle eines Erdbebens Straßen, Eisenbahnverbindungen, Telefone und Stromversorgung nicht mehr funktionieren, gilt es, vorzubeugen. Die Menschen sollen wissen, was bei einem Beben alles passieren kann und Vorsorgemaßnahmen treffen.

Bauingenieure

Ihr wisst bereits ganz genau, dass man Erdbeben nicht hundertprozentig exakt vorhersagen kann. Eurer Meinung nach kann man nicht bei jedem geringsten Anzeichen für ein eventuelles Beben gleich die Bevölkerung einer so großen Stadt wie San Francisco in Panik versetzen. Schon des Öfteren haben sich die Seismologen bei ihrer Vorhersage eines Erdbebens geirrt. Ebenso fehlt auch das Geld für solche Maßnahmen, die eine Evakuierung in so großem Stil kosten würde.
Ihr seid vielmehr der Auffassung, dass man sich durch eine erdbebensichere Bauweise vor den Folgen schwerer Beben schützen kann. Man könnte zum Beispiel elastische Baumaterialien verwenden, oder die Gebäude sollten auf biegsamen Pfeilern errichtet werden. Diese Gebäude kommen bei einem Erdbeben zwar ins Schwanken, stürzen dabei aber nicht um oder ein. Eure neueste Erfindung ist ein riesiges Federelement. Ihr fordert die Stadtverwaltung auf, per Gesetz zu verfügen, dass jedes Haus auf solchen Federn gebaut werden muss. Stellt eure Erfindung der Konferenz vor.

Seismologen

Ihr beschäftigt euch schon seit Jahren mit der Vorhersage von Erdbeben. Um die Bewegungen im Innern der Erde zu messen, habt ihr euch intensiv mit der Funktionsweise von Seismographen beschäftigt.
Mithilfe von Seismographen könnte man ein Warnsystem entwickeln, welches Erdbeben vorhersagt. So könnten fast alle Menschen gerettet werden. Ihr

habt auch beobachtet, dass Tiere bei bevorstehenden Erdbeben sehr unruhig sind. Sie können offenbar die nahende Gefahr spüren. Erklärt der Konferenz die Funktionsweise eines Seismographen. Setzt euch dafür ein, bei Anzeichen für ein drohendes Erdbeben die Stadt sofort zu evakuieren. Ein Beben in San Francisco ähnlich wie 1906 (8,3 auf der Richterskala) würde nämlich ungefähr 10 000 Menschenleben fordern.

M2 *Rollenkarten*

M1 *Lage von Rom (Italien) in Europa*

M3 *Nach einem Vulkanausbruch des Ätna*

Leitauftrag

„Der Ätna – gefährlich, aber fruchtbar"
Schreibt zu diesem Thema ein Interview (Fragen und Antworten)
mit Herrn Borzi und stellt es in der Klasse vor.

M2 *Lage des Ätna in Süditalien*

Der Ätna döst, aber er schläft nicht

Der Ätna ist der höchste und aktivste Vulkan Europas. Über seinem Gipfel steht schon wieder eine Wolke aus Rauch und Staub. Die Luft riecht nach Gas. Aus dem Inneren des Vulkans ist ein dumpfes, unheimliches Grollen zu hören. Es ist damit zu rechnen, dass der Vulkan Ätna ausbricht.

Bei jedem Vulkanausbruch gehen Unmengen von Asche und Staub in der Umgebung des Vulkans nieder. Zähflüssige Lavaströme wälzen sich langsam zu Tal. Die Einwohner in den Dörfern rund um den Vulkan werden gewarnt. Der Ätna ist aus mehreren Asche- und Lavaschichten aufgebaut. Er ist ein Schichtvulkan.

M4 *Schnitt durch den Ätna (links) und Bodennutzung (rechts)*

Tipps für die Erarbeitung

❶ Fragt Herrn Borzi in eurem fiktiven Interview danach, wo genau der Ätna in Italien liegt (M2).

❷ Lasst euch erklären, warum der Vulkan Ätna so gefährlich ist.

❸ Stellt dar, was den Ätna als Schichtvulkan kennzeichnet (M3, S. 46).

❹ Informiert euch, welche Schäden der Ätna in der Vergangenheit bereits angerichtet hat (M3, M6).

Leben am Vulkan

Bauer Alfio Borzi baut in der Nähe der Stadt Catania (siehe M4) Obst und Gemüse an. Er gehört zu den Leidtragenden eines Vulkanausbruchs des Ätna. Ein Lavastrom hat eines seiner Felder unter sich begraben. Rund 300 Obstbäume sind verbrannt. Ein Gartenhaus wurde zerstört. Trotzdem wollen er und viele andere Landwirte nicht wegziehen. „Hier haben meine Urgroßeltern schon vor 140 Jahren Orangen angebaut. Hier ist meine Heimat und die meiner Familie", sagt Herr Borzi. Das harte, dunkle Lavagestein ist reich an Nährstoffen. Aus dem Lavagestein wurde im Laufe der Jahre fruchtbare Erde. Bessere Böden gibt es kaum auf der Welt. Die Ernten fallen gut aus.

M5 *Bauer Borzi in seinem Garten*

28. März: Die Luft ist voller Staub und Asche. Man kann keine hundert Meter weit sehen.
Einen Tag später: Asche geht über der Stadt Catania nieder. Der Flughafen wird geschlossen.
Zwei Tage später: Lava wälzt sich auf einen Ort zu. Feuerwehrleute spritzen riesige Mengen Wasser auf den Lavastrom. Sie wollen ihn abkühlen, damit er zum Stehen kommt.
Vier Tage später: Die Lava ist nicht zu stoppen. Sie ist 1100 °C heiß. Sträucher und Bäume gehen in Flammen auf.
Sechs Tage später: Aus einem neuen Krater ergießen sich Lavaströme. Sie begraben einzeln stehende Häuser unter sich.
Sieben Tage später: Der Ätna gibt endlich Ruhe.

M6 *Verlauf eines Vulkanausbruchs (Auszug)*

bis zu 7 Monate Schnee

Skilifte

Felder von Bauer Borzi

Steinbruch

nicht genutztes Land

Wein

Gemüse

Felder (z.B. Weizen)

Gemüse

Felder

Autobahn

Flugplatz

Catania

Campingplatz

---

5 Fragt nach Gründen, warum Herr Borzi und seine Familie am Ätna wohnen bleiben, obwohl bei einem Vulkanausbruch ein Teil seiner Obstbäume und ein Gartenhaus vernichtet wurden.

6 Erstellt für die Klasse einen Merktext zum Ätna. Verwendet folgende Begriffe: Schichtvulkan, Vulkanausbruch, Asche, Staub, Lavastrom.

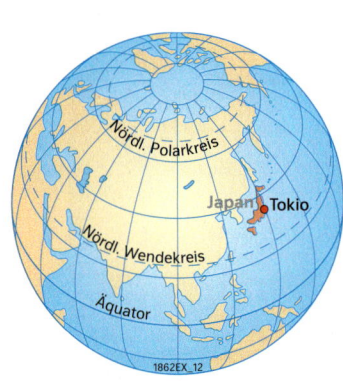

M1 *Lage von Tokio (Japan) auf der Erde*

M3 *Ein Tsunami erreicht die japanische Stadt Miyako (März 2011).*

Leitauftrag

„Japan – Gefahr droht vom Meer"
Schreibt zu diesem Thema ein Interview (Fragen und Antworten) mit einem Forscher in der Erdbeben-Warnzentrale Tokio und stellt es in der Klasse vor.

Erst bebt die Erde, dann kommt die Riesenwelle

Ein Forscher der Erdbeben-Warnzentrale Tokio berichtet:

„In keinem anderen Land der Erde gibt es so viele Erdbeben wie bei uns. Das **Seebeben** von 2011 war das stärkste Erdbeben, das in Japan jemals gemessen wurde (9,0 auf der Richterskala). Der Ozeanboden riss über eine Länge von 400 km bis in eine Tiefe von 60 km auf. Die Insel Honshu wurde um 2,4 m nach Osten verschoben. Innerhalb weniger Sekunden wurde das Wasser über dem Zentrum des Bebens angehoben. Von dort breitete sich die Wasserwelle kreisförmig aus. Sie erreichte eine Geschwindigkeit von 700 km/h.

An der Küste staute sich die Flutwelle zusammen mit den nachfolgenden Wellen auf. Es entstand eine 15 m hohe Welle: ein **Tsunami**.

Der Tsunami überrollte die Küste und drang mit einer Geschwindigkeit von 30 km/h weiter ins Land vor. Er zerstörte alles, was ihm in den Weg kam.

Eine Fläche von 470 km² wurde überflutet." (Zum Vergleich: Berlin 892 km²)

M4 *Lage des Seebebenzentrums (März 2011)*

M2 *Folgen eines Tsunamis*

Tipps für die Erarbeitung

❶ Fragt den Forscher der Tsunami-Warnzentrale, welche Küstengebiete und Städte in Japan durch Tsunamis gefährdet sind (Atlas, Karte: Japan – Naturrisiken).

❷ Erkundigt euch bei dem Forscher über die möglichen Folgen eines Tsunami, der vom Pazifischen Ozean her auf die Küste von Japan zurast (M3–M5).

Flache Welle
Auf dem offenen Meer steigt die langgezogene Welle weniger als einen Meter hoch und ist an der Oberfläche kaum zu bemerken.
Meerestiefe: 4000 m
Länge der Welle: 213 km
Geschwindigkeit: 713 km/h

Anstieg
Gerät die Tsunamiwelle in flacher werdendes Gewässer, wird sie abgebremst und staut sich auf. Ihre Höhe nimmt dabei zu.
Meerestiefe: 200 m
Länge der Welle: 48 km
Geschwindigkeit: 159 km/h

Flutwelle
An der Küste steigt die Wasserfront zehn Meter hoch und entlädt so ihre zerstörerische Energie.
Meerestiefe: 10 m
Länge der Welle: 10,6 km
Geschwindigkeit: 36 km/h

Tödliche Wirkung
Die Wassermassen ergießen sich weit in das Landesinnere und reißen alles mit sich.

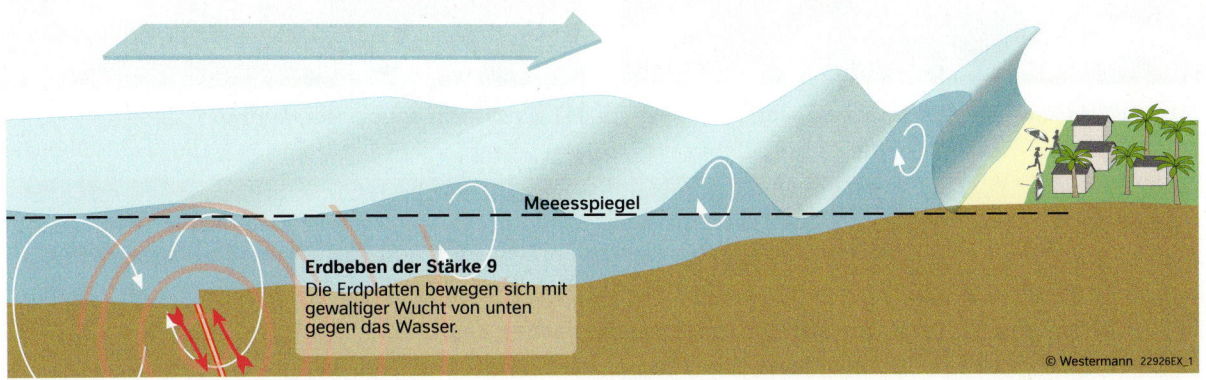

Meeesspiegel

Erdbeben der Stärke 9
Die Erdplatten bewegen sich mit gewaltiger Wucht von unten gegen das Wasser.

© Westermann 22926EX_1

M5 *Die Entstehung eines Tsunamis*

Schutzmaßnahmen an der Küste

Die japanische Regierung will die Nordostküste des Landes besser gegen Tsunamis schützen. Dort richtete der Tsunami von 2011 die schwersten Schäden an. Jetzt wird an vielen Stellen gebaut. Im Fischerdorf Kirikiri zum Beispiel wird eine fast 13 m hohe Mauer errichtet. Unten ist sie 50 m breit. Dahinter wird auf einer Fläche von sechs Quadratkilometern Erde aufgeschüttet. Das Land soll um acht Meter erhöht werden.

Experten glauben, dass Mauern und Aufschüttungen kein wirksamer Schutz bei einem Tsunami sind. Sie meinen, dass das japanische Frühwarnsystem (M6) besser ist. Das nutzt aber wenig, wenn es nahe vor der Küste ein Seebeben gibt. Dann bleibt den Menschen keine Zeit, um sich rechtzeitig in Sicherheit zu bringen.

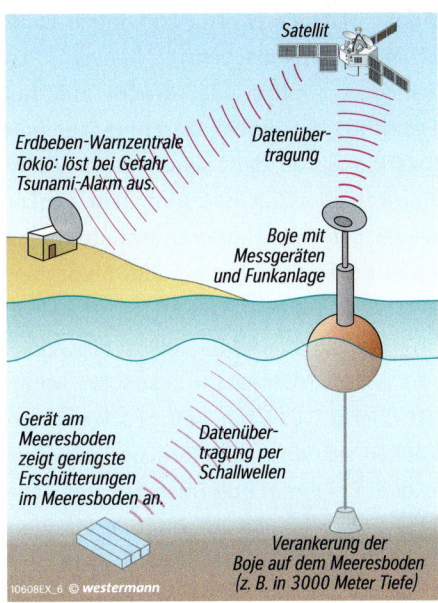

Satellit

Erdbeben-Warnzentrale Tokio: löst bei Gefahr Tsunami-Alarm aus.

Datenübertragung

Boje mit Messgeräten und Funkanlage

Gerät am Meeresboden zeigt geringste Erschütterungen im Meeresboden an.

Datenübertragung per Schallwellen

Verankerung der Boje auf dem Meeresboden (z. B. in 3000 Meter Tiefe)

106OBEX_6 © westermann

M6 *Tsunami-Frühwarnsystem*

After an earthquake, a tsunami may follow. Move quickly to higher ground!

M7 *Hinweisschild in einer japanischen Stadt an der Küste*

www.japanquake-map.de

---

3 Lasst euch vom Forscher das Tsunami-Frühwarnsystem erklären (M6).

4 Fragt nach, welche Bedeutung das Hinweisschild M7 hat.

5 Erstellt für die Klasse einen Merktext mit der Überschrift „Japan – Gefährdung durch Tsunamis und Schutzmaßnahmen". Verwendet geeignete Fachbegriffe.

Grundbegriffe
• Seebeben
• Tsunami

M1 *Satellitenaufnahme des Hurrikans Sandy*

M2 *Verwüstung nach einem Hurrikan*

Leitauftrag

„USA – Wirbelstürme mit zerstörerischer Kraft"
Schreibt zu diesem Thema ein Interview mit einem Meteorologen (Wetter-kundler) des Wetterdienstes in New York und stellt es in der Klasse vor.

Wirbelstürme

Tropische Wirbelstürme bilden sich über den warmen tropischen Gewässern um den Äquator.
Im chinesischen Meer und dem östlichen Pazifik nennt man die Wirbelstürme Taifun.
Hurrikan werden Wirbelstürme genannt, wenn sie im tropischen Teil des Atlantischen Ozeans, zum Beispiel in der Karibik, entstehen.
Tropische Wirbelstürme, die im Indischen Ozean ihren Ursprung haben, nennt man Zyklon.
In Australien werden sie Willy-Willy genannt.

Wirbelstürme mit zerstörerischer Kraft

Der **Hurrikan** „Sandy" versetzte die Einwohner der dicht besiedelten Ostküste der USA im Oktober des Jahres 2012 in Angst und Schrecken. Dort leben rund 65 Millionen Menschen.
Sandy traf mit großer Wucht auf das Festland. Mit einem Durchmesser von 1800 km war er der flächenmäßig größte Hurrikan aller Zeiten. Sturm, sehr starker Regen und meterhohe Sturmfluten richteten große Schäden an. 285 Menschen kamen ums Leben.
Im Bereich nördlich und südlich des Äquators ist das Meerwasser besonders warm, oft über 27 °C. Nach heftigen Gewittern können sich dort spiralförmige Luftwirbel bilden. Bei ihrem Zug über das tropische Meer nehmen sie ungeheure Mengen Feuchtigkeit aus dem Meerwasser auf. Dadurch werden die Wirbel immer stärker und erreichen riesige Durchmesser. In der Mitte ist ein wolkenarmes, windstilles Zentrum: das Auge. Um dieses herum kreisen die Wirbel mit Windgeschwindigkeiten von bis zu 350 km/h.
Ziehen diese **tropischen Wirbelstürme** in Gebiete, in denen das Meer kälter ist, oder erreichen sie das Festland, schwächen sie sich ab. Dennoch richten sie oft Schneisen der Verwüstung an. Gewaltige Sturmfluten mit verheerenden Schäden und vielen Opfern sind die Folge. Auch kann es zu enormen Niederschlägen kommen, die Überschwemmungen auslösen.
Die Zugbahn und die Stärke von Wirbelstürmen können von Meteorologen abgeschätzt werden. Oft werden daher die Menschen gewarnt und gefährdete Bewohner evakuiert.

Tipps für die Erarbeitung

❶ Lasst euch die Zugbahn von Hurrikan Sandy sowie dessen Form, Lage und Größe beschreiben (M1, M5, Atlas).

❷ Erkundigt euch, welche Schäden der Hurrikan an der Ostküste der USA angerichtet hat (Text, M2, M5).

❸ Fragt, wie tropische Wirbelstürme entstehen (Text, M3).

❹ Stellt dar, warum Vorwarnungen vor den Wirbelstürmen für die Bevölkerung wichtig sind (Text).

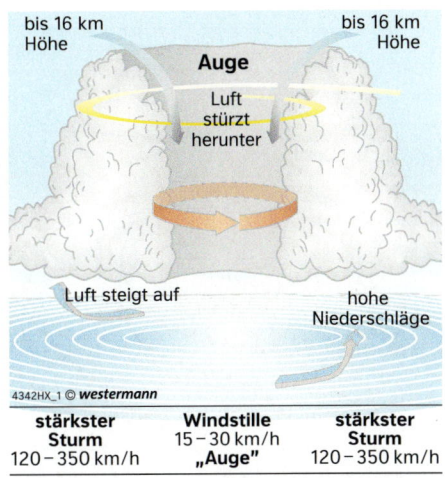

bis 16 km
Höhe

bis 16 km
Höhe

Auge

Luft
stürzt
herunter

Luft steigt auf

hohe
Niederschläge

4342HX_1 © *westermann*

stärkster Sturm 120–350 km/h	Windstille 15–30 km/h „Auge"	stärkster Sturm 120–350 km/h

M3 *Schnitt durch einen tropischen Wirbelsturm*

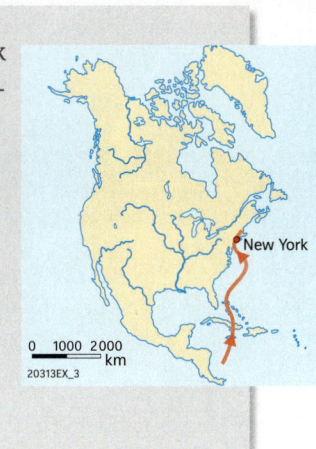

30.10.2012. Hurrikan Sandy hat New York und die umliegenden Städte in Notstandsgebiete verwandelt. [...] Das Chaos kam in Schüben. Erst das Wasser. Dann der Wind und fliegende Bäume. [...] Dann mehr Wasser, forttreibende Autos, geflutete U-Bahn-Tunnel, einstürzende Gebäude. Und schließlich, um 20:30 Uhr, gab es eine grelle Explosion – und halb Manhattan lag mit einem Schlag im Dunkeln.
(Quelle: M. Pitzke: Wirbelsturm „Sandy" an US-Ostküste. www.spiegel.de, 30.10.2012)

New York

0   1000 2000
                km
20313EX_3

M5 *Hurrikan Sandy in New York (Karte: Zugbahn von Hurrikan Sandy)*

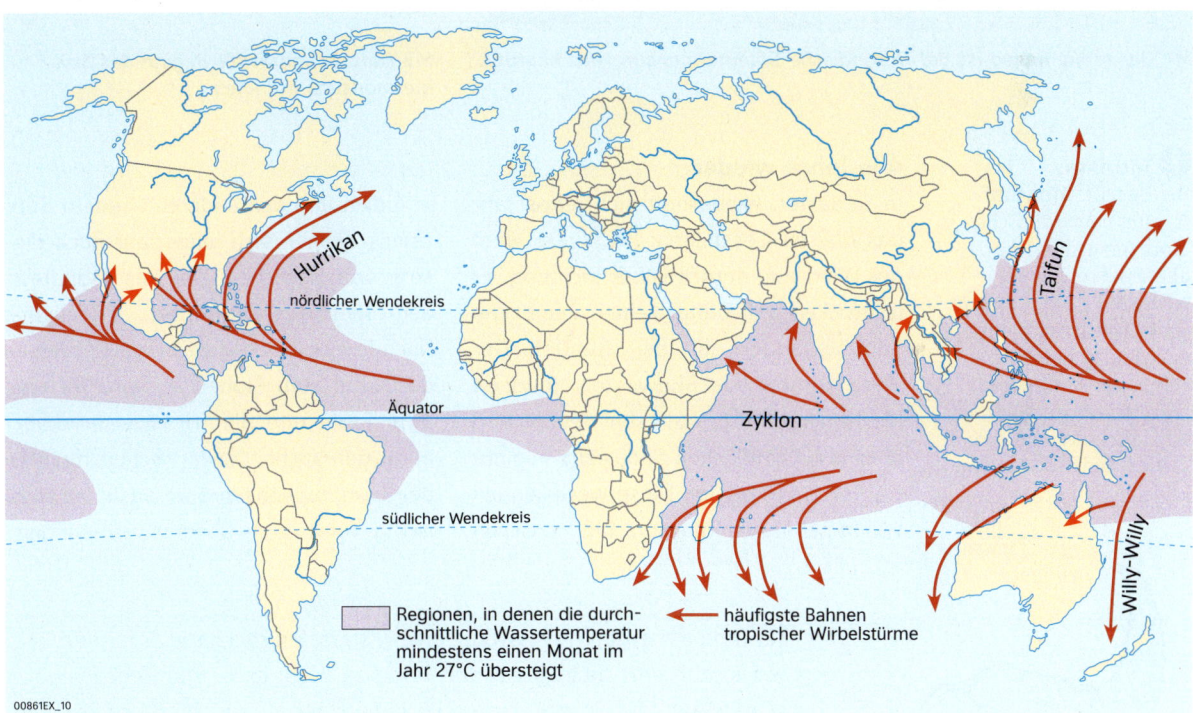

Hurrikan

nördlicher Wendekreis

Taifun

Äquator

Zyklon

südlicher Wendekreis

Willy-Willy

Regionen, in denen die durchschnittliche Wassertemperatur mindestens einen Monat im Jahr 27°C übersteigt

häufigste Bahnen tropischer Wirbelstürme

00861EX_10

M4 *Entstehungsgebiete und Zugbahnen tropischer Wirbelstürme*

5 Fragt, wo tropische Wirbelstürme entstehen und wo sie auf Land stoßen (Info, M4).

6 Informiert euch über verheerende Hurrikans, die in der Vergangenheit in den USA auftraten (z. B. im Internet).

7 Erstellt für die Klasse einen Merktext zu tropischen Wirbelstürmen. Verwendet geeignete Fachbegriffe.

Grundbegriffe
• Hurrikan
• tropischer Wirbelsturm

M1 *Der große Regen ist da! Der indische Sommermonsun wird begrüßt.*

M3 *Durchschnittlicher Beginn des Sommermonsuns in Indien*

ⓘ Monsun

Der Begriff „**Monsun**" stammt vom arabischen Wort „mausim", was übersetzt so viel wie Jahreszeit heißt. Gemeint sind keine Jahreszeiten durch unterschiedliche Temperaturen, sondern Jahreszeiten durch unterschiedliche Winde. Ein starker Südwestwind am Ende des Sommermonsuns in Südindien wird Elephanta genannt.

Alle Jahre wieder

In Südasien wiederholt sich jedes Jahr das gleiche Geschehen: Im Winter weht der Wind aus nordöstlicher Richtung. Er ist trocken und bringt keinen Regen. Im Sommer ändert sich die Situation. Der Wind kommt aus Südwesten. Jetzt ist die herangeführte Luft sehr feucht und über den Landflächen Südasiens beginnt es, heftig zu regnen. Diese wechselnden Winde nennt man Monsun. Die Menschen in Indien und den anderen Ländern Südasiens sehnen sich jedes Jahr nach diesem sommerlichen Teil des Monsuns, dem Sommermonsun.

Nach langer Trockenzeit bringt der Regen das Land zum Blühen. Er wird für eine gute Ernte und die Trinkwasserversorgung gebraucht. Die Menschen fürchten den Sommermonsun aber auch: Ist er zu heftig, führt er zu Überschwemmungen.

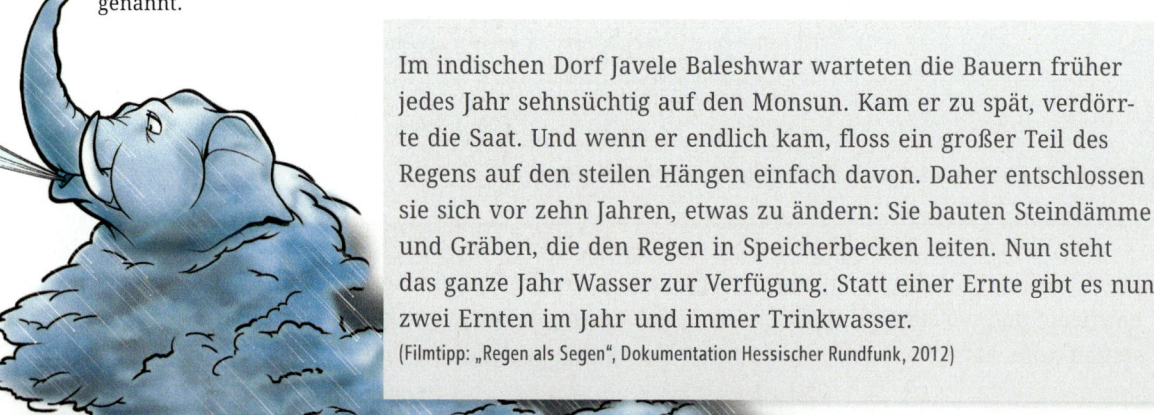

Im indischen Dorf Javele Baleshwar warteten die Bauern früher jedes Jahr sehnsüchtig auf den Monsun. Kam er zu spät, verdörrte die Saat. Und wenn er endlich kam, floss ein großer Teil des Regens auf den steilen Hängen einfach davon. Daher entschlossen sie sich vor zehn Jahren, etwas zu ändern: Sie bauten Steindämme und Gräben, die den Regen in Speicherbecken leiten. Nun steht das ganze Jahr Wasser zur Verfügung. Statt einer Ernte gibt es nun zwei Ernten im Jahr und immer Trinkwasser.

(Filmtipp: „Regen als Segen", Dokumentation Hessischer Rundfunk, 2012)

M2 *Regen als Segen*

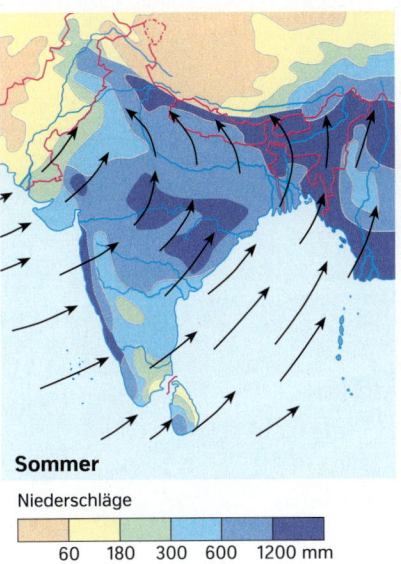

Sommer

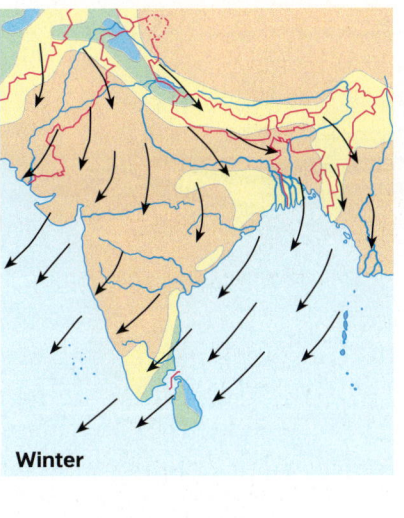

Winter

Niederschläge

60 180 300 600 1200 mm

→ Richtung der Monsune

© **westermann** 913EX_10

M4 *Sommer- und Wintermonsun in Indien*

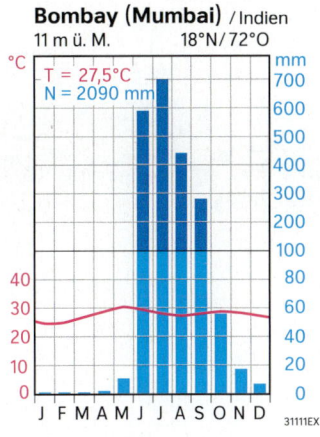

Bombay (Mumbai) / Indien
11 m ü. M.   18°N/72°O

°C   mm

T = 27,5°C
N = 2090 mm

J F M A M J J A S O N D   31111EX

M6 *Klimadiagramm*

A) 459 Mio. US-Dollar Spenden für Pakistan benötigt

Pakistan wurde im Jahr 2010 vom schwersten Sommermonsun seiner Geschichte heimgesucht. Ein Fünftel des Landes wurde überschwemmt. Fast 1 800 Menschen starben und viele Millionen verloren ihre Häuser. Der Wiederaufbau ist mühsam und der Staat ist überfordert. Es werden insgesamt 459 Mio. US-Dollar Spenden für das Land benötigt.

B) Erdrutsch durch Monsun in Sri Lanka

Heftige Monsunregen haben in Sri Lanka zu starken Schäden geführt. Nahe der Hauptstadt Colombo wurde der Boden so stark durchnässt, dass es zu Hangrutschungen kam. Dabei wurden auch Straßen zerstört.

C) Der lang ersehnte Sommermonsun ist da

Lange haben die indischen Bauern in diesem Jahr auf den ersehnten Regen warten müssen. Im indischen Bundesstaat Goa, an der Westküste Indiens, ist der Sommermonsun jetzt eingetroffen. Statt am 7. Juni kam der große Regen jedoch erst am 21. Juni – 14 Tage später als normal. Endlich können die Felder bestellt werden.

M5 *Zeitungsartikel zum Monsun*

---

1 Beschreibe die Besonderheit des indischen Monsuns und seine Folgen (M4).

2 Ordne die Bilder ①–③ den Zeitungsartikeln A–C zu (M5).

3 Beschreibe die Folgen, die ein abweichendes Einsetzen des Monsuns vom durchschnittlichen Beginn haben kann (M3, M5).

4 Beurteile die Maßnahmen in M2.

Merke
Monsune sind beständig wehende, halbjährlich die Richtung wechselnde Winde in den Tropen.

Grundbegriff
• Monsun

M1 *Trockenes Feld in Colorado, 1954*

„Es ist die schwerste **Dürre** in den USA seit fast 25 Jahren: Wochenlange Hitze und Trockenheit haben zwei Drittel der Fläche des Landes extrem ausgedörrt. [...] Seit etwa acht Wochen hat es in weiten Teilen des Landes nicht mehr geregnet. [...]
Die Trockenheit trifft vor allem den Maisgürtel (Corn Belt) – gigantische Anbauflächen, auf denen heute nicht nur Mais, sondern auch Soja in Massen produziert wird. Außerdem werden viele Rinderherden gehalten."
(Quelle: D. Lüdemann: Dürre in den USA könnte bis zum Herbst andauern. www.zeit.de, 20.07.2012)

M2 *Dürre in den USA*

M3 *Streifenanbau*

Boden in Gefahr

Die Eingriffe der modernen Landwirtschaft haben in den USA vor allem den Naturhaushalt der Steppen- und Trockenräume stark verändert und zum Teil zerstört. Ackerbau und Überweidung durch große Rinder- und Schafherden vernichteten die Vegetation, die den Boden vor Stürmen und Sturzregen schützte. **Bodenerosion** war die Folge.

In den 1930er- und 1950er-Jahren waren Teile der Great Plains stark von Staubstürmen betroffen. Dieser Bereich wird als Dust Bowl (Staubschüssel) bezeichnet. Mittlerweile sind zehn Prozent der Gebiete durch Bodenerosion zerstört und können landwirtschaftlich nicht mehr genutzt werden.

Die Gefahr der Bodenerosion bedroht auch heute noch das Gebiet der Great Plains. Da bereits große landwirtschaftliche Flächen verloren sind, wird seit vielen Jahren versucht, die restlichen Böden zu schützen (M3, M6).

① a) Beschreibe, wodurch die Bodenerosion in den Great Plains ausgelöst wurde.

b) Erkläre Maßnahmen, die gegen Bodenerosion ergriffen werden (M3, M6)

Lake Mead

Hoover-Staudamm

Colorado-River

M4 *Blick auf den Hoover-Staudamm*

Der große Durst der USA

In kaum einem anderen Land der Erde gehen die Menschen so unbekümmert mit Wasser um wie in den USA. Zum Vergleich: In den USA liegt der direkte Wasserverbrauch pro Einwohner bei 295l am Tag, in Deutschland sind es etwa 130l am Tag.

Indirekt verbraucht ein US-Amerikaner weitere 6000l Wasser am Tag für die Erzeugung seiner Lebensmittel. Hinzu kommen die Großstädte, Golfplätze und Swimmingpools, die sich zum Teil in äußerst trockenen Gebieten befinden.

Flüsse mit Stauseen sowie Grundwasserspeicher liefern diese gewaltigen Wassermengen (M4). So erreicht der Fluss Colorado oft nur noch als Rinnsal den Pazifik. Vorher hat er zehn Stauseen gefüllt.

Auch den Grundwasserspeichern wird zu viel Wasser entnommen. Sie können sich oft nicht mehr regenerieren.

„Der Schluck aus der Pulle ist zu groß geworden", warnen Wissenschaftler.

Maßnahmen zum Wassersparen in Kalifornien

- Es dürfen nur noch wassersparende Toiletten, Urinale und Wasserhähne verkauft werden,
- Grünstreifen in den Städten werden nicht mehr bewässert,
- Wasserversorger sollen ihr Tarifsystem so ändern, dass Wasserverschwendung für die Verbraucher teuer wird,
- Gratiswasser in Restaurants wird eingeschränkt.

M5 *Wassersparen*

Maßnahmen zum Erhalt und zur Verbesserung der Böden

- Streifenförmiger Anbau zeitlich unterschiedlich reifender Feldfrüchte,
- Anbau von bodendeckenden Zwischenfrüchten,
- Windschutzstreifen quer zur Hauptwindrichtung,
- Pflügen parallel zum Hang, um den Wasserabfluss zu bremsen.

M6 *Bodenverbesserung*

Merke
Durch Ackerbau und Überweidung wurde die Bodenerosion in den Great Plains verstärkt.

Grundbegriffe
- Bodenerosion
- Dürre

2 Beschreibe die Niederschlagsverteilung in Kalifornien (Atlas).

3 Beurteile die Wassersparmaßnahmen in Kalifornien. Überlege, wie du im Alltag Wasser sparen kannst.

M1 *Lage von Köln in Nordrhein-Westfalen*

M3 *Hochwasser ist nichts Außergewöhnliches für die Stadt Köln. Größere Hochwasser gab es zuletzt in den Jahren 2003, 2004, 2011 und 2012. Bei dem Jahrhunderthochwasser 1995 (Bild) stieg der Wasserstand des Rheins auf 10,69 m.*

M2 *Einzugsgebiet des Rheins*

Hochwasseralarm in Köln

Schon seit Tagen regnet es ununterbrochen. Die Nebenflüsse des Rheins führen immer mehr Wasser. Gleichzeitig hat die Schneeschmelze in den Alpen eingesetzt. Der Wasserstand des Rheins steigt. An einigen Stellen ist der Fluss schon über die Ufer getreten. Mehrere Straßen mussten gesperrt werden.

In Köln wird mit einem Höchststand des Rheins von neun Metern gerechnet (durchschnittlicher Wasserstand: 3,21 m). Verschiedene Maßnahmen wurden getroffen, um sich vor dem **Hochwasser** zu schützen. Feuerwehrleute haben zum Beispiel auf einer Länge von fast 1,5 km Schutzwände am Rhein aufgestellt. Damit sollte die Altstadt vor Überschwemmung geschützt werden, wenn das Wasser über die Ufer steigt. Gehsteige aus Baugerüsten wurden zusammengebaut. Pkw-Besitzer wurden aufgefordert, ihre Autos aus Tiefgaragen zu fahren. Die Schifffahrt auf dem Rhein wurde eingestellt. Die Bevölkerung von Köln wird über Radio und Internet ständig über den Hochwasserstand informiert.

Die Menschen hatten dieses Mal Glück. Der Wasserstand des Rheins stieg nur auf 8,91 m. Größere Schäden konnten vermieden werden.

❶ Benenne die Nebenflüsse des Rheins. Ermittle dazu auch die Flüsse a–e in M2 (Atlas).

❷ ↗ Nenne Ursachen für das Entstehen von Hochwasser.

❸ Recherchiere die Ausmaße eines der aufgeführten Hochwasser.

> *Starthilfe zu* ❷ ↗
> *Denke nicht nur an die natürlichen Ursachen.*

Talsperren dienen bei Hochwasser als Rückhaltebecken.

Natürliche Auen verteilen bei Hochwasser die Wassermassen.

Starker Pflanzenbewuchs speichert das Regenwasser.

Polder lässt man bei Hochwasser vollaufen. Das Wasser wird zurückgehalten.

Deiche und Dämme schützen die Orte vor Überflutung.

M4 *Hochwasserschutz*

Hochwasser – auch vom Menschen verursacht

In den letzten 50 Jahren sind in Deutschland immer mehr Flächen durch Häuser, Straßen und Fabriken zugebaut worden. Fachleute bezeichnen das Betonieren und Asphaltieren von Flächen als **Bodenversiegelung**. Auf versiegelten Flächen kann das Regenwasser nicht im Boden versickern.

Stattdessen fließt es über die Kanalisation direkt in die Bäche und die Flüsse. Diese können dann sehr schnell anschwellen und treten an vielen Stellen über die Ufer. Es kommt zu Überschwemmungen.

Schutz gegen Hochwasser

Damit es bei Hochwasser nicht zu verheerenden Folgen kommt, haben Wasserbauingenieure verschiedene Maßnahmen entwickelt. Siedlungen, die direkt an den Flüssen liegen, werden durch Deiche geschützt. Darüber hinaus wurden **Polder** angelegt. Natürliche Flussabschnitte sollen erhalten werden. Fließen Bäche und Flüsse in einem Betonbett, versucht man, sie wieder in ihren ursprünglichen Zustand zu versetzen. Außerdem sollen nicht mehr so viele Flächen versiegelt werden. So dürfen zum Beispiel in Neubaugebieten Grundstücke nur zum Teil asphaltiert werden.

🌐 Hochwasser im Osten Deutschlands

Juli 1954	Weiße Elster, Mulde, Elbe
Juli 1981	Lausitzer Neiße
August 2002	Elbe und Nebenflüsse
Mai/Juni 2013	Weiße Elster, Mulde, Elbe, Lausitzer Neiße

M5 *Vollgelaufene Polderflächen*

4 Wenn in Bonn große Flächen entlang des Rheins versiegelt werden, steigt die Hochwassergefahr in Köln. Erkläre (Atlas).

5 Charakterisiere Maßnahmen zum Hochwasserschutz am Beispiel von M4. Interpretiere die Abbildung in Form eines zusammenhängenden Textes.

Merke
In den letzten 50 Jahren hat die Bodenversiegelung zugenommen. Dadurch steigt die Hochwassergefahr. Die Anlage von Deichen und Poldern soll dagegen schützen.

Grundbegriffe
• Hochwasser
• Bodenversiegelung
• Polder

ℹ Katastrophenhelfer im Einsatz

Nach einer Naturkatastrophe müssen zum Beispiel Verletzte ärztlich versorgt werden. Tote werden geborgen und Trümmer weggeräumt. Dazu sind zahlreiche gut ausgebildete Helferinnen und Helfer notwendig. Sie haben unterschiedliche Berufe. Katastrophenhelferinnen und -helfer müssen körperlich fit sein. Vor allem aber müssen sie psychisch belastbar sein. Denn oft finden die Helferinnen und Helfer bei ihrem Einsatz fürchterliche Situationen vor.

Aufgaben, Tätigkeiten (Auswahl):
Brände löschen; Menschen und Tiere aus überfluteten Gebäuden retten; nach einem Sturm umgestürzte Bäume beseitigen; Fahrzeuge und Geräte (z. B. Wasserschläuche) kontrollieren; Sicherheitswache bei großen Veranstaltungen (z. B. Pop-Konzert) übernehmen.

Ausbildungsdauer: 2 Jahre nach abgeschlossener Berufsausbildung oder Ausbildung direkt bei einer Berufsfeuerwehr.

M1 *Berufsfeuerwehrfrau/Berufsfeuerwehrmann*

Aufgaben, Tätigkeiten (Auswahl):
sicher und schnell zum Einsatzort fahren, auch mit Blaulicht und Martinshorn; Erste Hilfe leisten, bis ein Notarzt eintrifft; Verletzte zum Krankenhaus transportieren; Einsatzberichte schreiben; Fahrzeug säubern und desinfizieren; medizinische Geräte (z. B. Sauerstoffgerät) kontrollieren; Bestand an Medikamenten überprüfen und vervollständigen.

Ausbildungsdauer: 2 Jahre, Mindestalter 18 Jahre

M2 *Rettungsassistentin/Rettungsassistent*

Aufgaben, Tätigkeiten (Auswahl):
Spür- und Suchhunde anleiten bei der Suche nach verschütteten oder vermissten Menschen; Hunde ausbilden und trainieren; Hunde betreuen und pflegen (z. B. füttern, das Fell kämmen, zum Tierarzt bringen).

Ausbildung:
Ausbildung oder Weiterbildung im Wach- und Sicherheitsdienst notwendig. Sehr wichtig: Tierliebe.

M3 *Hundeführerin/Hundeführer*

Starthilfe zu ❶ ↗
Berücksichtige, ob du zum Beispiel gern mit Menschen umgehst und welche Gefahren mit den Berufen verbunden sind.

❶ ↗ Beschreibe den Beruf (M1–M6), der dich am meisten interessiert. Welche Voraussetzungen musst du dafür erfüllen?

❷ a) Erläutere, bei welchen Katastrophen die Berufsfeuerwehr eingesetzt wird (M1).
b) Erläutere, bei welchen Katastrophen Hundeführerinnen und Hundeführer eingesetzt werden (M3).

Aufgaben, Tätigkeiten (Auswahl):
Bei einem Einsatz der Bundeswehr im Ausland teilnehmen und bei Verwundeten Erste Hilfe leisten; Patienten versorgen; Blut abnehmen und im Labor untersuchen; Patientenakten anlegen; Instrumente desinfizieren; Ärztin oder Arzt bei der Behandlung unterstützen (z. B. Medikamente ausgeben).

Ausbildungsdauer: 1 Jahr nach Erlernen eines zivilen Berufes oder einer Ausbildung bei der Bundeswehr.

M4 *Fachunteroffizierin/Fachunteroffizier Sanitätsdienst*

Aufgaben, Tätigkeiten (Auswahl):
Erste Hilfe bei Notfallpatienten, Ärzte unterstützen; Blutabnahmen; Vorbereitung der Laboruntersuchungen; Verbände anlegen; persönliche Daten von Patienten am PC erfassen und verwalten; Termine vereinbaren und überwachen; Patienten betreuen; Atteste aufsetzen; Briefe schreiben; Abrechnungen mit Krankenkassen erledigen; wichtig sind gute PC-Kenntnisse.

Ausbildungsdauer: 3 Jahre

M5 *Krankenschwester/Krankenpfleger in der Notfallmedizin*

Fachkrankenschwester/
Fachkrankenpfleger

Feuerwehrgerätewartin/
Feuerwehrgerätewart

Brandschutzfachkraft

Fachkraft – Schutz
und Sicherheit

Rettungssanitäterin/
Rettungssanitäter

Leiterin/Leiter
Rettungsstelle

Katastrophenhelferin/
Katastrophenhelfer beim
Technischen Hilfswerk

Werkfeuerwehrfrau/Werk-
feuerwehrmann

Betriebssanitäterin/
Betriebssanitäter

Rettungshelferin/
Rettungshelfer

M7 *Weitere interessante Berufe in der Katastrophenhilfe*

Aufgaben, Tätigkeiten (Auswahl):
nach einem Verkehrsunfall mit Öl verseuchte Erde entfernen; Abbruch von mit Asbest verseuchten Gebäuden überwachen; beim Rückbau von Atomkraftwerken Sicherheitsvorschriften beachten, um sich selbst und andere Menschen zu schützen; Voraussetzung: körperliche Belastbarkeit (z. B. Arbeit im Schutzanzug bei Kälte, Hitze und Nässe);

Ausbildungsdauer: abgeschlossene Berufsausbildung, danach mindestens zweijährige Berufspraxis (davon 1 Jahr im Bereich Dekontamination).

M6 *Dekontaminateurin/Dekontaminateur*

3 Bildet Arbeitsgruppen. Sucht euch vier Berufe in M7 aus. Erstellt zu jedem Beruf eine Präsentation (www.berufenet.arbeitsagentur.de).

4 Vergleiche die Ausbildungsberufe Fachunteroffizierin/Fachunteroffizier Sanitätsdienst und Dekontaminateurin/Dekontaminateur (M4, M6).

1. Bilderrätsel

a) Ordne die Bilder ① – ④ einer Naturkatastrophe zu.

b) Berichte über die Gefahren verschiedener Naturkräfte für die Menschen.

2. Silbenrätsel

Gesucht werden zehn Begriffe, die mit Naturkräften und Plattentektonik zu tun haben. Schreibe die Silben ab. Suche dann die Begriffe. Die Anfangsbuchstaben von 1 – 10 ergeben einen Begriff aus der Plattentektonik.

asche	be	ben	ben	ben	brü
che	deich	erd	epi	fun	gra
gren	kra	la	la	ne	plat
schicht	see	ska	strom	tai	ten
ter	ter	tief	trum	va	ze	zen

1 Bereich, an dem die Erdbebenwellen auf die Erdoberfläche treffen.
2 Energieskala zur Messung der Erdbebenstärke
3 Schäden an Deichen
4 Trennungslinie zwischen Erdplatten
5 Fluss von heißem Gesteinsbrei am Vulkan
6 Teil eines Schichtvulkans
7 tropischer Wirbelsturm
8 tiefe und langgestreckte Meeresstelle
9 Erschütterung der Erdoberfläche
10 trichterförmige Öffnung in einem Vulkan (auch Seiten… genannt)

3. Erdbeben selbst ausgelöst

Versuch: Zwei Styroporplatten sollen die Pazifische Platte und die Amerikanische Platte darstellen. Hohe und niedrige Häuser mit unterschiedlichem Grundriss stehen für San Francisco und Los Angeles. Die Häuser könnt ihr aus Pappe, Streichholzschachteln oder aus Holzstücken selbst herstellen.
Die Plattenränder bilden die San-Andreas-Spalte. Schiebe beide Platten langsam aneinander vorbei. Was kannst du beobachten?

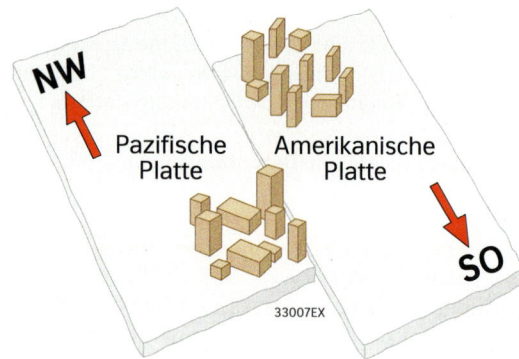

NW
Pazifische Platte
Amerikanische Platte
SO
33007EX

4. Ursachen und Folgen von Hochwasser

Zeichne das Schema auf ein DIN-A4-Blatt.
Trage dann die unten stehenden Punkte
nach Ursachen (Natur/ Mensch) und Folgen
sortiert ein:

Überflutung von Häusern/ Bodenversiegelung/
Verschmutzung der Landschaft/ Flussbegradigung/
Verlust von Ackerland/ Zerstörung von Verkehrs-
wegen/ starke Niederschläge/ Bau von Deichen/
Kurzschlüsse und Brände/ plötzlich eintretende
Schneeschmelze/ wirtschaftliche Nutzung der Flussau-
en/ Lebensgefahr durch Flutwellen/ Beseitigung von
natürlichen Überflutungsgebieten

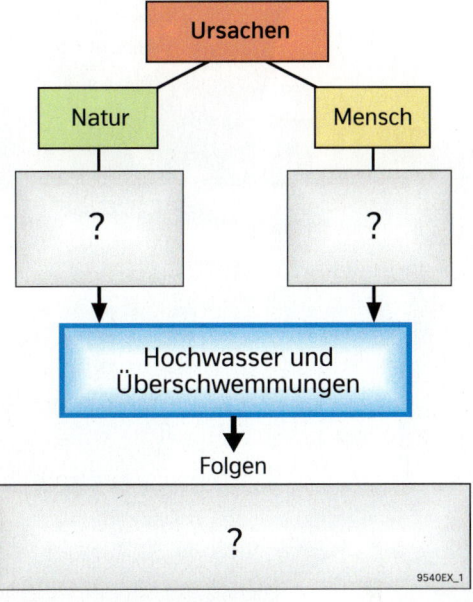

5. Vulkanexperte gesucht

Die Abbildung zeigt das Schema eines Schichtvulkans.
Ordne den Nummern in der Abbildung
die richtigen Begriffe zu und notiere sie.

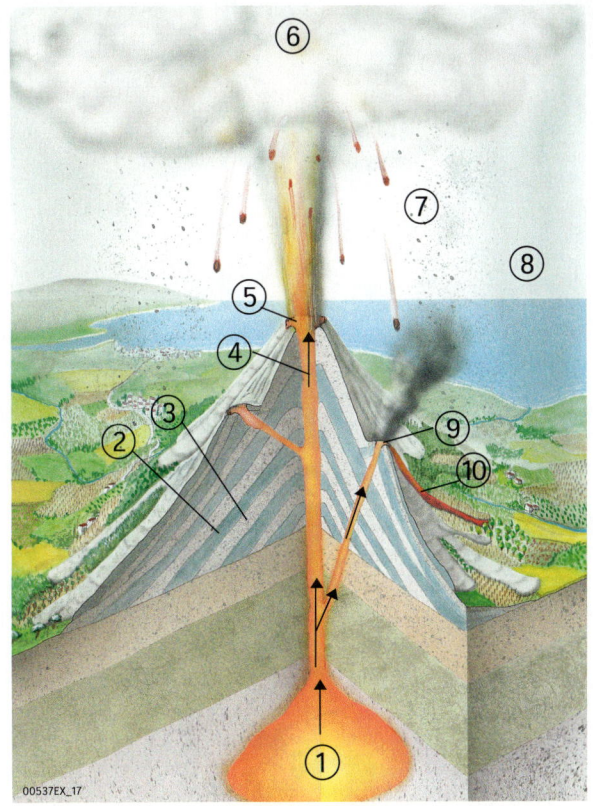

00537EX_17

6. Finde die Begriffe

a) Gesteinsschmelze, die sich im Erdinneren befindet;

b) Punkt, der sich direkt über dem Erdbebenherd
   an der Erdoberfläche befindet;

c) Gerät zum Aufzeichnen der Erdbebenwellen;

d) Zentrum von tropischen Wirbelstürmen.

7. Oberbegriffe finden

Ordne die Grundbegriffe Oberbegriffen zu.
Tipp: Überlege zuerst, welche Oberbegriffe
(z. B. Plattentektonik) geeignet wären.

Grundbegriffe

- Bodenerosion
- Bodenversiegelung
- Dürre
- Epizentrum
- Erdbeben
- Erdplatte
- Hochwasser

- Hurrikan
- Hypozentrum
- Konvektionsstrom
- Lava
- Magma
- Mittelozeanische Rücken
- Monsun

- Naturereignis
- Naturkatastrophe
- Polder
- Schichtvulkan
- Schildvulkan
- Seebeben
- Subduktionszone

- Tiefseegraben
- tropischer Wirbelsturm
- Tsunami
- Vulkan

3 Migration und Bevölkerung

Markttreiben und Verkehr auf einer Hauptstraße in Hyderabad (Indien).
Beschreibe den Eindruck, den du durch dieses Bild bekommst. Hättest du Lust, diesen Ort einmal zu erkunden? Begründe.

Asien – Größe und Grenzen

Asien ist mit ca. 44,4 Mio. km² der flächengrößte Kontinent und bildet mit Europa die größte zusammenhängende Landmasse der Erde. Diese Landmasse wird als Eurasien bezeichnet. Das asiatische Gebiet umfasst zehn Zeitzonen der Erde.

In Asien leben rund 60 Prozent der Weltbevölkerung. Die Bevölkerung ist ungleich über den Kontinent verteilt. Unter den zehn bevölkerungsreichsten Ländern der Erde sind sechs aus den drei Regionen Ost-, Süd- und Südostasien. Charakteristisch für die drei asiatischen Räume ist eine starke Zuwanderung von jungen Menschen vom Land in die Städte. Unter diesen Städten befinden sich große Metropolen der Erde.

a) Der Aralsee, eine der größten Umweltkatastrophen der Erde. Welche Zuflüsse brachten dem See ursprünglich das Wasser?

b) Das Tote Meer gilt mit 408 m unter dem Meeresspiegel als tiefster Punkt des Festlandes der Erde. In welchem Staat liegt es?

Russland ist das flächengrößte Land der Erde und erstreckt sich über Asien und Europa auf einer Fläche von 17 Mio. km². Davon befinden sich 13,1 Mio. km² in Asien.

M1 *Größter Staat*

Der Baikalsee ist mit 1 642 m der tiefste See der Erde. In ihm ist ein Fünftel der flüssigen Süßwasserreserven der Erde gespeichert. Sein Volumen ist mit ca. 23 000 m³ größer als das der Ostsee (ca. 20 000 m³).

M2 *Tiefster See*

Bangladesch ist der am dichtesten besiedelte Flächenstaat der Welt. Hier leben auf 147 569 km² 143 Mio. Menschen. Die Bevölkerungsdichte ist dort viermal so hoch wie in Deutschland.

M3 *Größte Bevölkerungsdichte*

Obwohl Oimjakon im Nordosten Russlands in der Sprache der Jakuten „heiße Quelle" bedeutet, gilt er als der kälteste bewohnte Ort der Erde (−77,8 °C).

M4 *Kältester Ort der Nordhalbkugel*

• 1 - 9	Städte
1 - 17	Staaten
①-⑥	Gebirge, Hochländer/Schwellen
a - k	Flüsse, Seen
A - H	Ozeane/ Meeresteile
1-6	Inseln, Halbinseln, Inselgruppe
———	Staatsgrenze

11857EXa_5
© **westermann**

---

❶ Nenne Länder in Asien, die eine hohe Bevölkerungsdichte aufweisen (Atlas).

❷ Beantworte die Fragen zu den Fotos a) bis f) mithilfe des Atlas.

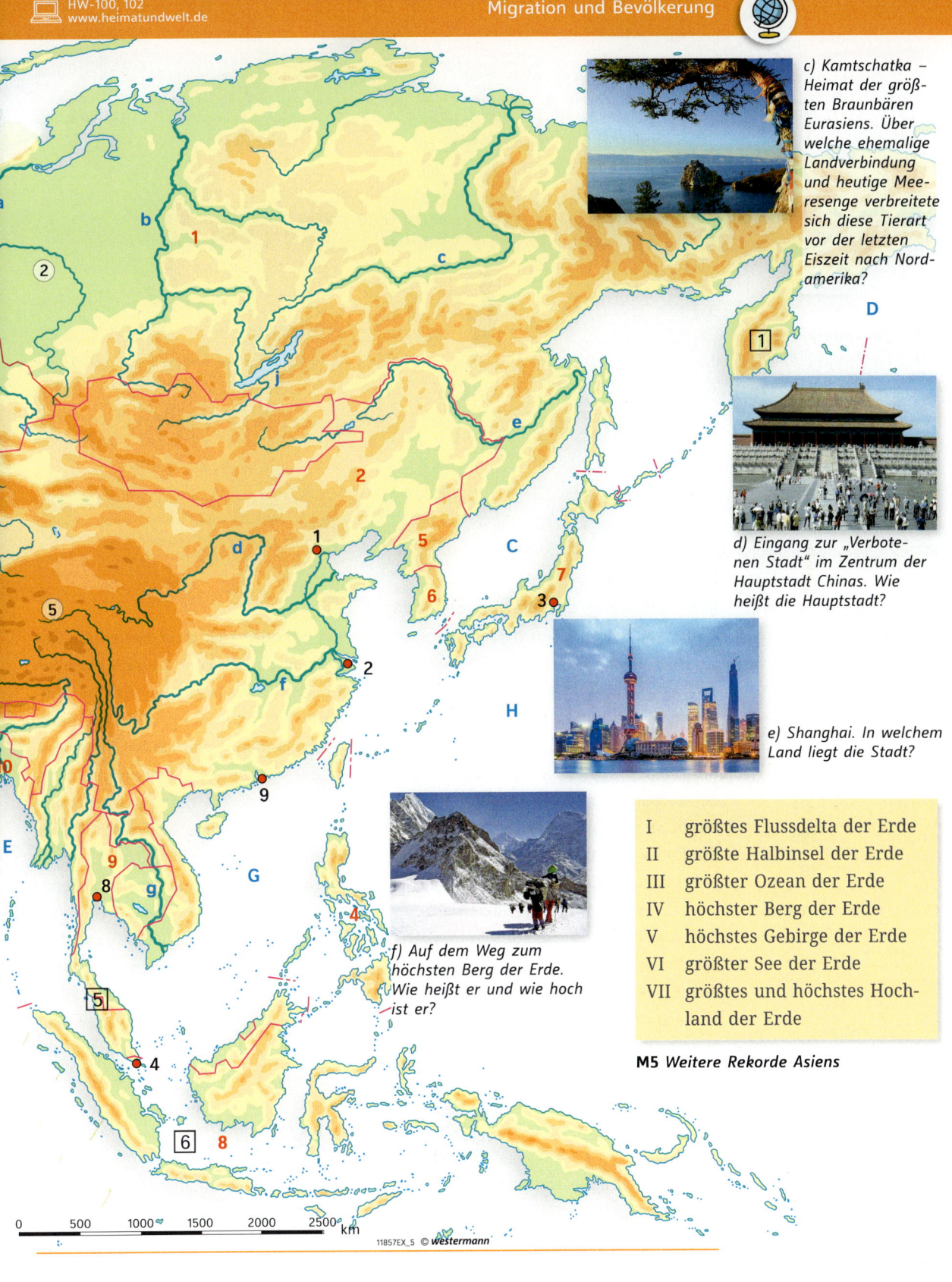

c) Kamtschatka – Heimat der größten Braunbären Eurasiens. Über welche ehemalige Landverbindung und heutige Meeresenge verbreitete sich diese Tierart vor der letzten Eiszeit nach Nordamerika?

d) Eingang zur „Verbotenen Stadt" im Zentrum der Hauptstadt Chinas. Wie heißt die Hauptstadt?

e) Shanghai. In welchem Land liegt die Stadt?

f) Auf dem Weg zum höchsten Berg der Erde. Wie heißt er und wie hoch ist er?

I   größtes Flussdelta der Erde
II   größte Halbinsel der Erde
III   größter Ozean der Erde
IV   höchster Berg der Erde
V   höchstes Gebirge der Erde
VI   größter See der Erde
VII   größtes und höchstes Hochland der Erde

M5 *Weitere Rekorde Asiens*

0 500 1000 1500 2000 2500 km

11857EX_5 © *westermann*

❸ Erstelle eine Lernkarte für Asien.
a) Wähle dafür fünf Staaten, drei Städte, fünf Landschaften und drei Gewässer.

b) Wähle zusätzliche drei Rekorde aus.

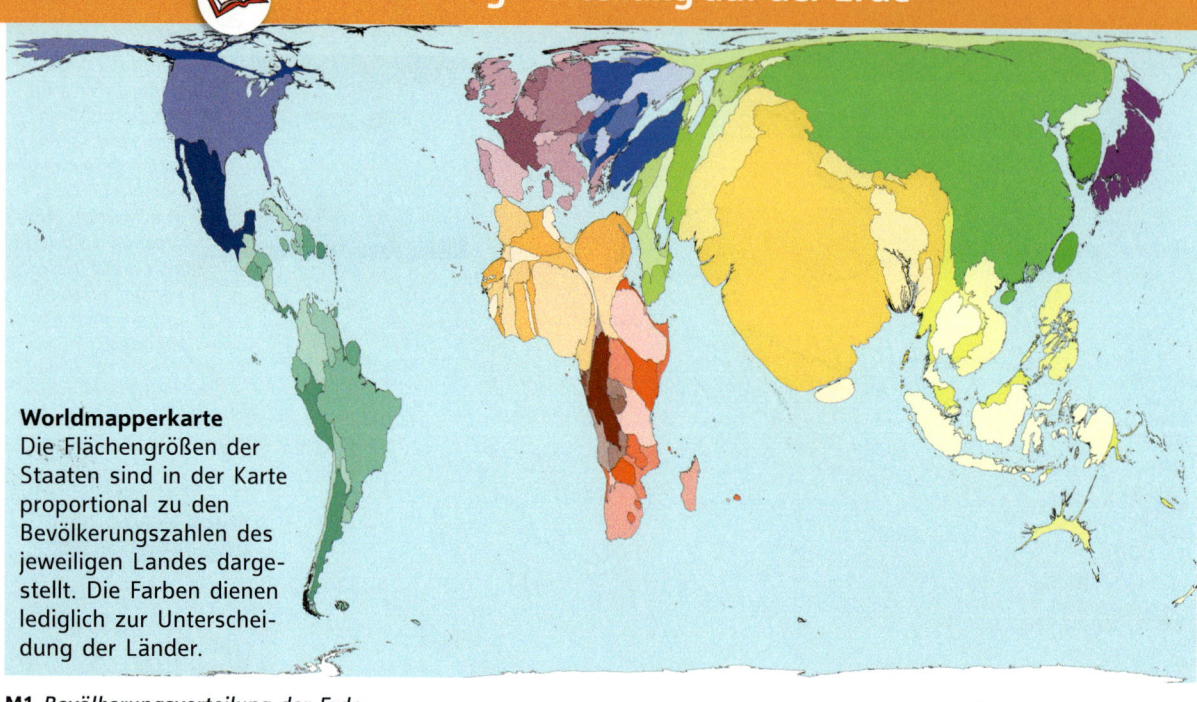

Worldmapperkarte
Die Flächengrößen der Staaten sind in der Karte proportional zu den Bevölkerungszahlen des jeweiligen Landes dargestellt. Die Farben dienen lediglich zur Unterscheidung der Länder.

M1 *Bevölkerungsverteilung der Erde*

Länder	Einwohner (in Mio.) 2015
China	1372
Indien	1314
USA	321
Indonesien	255
Brasilien	205
Pakistan	199
Nigeria	182

M2 *Bevölkerungsreichste Länder*

Die Verteilung der Weltbevölkerung

Auf unserer Erde leben derzeit mehr als 7,3 Mrd. Menschen. Die Bevölkerung ist sehr ungleichmäßig auf der 149 Mio km² großen Festlandsfläche verteilt. In der Worldmapperkarte M1 wird die Bevölkerungszahl proportional zur Staatenfläche der einzelnen Länder dargestellt. Daraus ergibt sich, dass die Flächengrößen der Staaten wesentlich größer oder kleiner abgebildet werden, als sie in Wirklichkeit sind. Diese Darstellungsweise verdeutlicht, dass in der Karte stark vergrößerte Staaten eine relativ hohe Bevölkerungsdichte haben. Die höchste Dichte weist Monaco mit 19000 Einwohnern pro km² auf. Etwa ein Drittel der Weltbevölkerung lebt in nur zwei Ländern, in China und in Indien.

Meist befinden sich dicht besiedelte Gebiete in klimatisch begünstigten Regionen mit guten Voraussetzungen für eine wirtschaftliche Entwicklung und Errichtung von Siedlungen. Dazu zählen insbesondere die vier großen Dichtezentren Südasien, Südostasien, die Ostküste Nordamerikas und Europa. Besiedelte Räume werden als **Ökumene** bezeichnet.
Unbesiedelte Gebiete unserer Erde nennt man **Anökumene**. Durch ungünstige natürliche Bedingungen, wie Hitze, Kälte und Trockenheit, können Menschen Gegenden der Erde wirtschaftlich nicht nutzen und daher dort nicht leben. Zur Anökumene gehören Eiswüsten, Gebiete der Tundra, heiße Wüsten oder die Gipfelregionen der Hochgebirge.

1 Beschreibe die weltweite Bevölkerungsverteilung (M1, Atlas).

2 Nenne natürliche und vom Menschen beeinflusste Ursachen für die ungleiche Verteilung der Weltbevölkerung (M4).

3 Ordne der Ökumene und Anökumene jeweils zwei Beispielräume zu und begründe (Atlas).

Wenn die Welt ein Dorf mit nur 100 Einwohnern wäre...

...wären davon:

16 Afrikaner
 5 Nordamerikaner
10 Europäer
 8 Lateinamerikaner
60 Asiaten (davon 22 Chinesen und 17 Inder)
 1 Australier/Ozeanier

26 wären Kinder unter 15 Jahren. 8 wären älter als 65.
50 Menschen im Dorf sind Frauen. 50 sind Männer.

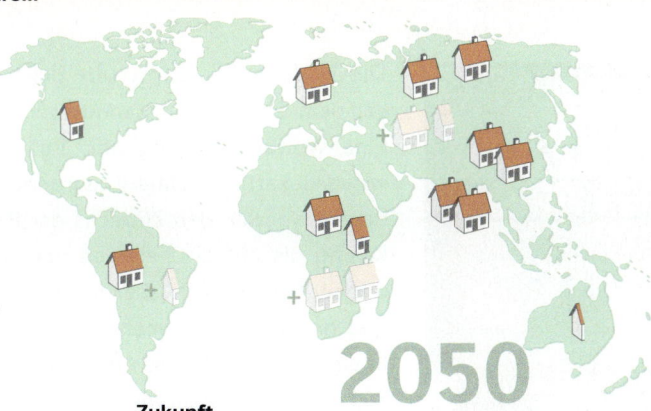

Armut
19 Bewohner würden von weniger als 1 US-Dollar
am Tag leben. 12 Menschen hätten nicht genügend
Wasser zur Verfügung.

Familienplanung
Im Durchschnitt bekämen die Frauen 2,5 Kinder.

Zukunft
Die Zahl der Dorfbewohner würde jährlich
um eine Person steigen. Im Jahre 2050 würden bereits
133 Menschen im Dorf leben:

33	Afrikaner	10	Lateinamerikaner
6	Nordamerikaner	73	Asiaten
10	Europäer	1	Australier/Ozeanier

14169EX_5

M3 *Die Welt als Dorf im Jahr 2015 und 2050*

Grenzen verschieben sich

Früher bestimmten ausschließlich natürliche Faktoren den Verlauf der Grenze zwischen Anökumene und Ökumene. Ausreichend Niederschläge, angenehme Temperaturen, fruchtbare Böden oder ein günstiges Relief beeinflussten das Siedlungsverhalten der Menschen. Dort, wo ausreichend Nahrung produziert werden konnte, war das Überleben gesichert.
Heute führen Übernutzung, Überweidung, Versalzung der Böden bzw. Naturereignisse oft zum Verlust dieser kostbaren Flächen. Daneben bedingt auch der wissenschaftlich-technische Fortschritt die Ausweitung der Siedlungsräume. So beschloss beispielsweise die brasilianische Regierung die Erschließung Amazoniens zur Gewinnung von Rohstoffen. Alaska nimmt wegen seiner Vorkommen an Erdöl, Erdgas und Edelmetallen an Bedeutung zu. Der Zuzug von Menschen wird heute also auch durch das Angebot von Arbeitsplätzen bestimmt. Große Firmen verlegen ihre Hauptsitze und Fabriken in Regionen, in denen sie von Steuervorteilen und Subventionen profitieren.

M4 *Siedlungsgebiete ändern sich*

Länder	Einwohner (in Mio.) 2015
Monaco	37 400
San Marino	32 500
Palau	21 000
Cook-Inseln	13 277
Tuvalu	10 125
Nauru	10 480
Vatikanstadt	930

M5 *Bevölkerungsärmste Länder*

4 a) Werte das Satellitenbild „Erde bei Nacht" hinsichtlich der Bevölkerungsverteilung aus (Atlas).
b) Vergleiche das Satellitenbild mit der Karte „Bevölkerungsdichte" (Atlas).

5 Interpretiere die veränderten Einwohnerzahlen der Weltbevölkerung in M3. Vergleiche dafür die Daten von 2015 mit der Prognose von 2050.

Merke
Die Weltbevölkerung ist ungleichmäßig auf der Erde verteilt. In der Ökumene gibt es dicht und dünn besiedelte Gebiete. Die Anökumene ist unbewohnt.

Grundbegriffe
• Ökumene
• Anökumene

M1 *Weltbevölkerungsuhr 2014*

www.weltbevoelkerung.de

Die Weltbevölkerungsuhr tickt

Vor dem Stadion von Hannover 96 steht eine Weltbevölkerungsuhr. Ihr liegen wissenschaftliche Daten zugrunde, aus denen Experten den Zuwachs der Bevölkerung bis auf die Sekunde genau berechnet haben. Nach jeder Sekunde leben fast drei Menschen mehr auf der Welt. In einer Minute sind es 165 und pro Jahr 86,7 Mio. Menschen, mehr Menschen als Deutschland Einwohner hat.

In der Urgesellschaft lebten die Menschen als Jäger und Sammler. Sie hatten nur eine geringe Lebenserwartung von circa 20 Jahren. Wegen des Mangels an Nahrungsmitteln und der fehlenden medizinischen Versorgung hielten sich die Anzahl der Geburten und Sterbefälle die Waage.

Mit dem Übergang zu Ackerbau und Viehwirtschaft, der Entwicklung des Handels und der Errichtung von Städten kam es zu einem ersten leichten Bevölkerungsanstieg. Gebremst wurde dieser immer wieder durch Missernten, Hungerkatastrophen, Kriege oder Epidemien. Mit Beginn der Industrialisierung stieg die Zahl der Menschen dann rasant an.

Geburtenrate: Zahl der Lebendgeborenen je 1 000 Einwohner pro Jahr, Angabe in Promille (‰)
Sterberate: Zahl der Todesfälle je 1 000 Einwohner pro Jahr, in Promille (‰)
Wachstumsrate: Geburtenrate minus Sterberate, Angabe in Promille (‰)
Beispiel Japan (2013): $8‰ - 10‰ = -2‰$
Im Jahr 2013 nahm die Bevölkerung Japans um zwei Promille ab, das heißt um zwei Menschen pro 1 000 Einwohner. Das entspricht 0,2 %.
Fruchtbarkeitsrate: durchschnittliche Anzahl der je Frau lebend geborenen Kinder
Lebenserwartung: errechneter Durchschnittswert, der zu erwartenden Lebensdauer in Jahren der Angehörigen eines bestimmten Altersjahrganges

M4 *Kennzahlen zur Bevölkerungsentwicklung*

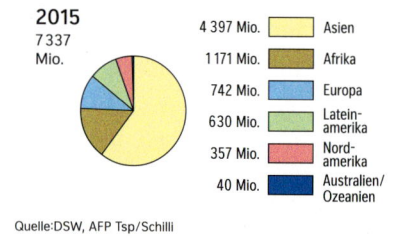

2015
7 337 Mio.

4 397 Mio.	Asien
1 171 Mio.	Afrika
742 Mio.	Europa
630 Mio.	Lateinamerika
357 Mio.	Nordamerika
40 Mio.	Australien/Ozeanien

Quelle: DSW, AFP Tsp/Schilli

M2 *Weltbevölkerungsverteilung*

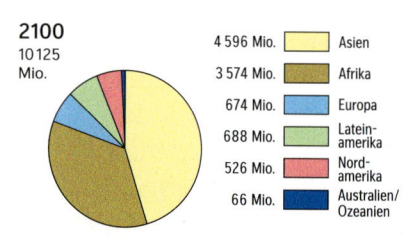

2100
10 125 Mio.

4 596 Mio.	Asien
3 574 Mio.	Afrika
674 Mio.	Europa
688 Mio.	Lateinamerika
526 Mio.	Nordamerika
66 Mio.	Australien/Ozeanien

17456EX_3

M3 *Weltbevölkerungswachstum*

① Beschreibe die Entwicklung der Weltbevölkerung (M2, M3).

② Berechne die Wachstumsrate der Staaten und vergleiche (M5).

③ Nenne Ursachen für das starke Wachstum der Weltbevölkerung (Text, M3).

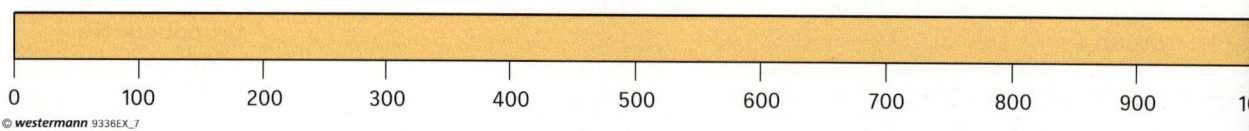

0   100   200   300   400   500   600   700   800   900   10

Explosionsartiges Wachstum der Weltbevölkerung

Bevölkerungsexplosion ist ein Begriff, den die Medien Ende des 20. Jahrhunderts geprägt haben, weil die Verdopplung der Bevölkerungszahl in immer kürzeren Zeiträumen erfolgte. Weltweit werden die Auswirkungen des Wachstums für die Erde diskutiert. Wie lange reichen Nahrungsmittel, Rohstoffe, Böden, Nutzflächen und Wasser für die Versorgung aller Menschen? Welche Folgen werden Wanderungsbewegungen von ärmeren Menschen in reichere Staaten haben?

Das Bevölkerungswachstum findet zu 99 Prozent in den ärmeren Ländern statt. Bei anhaltend hoher Geburtenrate sinkt hier die Sterberate durch eine verbesserte medizinische Versorgung. Die verbesserte Nahrungsversorgung führt hingegen zu einer höheren Lebenserwartung. Ein Absinken der Geburtenzahlen wird in einigen Ländern durch fehlende Bildungsmöglichkeiten sowie religiöse und traditionelle Vorstellungen verhindert. Für viele Frauen ist eine selbstbestimmte Familienplanung daher nicht möglich. Zudem mangelt es oft an Aufklärung und dem Zugang zu Verhütungsmitteln.

Vorhersagen über die künftige Bevölkerungsentwicklung gestalten sich wegen der Vielzahl von unterschiedlichen regionalen Einflüssen schwierig und weichen sehr voneinander ab. Bis zum Jahr 2100 werden z. B. China, Russland und Deutschland einen deutlichen Bevölkerungsrückgang verzeichnen. Im gleichen Zeitraum steigt die Bevölkerungszahl Nigerias und Indiens sehr stark an. Die höchsten Wachstumsraten werden in Afrika zu verzeichnen sein.

Szenarien für 2050:
Die Szenarien unterscheiden sich vor allem in der zu erwartenden Zahl von Kindern je Frau weltweit.

11,9 Mrd.
(angenommen: 2,7 Kinder je Frau ≙ Wert von 2008, d. h. keine Veränderung)

9,7 Mrd.
(2,52 Kinder je Frau)

7,8 Mrd.
(1,52 Kinder je Frau)

Staat	Geburtenrate (‰)	Sterberate (‰)
Deutschland	8	11
USA	13	8
Russland	13	13
China	12	7
Indien	22	7
Tschad	51	15

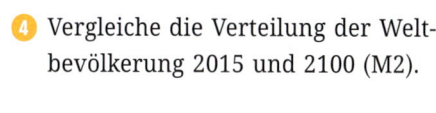

M5 *Geburten- und Sterberate ausgewählter Staaten (2013)*

4 Vergleiche die Verteilung der Weltbevölkerung 2015 und 2100 (M2).

5 Berechne die Zeiträume, in der die Anzahl der Bevölkerung um jeweils eine Milliarde zunahm. Beginne im Jahr 1804 und vergleiche (M3).

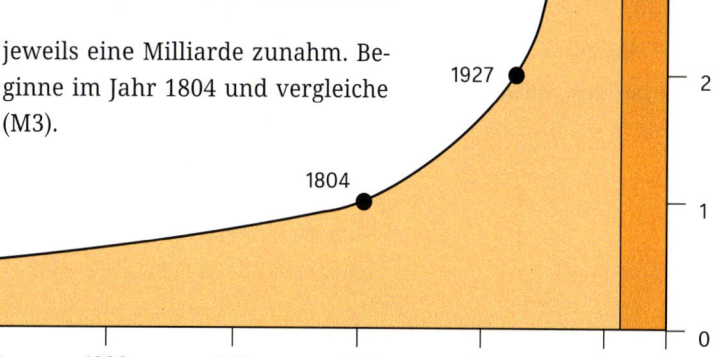

M1 *Aktive Senioren*

M3 *Senioren auf Exkursion*

Weltweite Alterung der Bevölkerung

Die Bevölkerung der meisten Länder der Erde wächst, in einigen jedoch schrumpft sie. Hierzu gehören fast alle **Industrieländer**.

In Europa ist seit dem 19. Jahrhundert die Lebenserwartung gestiegen. Die Geburten- und Sterberate ist gesunken. Von den 20 Ländern der Welt mit der ältesten Bevölkerung liegen 19 in Europa. Die Hälfte der Bevölkerung Deutschlands war 2010 älter als 44,2 Jahre.

Die Alterung der Bevölkerung ist aber nicht nur auf Europa beschränkt. Auch in anderen Regionen der Erde nimmt sie zu. **Demografischen Wandel**, das heißt die Veränderung der Bevölkerungsstruktur nach Zahl, Zusammensetzung und Altersgruppen, gibt es auch in **Entwicklungsländern**. Er erfolgt nur langsamer.

Heute sind dort etwa ein Drittel der Bevölkerung Kinder und Jugendliche unter 15 Jahren.

In China wird sich bis 2050 der Anteil der über 60-jährigen verdreifachen. Dann werden etwa 440 Millionen Chinesen im Rentenalter sein.

Schätzungen besagen, dass 2050 die Mehrheit der Menschen im Alter von über 64 Jahren in den heutigen Entwicklungsländern leben.

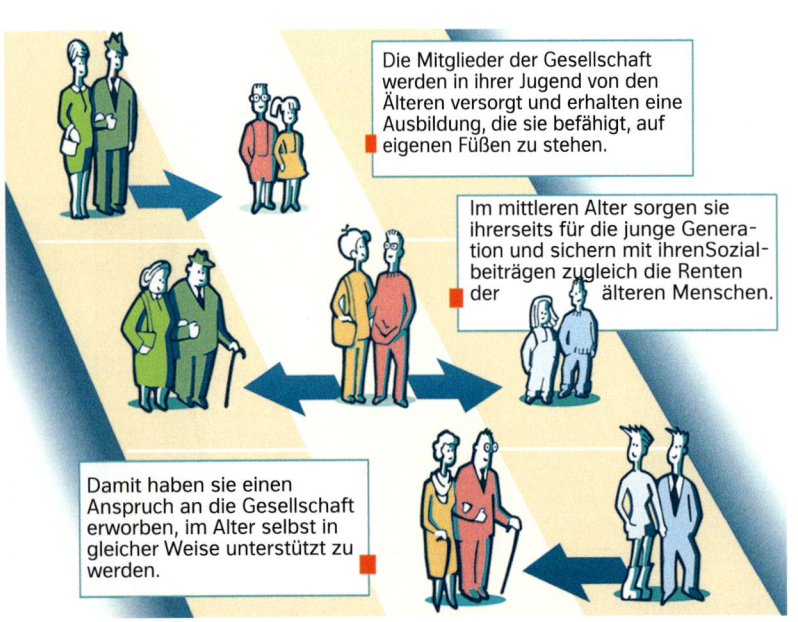

Die Mitglieder der Gesellschaft werden in ihrer Jugend von den Älteren versorgt und erhalten eine Ausbildung, die sie befähigt, auf eigenen Füßen zu stehen.

Im mittleren Alter sorgen sie ihrerseits für die junge Generation und sichern mit ihrenSozialbeiträgen zugleich die Renten der   älteren Menschen.

Damit haben sie einen Anspruch an die Gesellschaft erworben, im Alter selbst in gleicher Weise unterstützt zu werden.

M2 *Der Generationenvertrag*

www.wissen.allianz.
de/demografie

1 Beschreibe die Entwicklung der Bevölkerungsstruktur in den Industrieländern (Text, M7, M8).

2 Erläutere Gründe für die niedrige Kinderzahl in Industrieländern (M4).

Deutschlands Bevölkerung im Wandel

In Deutschland nimmt seit 2002/03 die Bevölkerungszahl ab, während die Alterung zunimmt.

Dieser Prozess verläuft jedoch regional sehr unterschiedlich.

In den ostdeutschen Ländern ging die Einwohnerzahl von 1990 bis 2011 um fast zehn Prozent zurück, dagegen stieg sie in den westlichen Bundesländern noch bis 2003 an. Eine Ursache dafür sind die hohen Abwanderungs- bzw. Zuwanderungsraten vor allem von jungen Menschen.

Im Osten Deutschlands ist eine beschleunigte Alterung der Bevölkerung zu erkennen.

Der Bevölkerungsrückgang hätte schon viel früher eingesetzt, wenn Deutschland nicht ein Einwanderungsland wäre.

Die Einwanderer kommen insbesondere aus Ost-, Südost- und Südeuropa. Viele von ihnen wurden schon in den 1960er-Jahren als Arbeitskräfte angeworben. Mit ihren Familien haben viele in Deutschland eine neue Heimat gefunden.

Ein großer Teil besitzt die deutsche oder auch eine doppelte Staatsbürgerschaft.

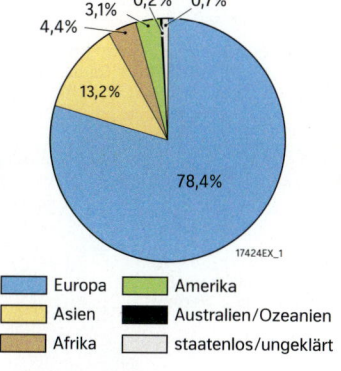

Legende:
- Europa
- Asien
- Afrika
- Amerika
- Australien/Ozeanien
- staatenlos/ungeklärt

17424EX_1

M6 *Menschen mit Migrationshintergrund in Deutschland (2014)*

Kinder kosten Geld und verringern den Lebensstandard.

Frauen bekommen später Kinder als früher.

Kinder schränken die Berufstätigkeit der Frauen ein.

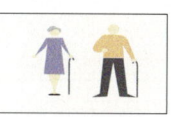

Die Altersversorgung hängt nicht von der Kinderzahl ab. 3886EX_13

M4 *Gründe für die niedrige Kinderzahl in Industrieländern*

	1950	2000	2050*
Industrieländer	12	19	33
Entwicklungsländer	6	8	21

M7 *Anteil der über 60-Jährigen an der Gesamtbevölkerung (in %) *Prognose*

	2014	2050*
Deutschland	80,7	71,4
Italien	60,8	55,9
Japan	127,6	95,2
Russland	146,3	109,4

M8 *Bevölkerungsentwicklung in ausgewählten Industrieländern (Einw. in Millionen) *Prognose*

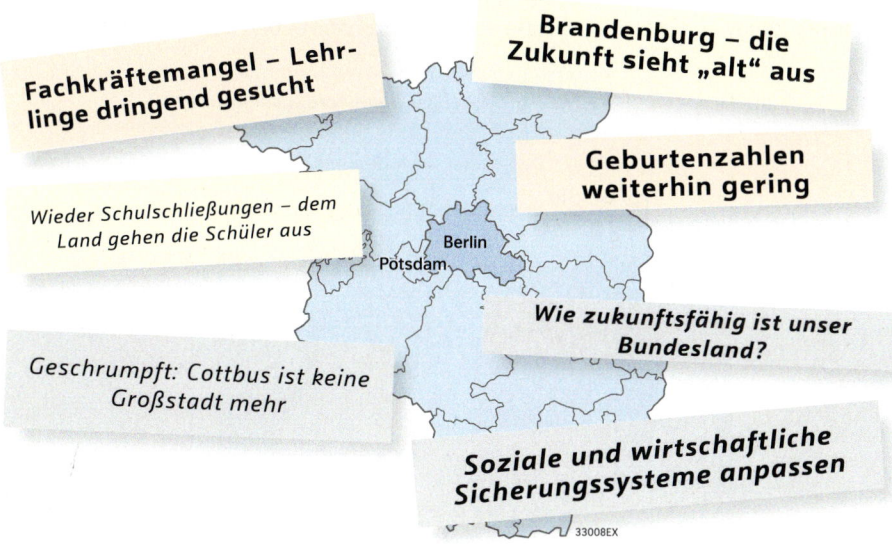

Fachkräftemangel – Lehrlinge dringend gesucht

Brandenburg – die Zukunft sieht „alt" aus

Wieder Schulschließungen – dem Land gehen die Schüler aus

Geburtenzahlen weiterhin gering

Berlin
Potsdam

Geschrumpft: Cottbus ist keine Großstadt mehr

Wie zukunftsfähig ist unser Bundesland?

Soziale und wirtschaftliche Sicherungssysteme anpassen

33008EX

M5 *Schlagzeilen aus der Presse*

❸ a) Erläutere den Generationenvertrag (M2).

b) Beurteile, ob der Generationenvertrag 2050 eingehalten werden kann (M2, M7, M8).

❹ Diskutiert Auswirkungen des demografischen Wandels in Brandenburg (M5).

Merke
In Entwicklungsländern wächst die Bevölkerung. In Industrieländern schrumpft die Bevölkerung während die Alterung zunimmt.

Grundbegriffe
- Industrieland
- Entwicklungsland
- demografischer Wandel

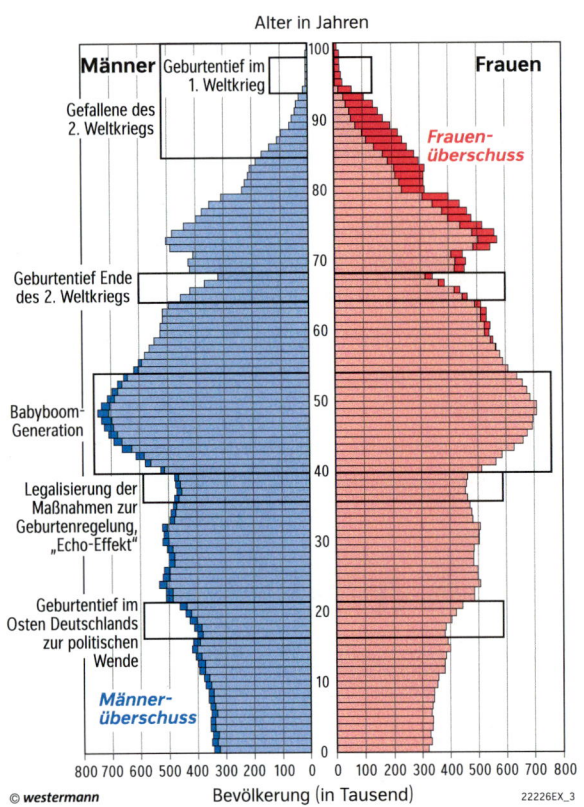

M1 *Bevölkerungsdiagramm Deutschland (2013)*

Darstellung von Bevölkerungsstrukturen

In einem **Bevölkerungsdiagramm** wird die Anzahl der Einwohner einer Stadt, die Bevölkerung eines Staates oder eines Raumes an einem bestimmten Stichtag dargestellt. Dabei wird nach Alter und Geschlecht unterschieden. Bevölkerungsdiagramme werden häufig auch als Bevölkerungspyramiden bezeichnet, weil die ersten grafischen Darstellungen früher pyramidenförmig aussahen.

Aus dieser Darstellung kann man die Anzahl der Menschen und den Anteil an Männern und Frauen in den einzelnen Altersstufen ablesen.

waagerechte (X-)Achse: Anzahl der Menschen
- Aufteilung der Achse: links männliche, rechts weibliche Bevölkerung
- Die Anteile können in absoluten Zahlen (Anzahl der Personen) oder in relativen Werten (Prozentanteile an der Gesamtbevölkerung) angegeben werden.
- Ein Balken stellt die Menschen einer Altersgruppe (Jahrgang) dar.

senkrechte (Y-)Achse: Lebensalter der Menschen

M3 *Aufbau eines Bevölkerungsdiagramms*

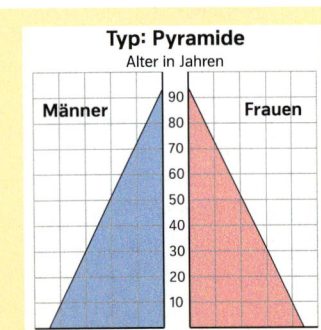

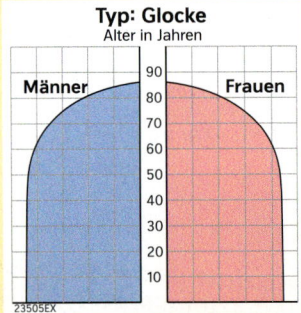

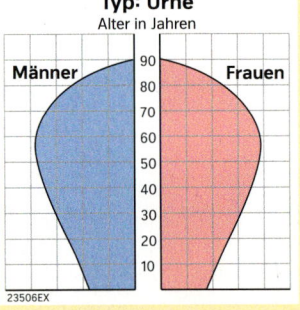

Die klassische Pyramidenform zeigt, dass die Bevölkerung kontinuierlich wächst, weil jeder Neugeborenjahrgang größer als der vorangegangene ist. Die Balkenlänge nimmt nach oben hin ab. Dies trifft für die meisten Entwicklungsländer zu. Um 1900 war auch für Deutschland diese Form typisch.

Diese Form entsteht, wenn jeder Neugeborenenjahrgang die Stärke des vorherigen Jahrgangs hat. Erst ab dem Rentenalter nimmt die Balkenlänge nach oben ab. Über viele Jahre ist die Anzahl der Geburten gleich. Diese Form ist typisch für Industrieländer mit Bevölkerungsstagnation.

Bei dieser Form ist die Anzahl der Geburten jedes Jahr geringer als im Vorjahr. Die Anzahl der Menschen über 60 Jahre steigt. Die Lebenserwartung ist hoch. Die Balkenlänge nimmt nach unten hin ab. Diese Urnenform entspricht meist hoch entwickelten Industrieländern mit Bevölkerungsrückgang.

M2 *Verschiedene Grundformen von Bevölkerungsdiagrammen*

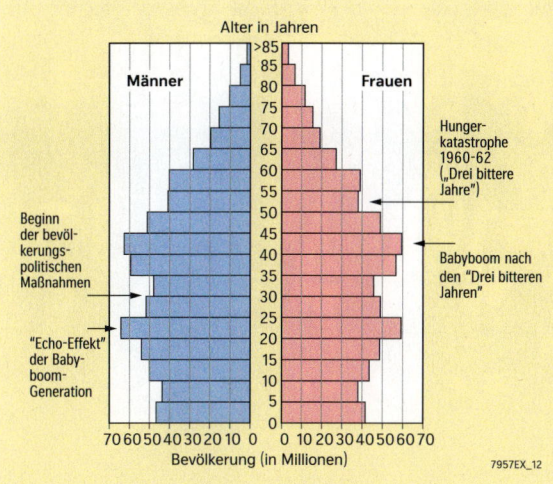

Altersaufbau China

Das Bevölkerungsdiagramm Chinas zeigt, dass die Balkenlänge ab den über 40-Jährigen kontinuierlich kürzer wird. Hohe Geburtenzahlen waren davor in China Tradition, weil die Kinder ihre Eltern im Alter versorgen mussten. Einen Einschnitt gibt es durch die Hungerkatastrophe, die in den Jahren 1960 bis 1962 durch verfehlte Wirtschaftspolitik ausgelöst wurde. Ursachen waren große Ernteausfälle sowie die Konzentration der Arbeitskräfte auf Industrieprojekte. Nach den „Drei bitteren Jahren" der Hungerkatastrophe stieg die Geburtenrate wieder an. China näherte sich der Schwelle zu einer Milliarde Einwohner. Die Regierung setzte die Ein-Kind-Politik durch. Die Anzahl der Geburten sinkt bis zu dem sogenannten Echo-Effekt der 20- bis 25-Jährigen. Deren Eltern gehörten der Babyboom-Generation an.

M4 *Die Bevölkerungsentwicklung Chinas (2013)*

Auswertung eines Bevölkerungsdiagramms

1. Betrachte das Diagramm gründlich (Achtung: Auf der x-Achse können absolute Zahlen oder Prozentanteile dargestellt sein).
2. Bestimme die Grundform des Bevölkerungsdiagramms (M2).
3. Erläutere anschließend die Form. Welche Rückschlüsse auf die Bevölkerungszusammensetzung kann man ziehen? Dabei sollen dir folgende Fragen helfen:
   - Hat das Diagramm eine breite Basis? Das heißt, gibt es viele Geburten? Wächst die Bevölkerung stark? Wie hoch ist der Anteil der Kinder von 0–15 Jahre, der Erwerbsfähigen von 15–65 Jahre, der Rentner über 65? Wie hoch ist der Anteil der Geschlechter?
   - Verjüngt sich die Pyramide nach oben extrem? Das heißt, sterben viele Menschen sehr früh?
   - Lebenserwartung (Werden viele Menschen alt?)

- Weist die Pyramide starke Einschnitte auf? Was könnten die Ursachen dafür sein? Warum hat sich die Anzahl der Geburten oder die Anzahl der Sterbenden so stark verändert? Gab es zu dieser Zeit Kriege, politische Veränderungen oder Naturkatastrophen?
4. Nenne Folgen und Probleme, die sich aus dieser Alters- bzw. Bevölkerungsstruktur für das Land ergeben.
   - Ist eine Versorgung der Bevölkerung mit Nahrungsmitteln gewährleistet?
   - Werden in Zukunft viele Kindergartenplätze und Schulen benötigt?
   - Wie können die vielen älteren Menschen versorgt werden (Seniorenwohnungen, Altenheime, soziale Absicherung)?
   - Welche Maßnahmen müssen ergriffen werden, um einer ungünstigen Bevölkerungsentwicklung entgegenzuwirken?

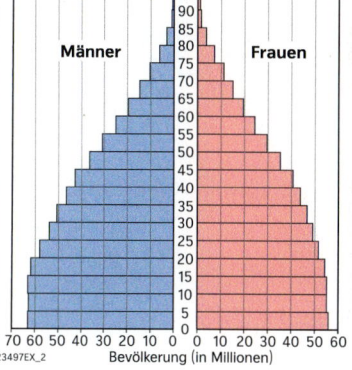

M5 *Bevölkerungsdiagramm Indien (2014)*

www.destatis.de/bevoelkerungspyramide/

🟢 Werte das Bevölkerungsdiagramm von China aus (M4).

🟠 Begründe, warum das Bevölkerungswachstum Chinas begrenzt wurde (M4).

🟠 Vergleiche die Bevölkerungsdiagramme von China und Indien (M4, M5).

Merke
Bevölkerungsdiagramme stellen das Alters- und Geschlechterverhältnis der Bevölkerung eines Staates dar.

Grundbegriff
- Bevölkerungsdiagramm

M1 *Die deutsche U19-Fußballnationalmannschaft (2015) – viele Spieler haben einen Migrationshintergrund*

Im Aufbruch

Bevölkerungswanderungen gab es bereits in der Vergangenheit.

Allein im 19. Jahrhundert verließen Millionen Europäer ihre Heimat. Manche wanderten aus, weil sie nur so ihre Freiheit erlangen konnten. Andere gingen, um der materiellen Not zu entgehen.

Nach dem Zweiten Weltkrieg mussten viele Millionen Menschen in Europa und Asien ihre Wohnorte verlassen. Andere wurden vertrieben oder zwangsweise umgesiedelt.

Grenzstreitigkeiten und innerstaatliche Machtkämpfe sind oftmals Ursachen für eine erzwungene **Migration**. Dies trifft besonders auf den Kontinent Afrika zu.

Weltweit lebt heute etwa eine Milliarde Menschen in absoluter Armut. Ihr Tagesverdienst beträgt nicht mehr als 1,25 US-Dollar. Eine steigende Zahl von ihnen verlässt die Heimat in der Hoffnung, in anderen Regionen bessere Lebensbedingungen vorzufinden.

Besondere Beachtung verdient die Gruppe der Umweltflüchtlinge. Sie muss ihre traditionelle Umgebung vorübergehend oder sogar dauerhaft verlassen, weil Umweltschäden ihre Existenz in Gefahr bringen und ihre Lebensqualität schwerwiegend beeinträchtigen.

Nicht nur im globalen Rahmen gibt es Wanderungsbewegungen. Sie sind auch innerhalb von Kontinenten, Regionen oder Ländern ausgeprägt.

Repression – Krieg
Gewalt
Ungerechtigkeit – **Flucht** – Begrenzte Ressourcen
Armut – Bevölkerungsdruck – Umweltzerstörung

5991EX_1

M2 *Fluchtgründe*

> **Merke**
> Unter Migration versteht man Wanderungsbewegungen einzelner Menschen oder größerer Gruppen einer Bevölkerung. Die Menschen wechseln dabei ihren Wohnsitz für längere Zeit oder für immer. Die Fluchtgründe sind vielfältig.
>
> **Grundbegriff**
> • Migration

1 Stell dir vor, du müsstest mit deinen Eltern in eine anderes Land flüchten.
a) Entscheide, was du mitnehmen würdest. Lege eine Liste an.

b) Liste auf, mit welchen Schwierigkeiten du rechnen müsstest.

2 Beschreibe die Wanderungsströme und -routen in M3. Beziehe die natürlichen Bedingungen ein (Atlas).

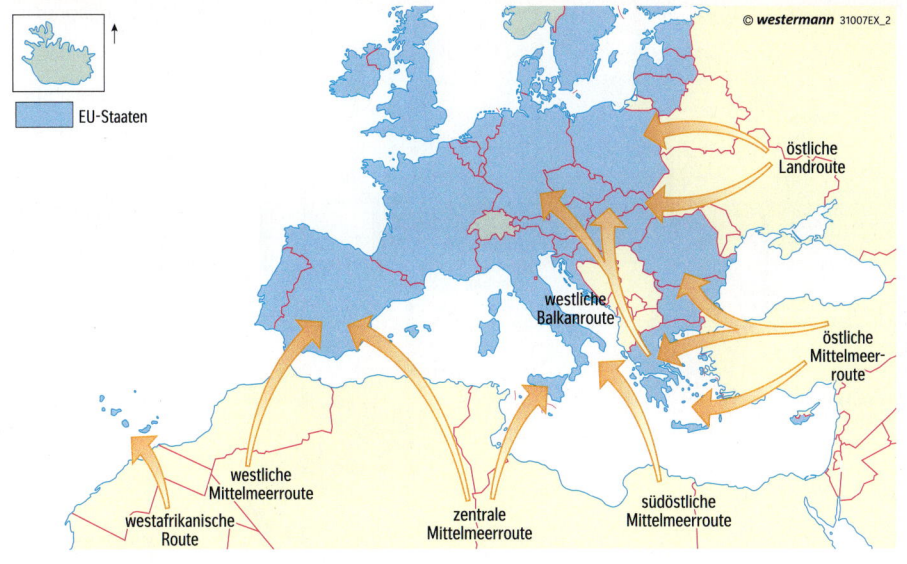

Syrien	75 000
Albanien	44 400
Kosovo	31 400
Afghanistan	16 000
Irak	15 200
Serbien	14 400
Mazedonien	7 400
Eritrea	7 300
Pakistan	5 100

M8 *Wichtigste Herkunfts-länder von Asylbewer-bern in Deutschland (Januar – September 2015)*

M3 *Flüchtlingsrouten in die EU*

M4 *Iqbal ist 17 und aus Kundus in Afghanistan geflohen. Bei seiner Flucht hatte er nur einen kleinen Rucksack dabei. Viel konnte er nicht mitnehmen. Nun nimmt er Kontakt zu einem Freund in Deutschland auf und hofft auf bessere Lebensbedingungen.*

M6 *Nach dem verheerenden Tsunami in Japan 2011 mussten viele Anwohner ihre Wohnungen verlassen. Der Tsunami traf auch auf ein Atomkraftwerk. Aus Angst vor den Folgen atomarer Strahlung können viele Menschen nicht in ihre Häuser zurückkehren.*

M5 *Zahlreiche Afrikaner und Osteuropäer arbeiten in Almeria/Südspanien, viele ohne Einreise- und Arbeits-erlaubnis.*

M7 *Afghanische Flüchtlinge am pakistanischen Grenzpos-ten. Seit über 30 Jahren fliehen Afghanen, weil in ihrem Land kriegsähnliche Verhältnisse herrschen.*

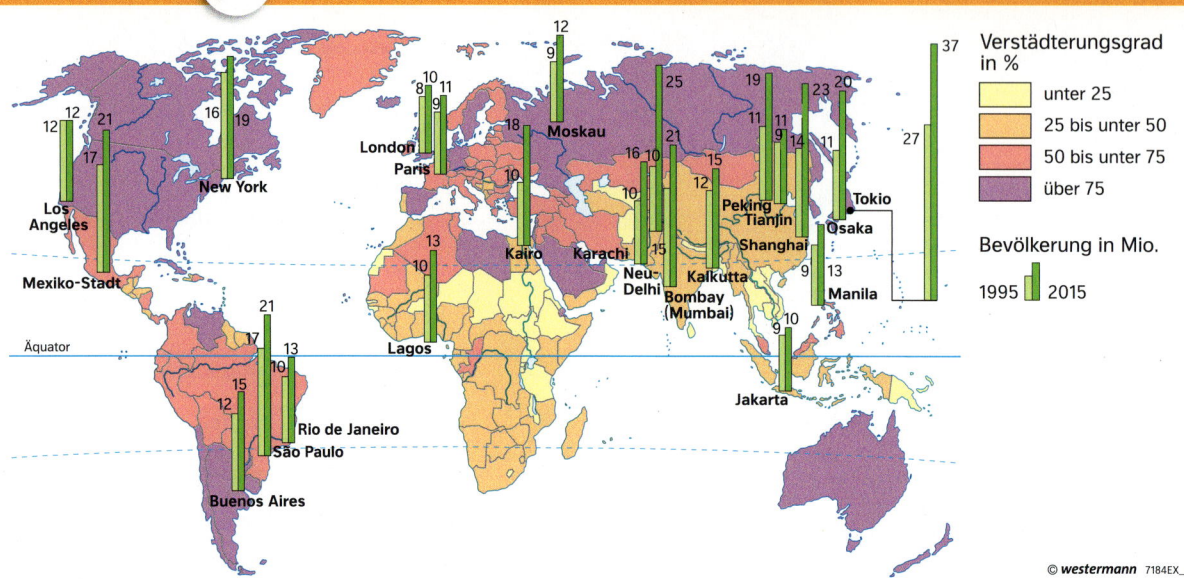

M1 *Entwicklung der weltweiten Verstädterung und des Bevölkerungswachstums von Metropolen*

Die Verstädterung nimmt weltweit zu

Seit Jahrzehnten nimmt die Bevölkerung in den Städten stärker zu als auf dem Land. Während 1975 rund ein Drittel der Weltbevölkerung in Städten wohnte, war es im Jahr 2015 schon über die Hälfte. Besonders stark wachsen die **Metropolen**.

Hauptursache für das Städtewachstum ist die Attraktivität der städtischen Räume. Viele Menschen verlassen deshalb die ländlichen Regionen. Diesen Vorgang nennt man Landflucht. Sie wird gesteuert durch **Push- und Pull-Faktoren**: Push-Faktoren sind die negativen Entwicklungen im ländlichen Raum, Pull-Faktoren die als besser eingeschätzten Lebensbedingungen in den Städten. Allerdings bleibt für Millionen von Menschen, die jährlich in die Städte ziehen, der Wunsch nach besseren Lebensverhältnissen unerfüllt. Weil Verdienstmöglichkeiten ausbleiben, müssen die meisten Migranten in den Elendsvierteln der Städte leben. Das sind in den Industrieländern in der Regel Stadtviertel mit verfallener Bausubstanz und in den Entwicklungsländern Hüttensiedlungen am Rand der großen Städte.

M2 *Boxen voller Push- und Pull-Faktoren*

❶ Beschreibe den Verstädterungsgrad weltweit (M1).

❷ a) Beschreibe die Fotos M3 und M6.
b) M3 und M6 ergänzen sich. Begründe.

❸ Erläutere die Entwicklung der Verstädterung (Text, M5).

❹ Erläutere die Ursachen der Landflucht anhand der Push- und Pull-Faktoren (Text, M4).

M3 *Auf dem Land in Thailand*

M6 *Bangkok – Hauptstadt Thailands*

Push-Faktoren
(negative Entwicklungen im ländlichen Raum):
– hohes Wachstum der ärmeren Bevölkerung
– Mangel an landwirtschaftlicher Nutzfläche
– vor allem zu kleine und damit unrentable
  landwirtschaftliche Betriebe
– Folge: mangelnde Selbstversorgung,
  Unterernährung
– Arbeitslosigkeit, Armut
– fehlende Arbeitsplätze in Industrie und
  Handwerk

Pull-Faktoren
(Anziehungskraft der Großstädte):
Vermeintliche Aussicht auf
– Bildungs- und Ausbildungsplätze
– Arbeitsplätze und damit höheres
  Einkommen
– höheren Standard bei Wohnung,
  Gesundheit
– gutes Dienstleistungs-, Kultur-
  und Freizeitangebot

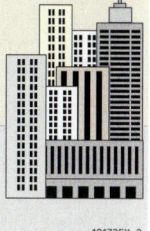

10173EX_2

M4 *Ursachen der Landflucht, vorrangig in Entwicklungsländern*

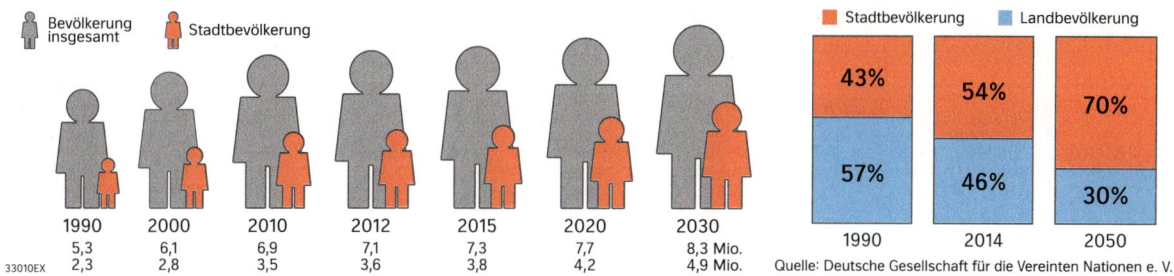

Bevölkerung insgesamt   Stadtbevölkerung

	1990	2000	2010	2012	2015	2020	2030
	5,3	6,1	6,9	7,1	7,3	7,7	8,3 Mio.
	2,3	2,8	3,5	3,6	3,8	4,2	4,9 Mio.

33010EX

Stadtbevölkerung   Landbevölkerung

1990	2014	2050
43%	54%	70%
57%	46%	30%

Quelle: Deutsche Gesellschaft für die Vereinten Nationen e. V.

M5 *Verständerung weltweit (Stadt- und Landbevölkerung in absoluten Zahlen und in Prozent der Weltbevölkerung)*

5 Betrachte M2.
a) Erörtere, welche Faktoren in den Boxen für Industrieländer enthalten sein könnten.
b) Diskutiert Faktoren, die in euren Push-/Pull-Boxen stehen würden.

6 Erstelle einen Steckbrief über eine Metropole deiner Wahl. Nutze dazu Atlas und Internet (M1).

Merke
Verstädterung bedeutet das Anwachsen der Städte nach Bevölkerungszahl, Siedlungs- und Verkehrsfläche. Ausgelöst wird die Verstädterung durch Abwanderung aus dem ländlichen in den städtischen Raum.

M1 *Staatlich geförderte Kinderbetreuung in China*

Leitauftrag

„China – staatliche Regulierung der Familienplanung."
Diskutiert am Beispiel Chinas die Folgen einer staatlichen Familienplanung.

Ein Volk ohne Geschwister

„Kinder sind das Juwel des Hauses", dieses Sprichwort zeigt, welche Bedeutung Kinder in China haben. Bis Mitte der 1960er-Jahre galt Kinderreichtum als das große Glück. Doch allmählich wurden die Probleme einer Überbevölkerung erkannt.

Seit 1979/80 setzte China eine Ein-Kind-Politik rigoros durch. Das Mindestalter für eine Heirat wurde für Frauen auf 20, für Männer auf 22 Jahre festgelegt. Dazu kamen Aufklärungskampagnen, die kostenlose Ausgabe von Empfängnisverhütungsmitteln, aber auch der kostenlose Schwangerschaftsabbruch. Familien mit nur einem Kind hatten steuerliche Vorteile oder bekamen eine bessere Wohnung zugeteilt. Bekam eine Familie jedoch mehr als ein Kind, entfielen alle Vergünstigungen. Die Eltern mussten dann mit Geldstrafen und Diskriminierung rechnen.

M2 *Die Ein-Kind-Familie*

Das bevölkerungsreichste Land der Erde ist China. Von fünf Menschen auf der Welt ist einer chinesischer Staatsbürger. Das Bevölkerungswachstum hat über Jahrzehnte pro Jahr mehr als 20 Millionen Menschen betragen. Heute nimmt die Bevölkerung jährlich nur noch um etwa drei Millionen zu.

Aufgrund der Zunahme der Bevölkerungszahl erhöht sich der Bedarf an Nahrungsmitteln und an Wohnraum. Es wurde von staatlicher Seite versucht, die Folgen der Bevölkerungsentwicklung zu regulieren. Durch die Ein-Kind-Politik wurde das Bevölkerungswachstum verlangsamt. Inzwischen wurden aber auch die Auswirkungen dieser staatlichen Regulierung deutlich. Auf dem Land sind viele Orte völlig überaltert, weil die wenigen Jüngeren abgewandert sind. Immer weniger Menschen müssen für immer mehr Rentner aufkommen. Nach einer ersten Lockerung der Gesetze wurde 2015 endgültig ein Ende der Ein-Kind-Politik verkündet. Mit staatlicher Erlaubnis dürfen nun alle Paare zwei Kinder bekommen.

Tipps für die Erarbeitung

1 Beschreibe die Bevölkerungsentwicklung in China (Text, M5).

2 Nenne Maßnahmen des Staates, die das Bevölkerungswachstum begrenzen sollten.

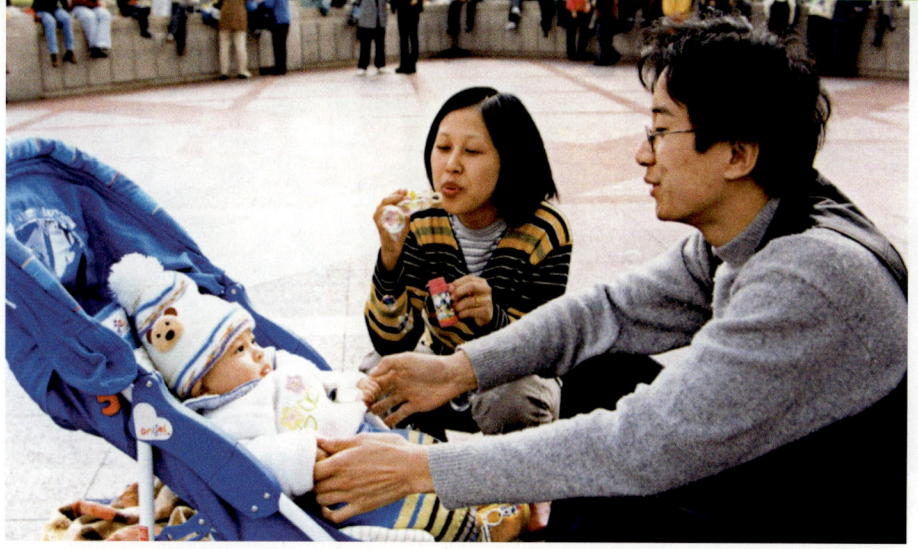

M3 *Ein-Kind-Familie in China*

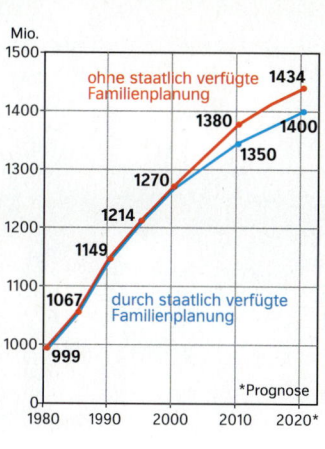

M5 *Einfluss des Staates auf die Bevölkerungsentwicklung in China*

Bevölkerungsentwicklung und ihre Folgen

Bis sich ab Mitte dieses Jahrhunderts die Einwohnerzahl Chinas spürbar reduzieren wird, hat das Land mit den Folgen des hohen Bevölkerungswachstums vergangener Jahrzehnte zu kämpfen.

Dem Milliardenvolk stehen nur sieben Prozent der Weltackerfläche zur Verfügung. Für den Bau von Siedlungen, Straßen und Fabriken gehen wertvolle landwirtschaftliche Nutzflächen verloren. Engpässe bei Ausbildungs- und Arbeitsplätzen sowie bei der medizinischen Grundversorgung sind alltäglich.

Die Durchsetzung der Ein-Kind-Familie hat auch zur Folge, dass die Zahl der Einzelkinder zunimmt. Dieser Trend steht im Widerspruch zu den traditionellen Wertevorstellungen der chinesischen Gesellschaft.

In China übernehmen die Söhne die Versorgung der Eltern im Alter, insbesondere auf dem Land. Das ist auch in Indien und anderen Ländern der Region so. Deshalb wünschen sich Eltern unbedingt einen Sohn und versuchen, darauf Einfluss zu nehmen. Schon heute fehlen Millionen Mädchen, sodass viele Männer keine Ehefrau mehr finden.

Mangel an Pflegeeinrichtungen

Vergreisung der Bevölkerung:
In 20 Jahren sind voraussichtlich 300 Millionen Chinesen älter als 60 Jahre

Rentensystem muss reformiert werden, Rente auch für die ländliche Bevölkerung

Chinesen fürchten sich vor dem Älterwerden

Anhebung des Rentenalters auf 65 Jahre angedacht

M4 Zeitungsmeldungen zum Thema „Chinas Bevölkerung altert"

---

❸ Vergleiche die Bevölkerungsentwicklung mit und ohne staatlich verfügte Familienplanung (M5).

❹ Nenne Folgen, die die Bevölkerungspolitik für die chinesische Gesellschaft und Wirtschaft hat.

Merke
Bis 2015 galt in China die Ein-Kind-Politik, um das Bevölkerungswachstum zu regulieren.

M1 *Eine indische Großfamilie auf dem Land*

M3 *Junge Menschen in Bombay (Mumbai)*

Leitauftrag

„Indien – mehr Bildung für Frauen als Lösung des Bevölkerungswachstums?" Diskutiert die Frage und sammelt Vorschläge für die indische Regierung, wie sie das Bevölkerungswachstum anhalten könnten.

Südasien gehört mit über 1,6 Milliarden Menschen zu den am dichtesten besiedelten Großräumen der Erde. In den sieben Staaten Südasiens leben 23 Prozent der Weltbevölkerung. Das bevölkerungsreichste Land dieses Kulturraumes ist Indien mit 1,3 Milliarden Menschen (2015).

Indiens Bevölkerungszahl nimmt jedes Jahr um rund 20 Millionen Menschen zu. Das heißt, jedes fünfte Kind der Erde wird hier geboren. Berechnungen haben ergeben, dass Indien voraussichtlich im Jahr 2025 China als bevölkerungsreichstes Land ablösen wird.

M2 *Kinderarbeit in einer Lederfabrik*

Kinderreichtum – ein Segen?

Kinder sind wichtig für die gesamte Lebensplanung. Besonders im dicht besiedelten und durch häufige Dürre- und Überschwemmungskatastrophen bedrohten armen Norden von Indien werden viele Kinder geboren. In Indien leben die meisten Menschen noch in Großfamilien. Eine Altersversorgung für alle Menschen gibt es nicht. Die Kinder müssen ihre Eltern unterstützen. In vielen Betrieben arbeiten deshalb schon Sechs- bis Fünfzehnjährige. Ihre Stundenlöhne sind nur halb so hoch wie die der Erwachsenen. Mit ihrem geringen Einkommen ernähren Kinder ihre oft arbeitslosen Eltern.

Tipps für die Erarbeitung

❶ Beschreibe die Bevölkerungsentwicklung in Indien.

❷ Nenne Maßnahmen des Staates, um das Bevölkerungswachstum zu begrenzen.

M4 *Junge Frauen aus der städtischen Oberschicht beim Einkaufen in einem Shoppingcenter in Bombay (Mumbai)*

M6 *Werbung für die Zwei-Kind-Familie*

Frauen sind der Schlüssel

Seit Jahren bemüht sich die indische Regierung, das Bevölkerungswachstum einzudämmen. Überall im Land werden Vorträge über Geburtenkontrolle gehalten. Plakate und Fernsehspots werben für eine geringere Kinderzahl und jährlich werden Millionen Kondome kostenlos verteilt.

Doch all diese Maßnahmen zeigen bisher wenig Erfolg. Ein Grund dafür sind auch die alten hinduistischen Traditionen. Über 80 Prozent der Inder sind Hindus. Für sie hat Fortpflanzung eine tiefe religiöse Bedeutung.

Söhne sichern den Fortbestand der Familie und sind für die Altersversorgung der Eltern zuständig. Die Geburt eines Mädchens wird in Indien häufig noch als Belastung für die Familie angesehen. Bei ihrer Heirat muss mitunter eine hohe Mitgift an die Familie des künftigen Ehemannes gezahlt werden. Deshalb investiert die arme Bevölkerung oft nicht in die teure Schulbildung ihrer Töchter.

Viele Mädchen bleiben daher Analphabetinnen. Sie können dann weder die Aufschrift auf einer Arznei noch die Gebrauchsanweisung für Verhütungsmittel lesen. Wissenschaftler weisen immer wieder darauf hin, dass mehr in die Bildung investiert werden muss, um das Bevölkerungswachstum bremsen zu können.

Land	Anteil der Alphabeten (in %)	durchschnittliche Kinderzahl pro Frau
Deutschland	circa 100	1,3
USA	circa 100	2,0
Niger	9	8,0
Mali	17	7,0
Tschad	36	6,6
Südafrika	85	2,8
Brasilien	87	2,2
Indien	47	3,1
China	79	1,7
Japan	circa 100	1,3

M5 *Alphabetismus und Kinderzahl von Frauen (2014)*

Merke
Indien ist das bevölkerungsreichste Land Südostasiens. Das Bevölkerungswachstum ist trotz Maßnahmen der Regierung hoch.

❸ Erkläre den Zusammenhang zwischen der Zahl der Alphabeten und der Kinderzahl pro Frau (M5).

❹ Erörtere, inwiefern Traditionen die staatlichen Bemühungen der Geburtenkontrolle behindern.

M1 *Skyline von Bombay (Mumbai)*

M3 *In einer Gated Community*

Leitauftrag

„Bombay (Mumbai)– Stadt mit zwei Gesichtern"
Schreibt einen Dialog zwischen Lata und Murshida, indem sie sich über ihre Lebenssituation austauschen und stellt diesen der Klasse vor.

Mit knapp 14 Millionen Einwohnern ist Bombay (offizieller Name: Mumbai) die bevölkerungsreichste Stadt Indiens. Der Großraum Bombays hat rund 21 Millionen Einwohner.

Die Menschen der sehr gut verdienenden Mittel- und Oberschicht der Stadt wohnen in **Gated Communities**. Das sind umzäun-te und bewachte Wohnviertel. Große Teile der Stadt bestehen allerdings aus **Slums**. Diese liegen an Bahndämmen, in Über-schwemmungsgebieten oder in der Nähe von Müllhalden. Wasseranschluss und Ka-nalisation gibt es nicht, Stromleitungen werden illegal angezapft. Der größte Slum mit 800 000 Einwohnern ist Dharavi.

Lata (14 Jahre) wohnt mit ihren Eltern, einem Bruder und zwei Hausangestellten in einer Gated Community in Bombay. Sie ist durch eine hohe Mauer und Wachpersonal gesichert. Hier gibt es Springbrunnen aus Marmor, Gärten, gepflegte Freizeitanlagen, ein Einkaufs-center, einen Kindergarten, eine Grundschule sowie ein Krankenhaus. Die Wohnung der Familie ist sehr geräumig. Lata und ihr Brunder haben ein eigenes Zim-mer. Latas Vater arbeitet bei einer Software-Firma und verdient sehr gut. Ihre Mutter ist Hausfrau. Jeden morgen nimmt der Vater Lata im Auto mit und fährt sie in die Privat-schule. Dort lernt sie besonders gern Fremdsprachen und arbeitet dabei am Computer.

M2 *Lata lebt in einer Gated Community*

Tipps für die Erarbeitung

❶ Stelle die Merkmale einer Gated Community denen eines Slums gegenüber (Text, M2, M3, M4, M6).

❷ Beschreibe die Fotos (M3, M4, M7).

❸ Städte in Entwicklungsländern sind für die Menschen wie Magne-te. Erläutere am Beispiel Bombays (M5, M6).

M4 *In Dharavi*

M7 *Dharavi von oben: Hütte an Hütte*

Jahr	1976	1983	2001	2010	2015
Einwohner (in Mio.)	5,9	10,0	11,4	14,3	21,5
davon Slumbewohner (in Mio.)	2,8	5,0	6,2	9,0	15,5
Verhältnis von Slum- zur Gesamtbevölke- rung	47 %	50 %	54 %	63 %	70 %

M5 *Bevölkerungsentwicklung Bombays (Mumbais)*

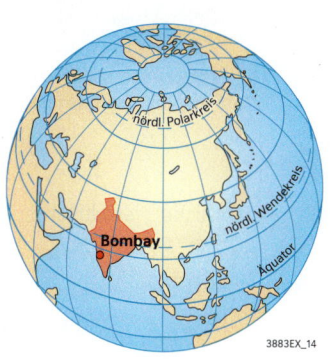

3883EX_14

M8 *Lage von Bombay (Mumbai)*

Murshida (13 Jahre) ist erst vor kurzem mit ihrer Familie nach Bombay gekommen. In ihrem Heimatdorf sah ihr Vater nach einer großen Dürre keine Möglichkeit mehr, zu überleben. Daher zog er mit seiner Familie nach Dharavi. Sie wohnen in einem Raum auf 40 m² ohne Fenster. Der Raum ist Wohnraum, Schlafraum und Küche in einem. Jeden Morgen geht Murshida zu Wassertanks, deren Wasser mit Lastwagen geliefert wird, und holt wie alle Slumbewohner Wasser zum Waschen und Kochen. Mit etwa 200 Menschen muss sie sich eine Toilette teilen. Murshida geht nicht zur Schule. Sie muss jeden Tag ihre Geschwister betreuen und den Haushalt führen.

Ihr Vater arbeitet in einer von tausend Minifabriken in Dharavi, einer Batikfabrik. Er verdient umgerechnet 7,50 Euro am Tag. Die Mutter arbeitet für zwei Euro am Tag in einer Wäscherei. Etwa 70 Prozent der Slumbewohner haben einen Arbeitsplatz im Slum.

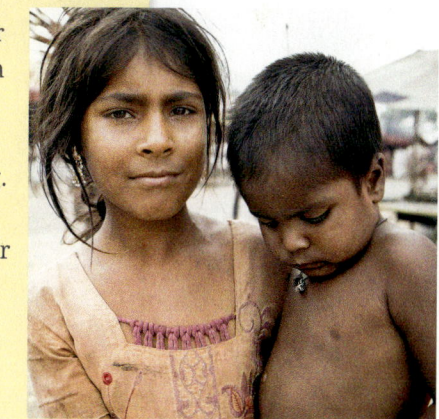

M6 *Murshida wohnt im Slum*

❹ Vergleiche die Lebenssituation der beiden Mädchen. Achte dabei auf die Wohnsituation, die Arbeit der Eltern sowie die Bildungsmöglichkeiten der Mädchen (M2, M6).

❺ Der Slum, in dem Murshida lebt, liegt direkt neben der Gated Community, in der Lata wohnt. Dennoch könnten sie niemals Freunde werden. Bewerte diese Aussage.

Merke
Bombay (Mumbai) ist eine Stadt voller Gegensätze. Gated Communities und Slums liegen nebeneinander.

Grundbegriffe
• Slum
• Gated Community

M1 *Bevorzugte industrielle Entwicklungsgebiete*

Jahr	ländliche	städtische Bevölkerung
1980	80 %	20 %
2000	64 %	36 %
2015	54%	46%

M2 *Verstädterung in China*

Boomende Küstenregionen
Räumliche Gegensätze

Nicht alle Einwohner Chinas haben den gleich hohen Anteil am Wirtschaftswunder der letzten Jahrzehnte. So gibt es große Unterschiede zwischen der Küstenregion mit ihren boomenden Städten und **Sonderwirtschaftszonen** und dem überwiegend landwirtschaftlich geprägten Landesinneren. Dort ist China noch ein Entwicklungsland.

Um den wachsenden Abstand zwischen beiden Landesteilen zu verringern, wurde im Jahr 2000 ein „Großer Entwicklungsplan für den Westen" beschlossen.

Mit ihm soll bis 2050 eine Angleichung des Lebensstandards auf nationaler Ebene erreicht werden.

Viele Bauern verlassen mit ihren Familien immer noch ihre Heimat im Landesinneren. Sie zieht es in die großen Städte an der Küste des Landes in der Hoffnung auf ein besseres Leben. Andere verlassen ihr Dorf nur zeitweise.

Bis zu 200 Millionen Menschen bieten ihre Dienste als Wanderarbeiter an. Sie arbeiten zum Beispiel auf den Großbaustellen der Städte, häufig für weniger als die Hälfte der üblichen Löhne und ohne Arbeitsvertrag. Am Rand vieler großer Städte sind inzwischen Hüttensiedlungen für sie entstanden. Dort sind die Lebensbedingungen manchmal sogar schlechter als auf dem Land.

„Ich komme aus einem Dorf in Henan, einer der ärmsten Provinzen Chinas. Ich bin zum Arbeiten nach Shenzhen gekommen, so wie andere Männer aus unserem Dorf. Wir halten zusammen – allein gehst du hier unter. Ich arbeite auf verschiedenen Baustellen in der Stadt. Wir arbeiten sieben Tage pro Woche, Urlaub gibt es nicht. Die Arbeit ist hart, alles muss schnell gehen. Aber ich verdiene gutes Geld. Hier kannst du an einem Tag so viel verdienen wie in unserem Dorf in zwei Wochen. Wir leben in Containern – eng, aber billig. Ich spare für ein neues Haus in meiner Heimat. Wenn es dort mit der Wirtschaft aufwärts geht, dann kehre ich zurück."

M3 *Leben auf dem Land*

M4 *Ein Wanderarbeiter erzählt*

1 Nenne Ursachen und Folgen der Landflucht in China.

2 Erläutere Merkmale von Sonderwirtschaftszonen am Beispiel von Shenzhen.

M5 *Skyline von Shenzhen*

Shenzhen – Boomtown Chinas

Im Jahr 1980 wurde in Shenzhen die erste von inzwischen sechs Sonderwirtschaftszonen Chinas eingerichtet. Die damalige Parole lautete: „Lasst den Westwind herein. Reichtum ist ruhmvoll." So wurden in den folgenden Jahren viele ausländische Investoren in die staatlich ausgewiesenen Gebiete gelockt.

Mit ihrem Kapital konnten neue Arbeitsplätze geschaffen und moderne Produktionsverfahren eingeführt werden. Als Anreiz für die ausländischen Unternehmen dienen Steuerermäßigungen und staatliche Zuschüsse. Die Anforderungen an den Umweltschutz sind zumeist gering. Wichtigster Standortfaktor für die Errichtung Shenzhens zur ersten Sonderwirtschaftszone war die Lage direkt an der Grenze zur heutigen Sonderverwaltungszone Hongkong.

Hongkong – bis 1997 eine Kronkolonie Großbritanniens – war schon um 1980

– ausländische Hightech-Firmen bezahlen zwei Jahre lang keine Einkommenssteuern und erhalten weitere Steuervorteile für acht Jahre

– geringere Grundstückspreise sowie geringere Kosten für:
• Arbeitskräfte
• Energie
• Dienstleistungen im Vergleich zu Hongkong

– eine der reichsten Städte Chinas
– zehnfaches Pro-Kopf-Einkommen im Vergleich zum Landesdurchschnitt

Sonderwirtschaftszone Shenzhen

Shenzhen

– verfügt über eine englischsprachige Bevölkerung mit einem hohen Ausbildungsstand

Sonderverwaltungsregion

Hongkong

– großes Forschungspotenzial
– bedeutende Universitäten und Hochschulen
– Banken- und Börsenmetropole

– weltweit viertgrößter Hafen
– einer der modernsten Flughäfen der Welt
– leistungsfähige Infrastruktur auf höchstem Niveau

6639EX_6

M6 *Sonderwirtschaftszone Shenzhen*

ein bedeutendes Wirtschaftszentrum in Asien.

In Shenzhen setzte nach Ausweisung als Sonderwirtschaftszone ein riesiger Bauboom ein. Shenzhen ist eine der schnellsten wachsenden Städte der Welt.

Merke
Viele arme Bauern ziehen aus dem chinesischen Landesinneren in die Küstenstädte, um dort Arbeit zu finden; z. B. in der Sonderwirtschaftszone Shenzhen.

Grundbegriff
• Sonderwirtschaftszone

3 Übertrage die Tabelle M2 in ein Säulendiagramm.

4 Bewerte die Lebensumstände der Wanderarbeiter (M4).

M1 *Der chinesische Pavillon auf der EXPO 2010 in Shanghai*

ⓘ Shanghai
- 18,5 Millionen Einwohner, zusätzlich circa 5,2 Millionen Wanderarbeiter
- 50 000 ausländische Arbeiter
- weltgrößter Tiefwasserhafen
- einzige Formel-1-Rennstrecke Chinas, erste öffentliche Magnetschwebebahn der Welt, Weltausstellung 2010

M2 *Shanghai/ Stadtteil Pudong*

Merke
Pudong ist ein Stadtteil Shanghais. Durch die Ausweisung als Sonderwirtschaftszone entwickelte sich Pudong zu einem der wichtigsten Wirtschafts- und Finanzzentren Chinas.

Shanghai – Wirtschaftsmetropole Chinas

Shanghai ist die größte Stadt Chinas. Bereits im 19. Jahrhundert war sie das wichtigste Handels-, Finanz- und Industriezentrum. Die Stadt gehörte zu den wenigen chinesischen Städten, in denen sich Ausländer ansiedeln und Handel treiben konnten.

Im Zuge der wirtschaftlichen Reformen wurde Pudong, ein Stadtteil Shanghais, als bisher letztes Gebiet zur Sonderwirtschaftszone erklärt. Seitdem erlebt Pudong einen unbeschreiblichen Wirtschaftsboom. Noch 1993 war der heutige Stadtteil ein sumpfiges Gebiet, bebaut mit Holz- und Steinhäusern.

Heute wird Pudong mit seinen zahlreichen Wolkenkratzern der Finanz- und Handelsbranche sowie einem 130 Meter hohen Börsengebäude als „Manhattan des Ostens" bezeichnet.

In unmittelbarer Nähe liegt das chinesische „Silicon Valley", in dem sich viele Firmen aus den Bereichen Mikroelektronik, Biomedizin und Raumfahrttechnik angesiedelt haben.

Aber auch der Dienstleistungssektor entfaltet sich in Shanghai immer mehr. Davon zeugen Luxushotels und Einkaufszentren wie die „Super Brand Mall", das größte Einkaufszentrum Asiens.

❶ Beschreibe, wie sich das Leben von Zhou durch den Aufstieg Shanghais geändert hat (M5).

❷ Shanghai wird auch als „Metropole der Zukunft" bezeichnet. Erkläre.

M3 *Neue Freihandelszone Shanghai 2013*

1. Anziehung ausländischer Investitionen
2. Anregung für inländische Investitionen
3. Schaffung von Arbeitsplätzen
4. Wirtschaftswachstum
5. Unterstützung von Wirtschaftsreformen/ „Testlabor" für neue Strategien der Wirtschaftspolitik
6. Technologische Entwicklung und Know-how
7. Förderung der Exporte und der Wettbewerbsfähigkeit heimischer Unternehmen
8. Erhöhung der Steuereinnahmen und anderer Einkünfte
9. Förderung neuer Wachstumszentren/ -regionen
10. Ausbau der benötigten Infrastruktur

M4 *Sonderwirtschaftszonen - Vorteile für China*

„Mein Name ist Zhou und ich lebe am Stadtrand von Shanghai. Vor zwei Jahren bin ich mit meiner Familie hierher in eine neue Wohnung gezogen. Vorher haben wir mehr in Richtung Stadtzentrum gelebt. Jedoch mussten wir aus unserem alten Wohnviertel (Hutong) hierher ziehen, da unser Hutong neuen Bürogebäuden weichen musste. Wir hatten keine Wahl, die Regierung hat es so beschlossen. In der neuen Wohnung haben wir zwar mehr Komfort, jedoch sind meine Freunde jetzt sehr weit weg. Der wirtschaftliche Aufstieg ist wichtig für China und da muss man mit notwendigen Maßnahmen leben können. Es ist wirklich wahnsinnig interessant, wie schnell sich Shanghais Stadtbild durch den Wirtschaftsboom in den letzten Jahren verändert hat."

Hutong

M5 *Zhou lebt in der Stadt*

❸ Vergleiche die Entwicklungsmotoren von Shenzhen mit denen von Shanghai. Erörtere dabei Vorteile für China, die Investoren und die Lebenssituationen der Bevölkerung. Lege dazu eine Tabelle an.

1. Verteilung der Weltbevölkerung

a) Ordne folgende Gebiete den Begriffen Ökumene und Anökumene zu.

b) Begründe deine Entscheidung.

c) Ermittle zu jedem Oberbegriff zwei weitere Gebiete.

d) Entscheide, ob das Foto eine Ökumene oder eine Anökumene zeigt.

Ahaggar   Niloase   Gangesebene

Victoria-Insel   Java

Große Sandwüste   Kunlun Shan

Ostküste der USA

2. Merkmale der Bevölkerungsentwicklung

a) Nenne jeweils einen Staat, zu dem die aufgeführten Merkmale in den Kästen A und B passen.

b) Ordne die passende Form eines Bevölkerungsdiagramms zu.

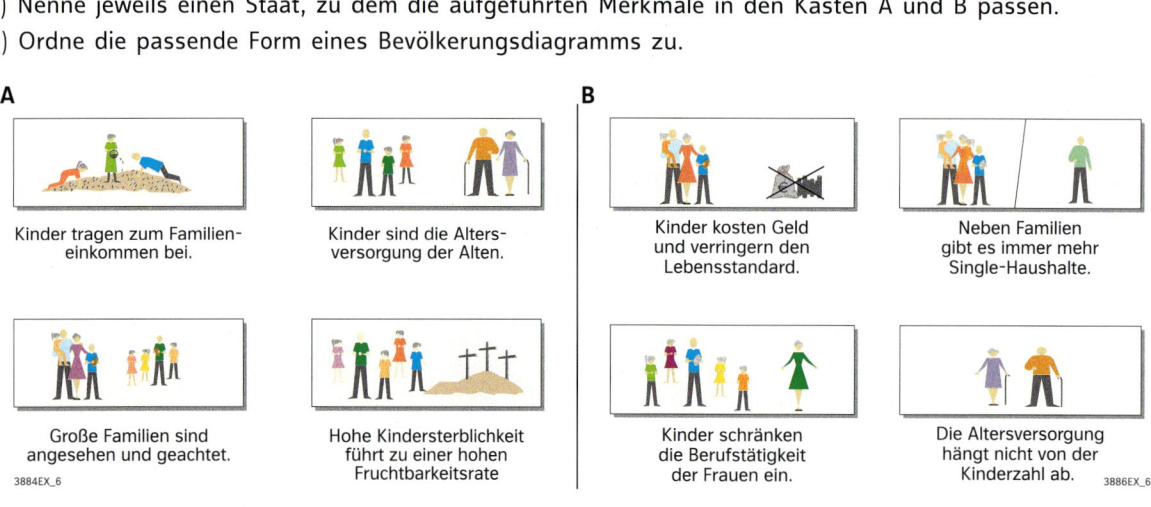

A

Kinder tragen zum Familieneinkommen bei.

Kinder sind die Altersversorgung der Alten.

Große Familien sind angesehen und geachtet.

Hohe Kindersterblichkeit führt zu einer hohen Fruchtbarkeitsrate

3884EX_6

B

Kinder kosten Geld und verringern den Lebensstandard.

Neben Familien gibt es immer mehr Single-Haushalte.

Kinder schränken die Berufstätigkeit der Frauen ein.

Die Altersversorgung hängt nicht von der Kinderzahl ab.

3886EX_6

3. Bevölkerungsdiagramme von Deutschland

a) Benenne zu jedem Diagramm die Form.

b) Ordne ihnen die entsprechende Jahreszahl (1910, 2000 und 2050) zu.

c) Vergleiche sie mit den Bevölkerungsdiagrammen Chinas und Indiens auf S. 85.

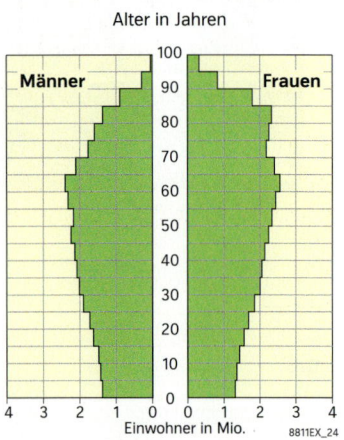

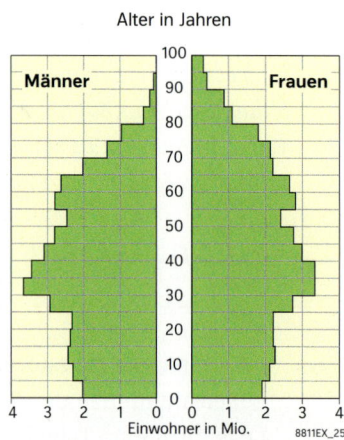

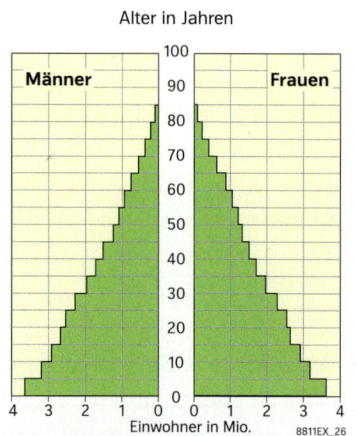

4. Einer muss raus

a) Nenne den Begriff, der nicht in die Wortreihe zum Thema Bevölkerung passt.

b) Begründe.

c) Ersetze den Außenseiter durch einen neuen Begriff.

d) Definiere die Begriffe der Reihe I.

I	– Fruchtbarkeitsrate – Sterberate – Bevölkerungsdichte – Lebenserwartung
II	– Glocke – Pyramide – Pilz
III	– Indien – Japan – Deutschland

5. Staat oder Kontinent gesucht

Schreibe die Aussagen ab und ergänze in den Lücken das entsprechende Land/den Kontinent.

I	– Gegenwärtig ist _____ der bevölkerungsreichste Staat der Erde.
II	– Die freiwilligen Maßnahmen zur Familienplanung zeigten in _____ bisher wenig Erfolg.
III	– Das weltweit größte Bevölkerungswachstum gibt es in __ .

6. Bevölkerungswachstum in China

Der kleine Lee ist als Einzelkind der Liebling der gesamten Familie. Auch seine Eltern wuchsen ohne Geschwister auf. Deshalb ist Lee auch der einzige Enkel seiner Großeltern. Lees Großeltern hingegen haben viele Geschwister.

„Viele Kinder – großes Glück" lautet ein altes chinesisches Sprichwort. Ein Journalist aus Deutschland fragt diese chinesische Familie: „Warum haben Sie nur ein Kind?"

a) Bilde eine Gruppe mit fünf Personen.

b) Jede Gruppe wählt eine Person des Fotos aus. Überlegt, was diese aus ihrer Sicht dem Journalisten antworten könnte. Schreibt Stichpunkte in euer Heft.

c) Spielt das Interview als Rollenspiel vor der Klasse.

Grundbegriffe

- Anökumene
- Bevölkerungsdiagramm
- demografischer Wandel
- Entwicklungsland
- Fruchtbarkeitsrate
- Geburtenrate
- Gated Community
- Lebenserwartung
- Industrieland
- Metropole
- Migration
- Ökumene
- Push- und Pull-Faktoren
- Sonderwirtschaftszone
- Sterberate
- Slum
- Wachstumsrate

7. Oberbegriffe finden

Ordne die Grundbegriffe Oberbegriffen zu. Tipp: Überlege zuerst, welche Oberbegriffe (z. B. Verstädterung) geeignet wären.

4 Vielfalt der Erde

Aufziehende Gewitterwolken im tropischen Regenwald. In dieser Landschaft sind Klima und Vegetation eng miteinander verbunden.
Überlegt, was euch noch alles zum tropischen Regenwald einfällt (z. B. Pflanzen, Tiere, Lage).

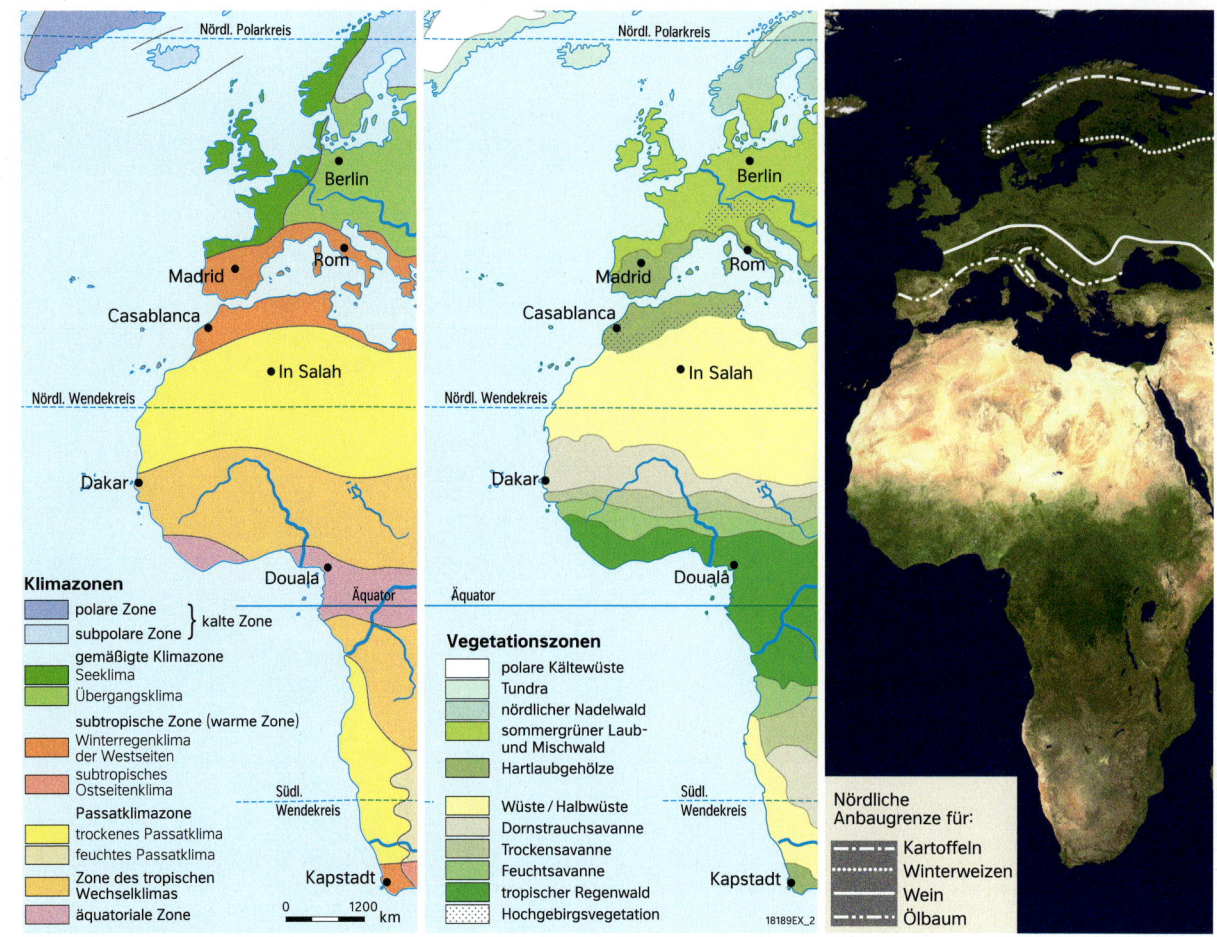

M1 *Klimazonen- und Vegetationszonenkarte*

M2 *Satellitenbild*

🌐 Nordamerika

Innerhalb der USA gibt es große klimatische Unterschiede. Im Death Valley (Kalifornien/Nevada) wird es im Sommer bis zu 40 °C warm. In Teilen Alaskas steigt die Temperatur im Winter nicht über -25 °C. Auch die Vegetation ist sehr unterschiedlich. Von der Tundra in Alaska bis hin zu Halbwüsten und Wüsten sind nahezu alle außertropischen Vegetationszonen vertreten.

Unterschiedliches Klima – verschiedene Vegetation

Die Pflanzen in den verschiedenen Klimazonen der Erde haben sich an das jeweilige Klima angepasst. Pflanzen in trockenen Gebieten, wie z. B. Kakteen, kommen mit sehr wenig Wasser aus. Orchideen im tropischen Regenwald hingegen brauchen das ganze Jahr hindurch Wasser und hohe Temperaturen.

Das Klima beeinflusst die Vegetation. Daher gibt es entsprechend den Klimazonen verschiedene Vegetationszonen auf der Erde. Auch sie verlaufen gürtelartig um die Erde.

Das Klima hat dazu auch Einfluss auf die landwirtschaftliche Nutzung durch den Menschen. Der Anbau von Nutzpflanzen ist dabei abhängig von der Wachstumszeit der Pflanzen und ihren jeweiligen Ansprüchen an Temperatur und Niederschlag. So benötigen beispielsweise Kartoffeln eine Wachstumszeit von mindestens 90 Tagen, um reif zu werden.

Starthilfe zu ❷ ↗
Vergleiche mit den Grenzen der Klima- und Vegetationszonen in M1.

❶ Nenne zu folgenden Orten die Klimazone und Vegetationszone, in denen sie liegen: Berlin, Madrid, Rom, Casablanca, In Salah, Dakar, Douala, Kapstadt (M1).

❷ ↗ Beschreibe die nördlichen Anbaugrenzen in M2.

Afrika im Überblick

a) Oase Tinerhir (Marokko). An welchen Meeren liegt das Land?

b) Sandsturm in der Sahara. Nenne drei Sahara-Staaten.

c) Viehzüchter bei Asmara. In welchem Land leben sie?

Nördlicher Wendekreis   23,5°

h) In der Savanne in Ghana. Wie heißt die Hauptstadt?

d) Kilimandscharo. Wie hoch ist der Berg?

1 – 8	Länder
1 – 12	Städte
a – j	Flüsse, Seen
A – D	Ozeane, Meer
a – c	Becken
A – G	Gebirge, Schwellen
	Staatsgrenze

200 400 600 800 1000 km

g) Etoschapfanne mit Nationalpark. Nenne das Land.

Südlicher Wendekreis   23,5°

f) Wüste Namib. Beschreibe ihre Lage (Ozean, Land).

e) Landschaft auf Madagaskar. Welchen Namen hat die Hauptstadt des Landes?

06958EX_13
© westermann

M3 *Übungskarte Afrika*

❸ Erstelle eine Lernkarte für Afrika (M3, S. 36/37). Wähle dafür fünf Staaten, drei Städte, fünf Flüsse, vier Ozeane und drei Landschaften (Becken, Gebirge).

Zeichnen eines Profils

Afrika weist eine deutliche Gliederung in **Becken** und **Schwellen** auf. Der Wechsel von höher und tiefer gelegenen Gebieten innerhalb des Kontinents kann mithilfe eines **Profils** dargestellt werden. Ein Profil ist ein senkrechter Schnitt durch einen Teil der Erdoberfläche. In einer physischen Karte wird das Profil als Strecke zwischen mindestens zwei Punkten markiert. Mithilfe von Profilen können verschiedene Geländeformen (zum Beispiel Täler oder Berge), Höhenunterschiede aber auch Lageverhältnisse von topografischen Objekten veranschaulicht werden (zum Beispiel: In welcher Höhe liegt eine bestimmte Stadt?).

ⓘ Die Überhöhung von Oberflächen

Ein Profil hat zwei Maßstäbe: einen Längenmaßstab und einen Höhenmaßstab. Dabei ist der Höhenmaßstab stets größer als der Längenmaßstab. Die Überhöhung ist demnach eine Übertreibung der Höhenverhältnisse, um diese besser zu verdeutlichen. Sie errechnet sich mathematisch aus dem Verhältnis von Längenmaßstab zu Höhenmaßstab. Das Ergebnis zeigt das Vielfache des Höhenmaßstabs gegenüber dem Längenmaßstab an.

Beispiel

Längenmaßstab: 1:25 000
(1 cm entspricht 250 m)

Höhenmaßstab: 1:10 000
(1 cm entspricht 100 m)

Überhöhung:
25 000 / 10 000 = 2,5

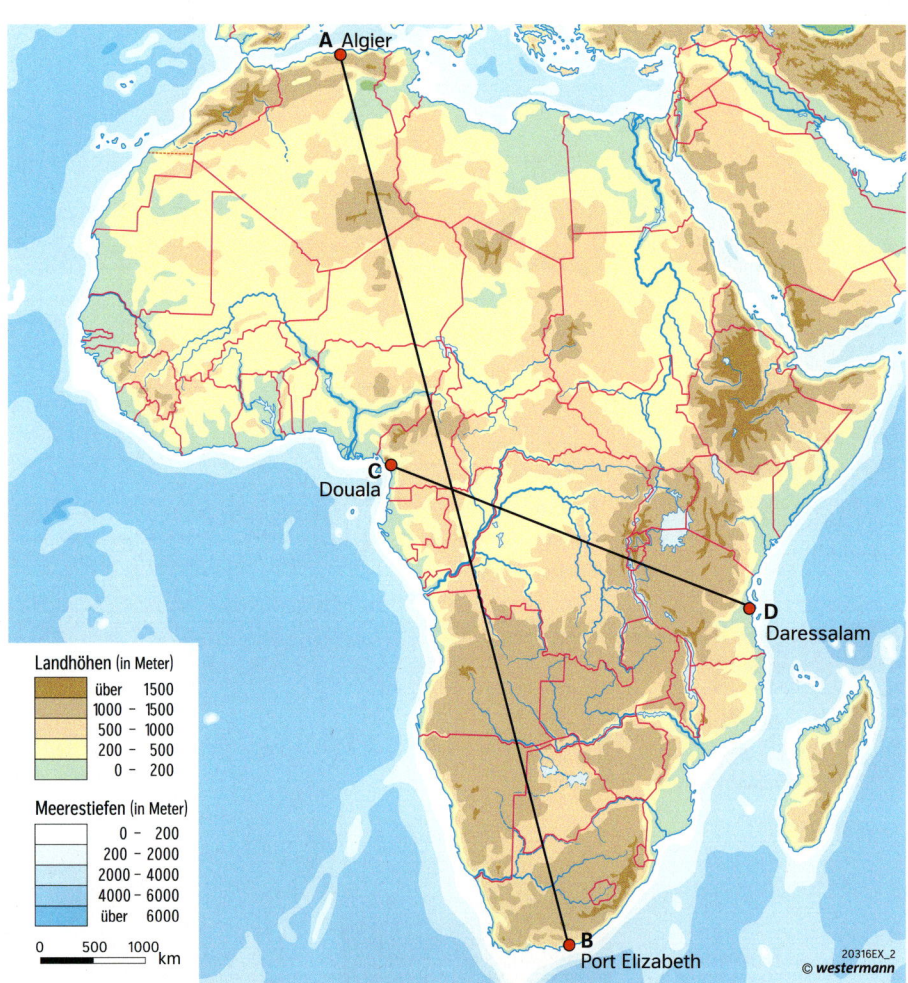

M1 *Physische Karte von Afrika*

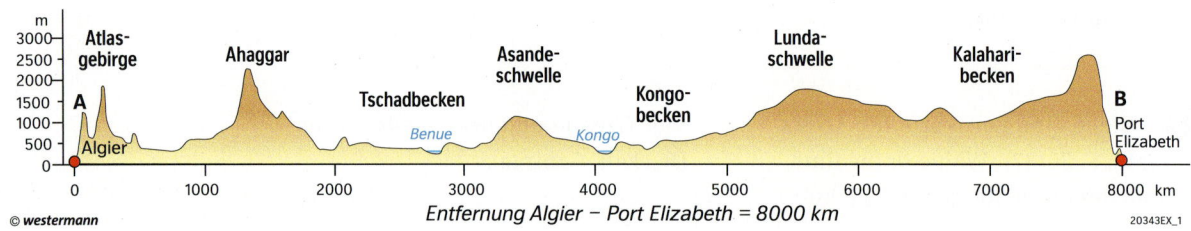

M2 *Profil von Algier nach Port Elizabeth*

Ein Profil zeichnen

1. Festlegen der Profilstrecke
- Ermittle in der physischen Karte die Endpunkte A und B des Profils.
- Verbinde sie durch eine Linie – die Profilstrecke.

2. Übertragen der Profilstrecke
- Falte ein kariertes DIN-A4-Blatt oder Millimeterpapier quer.
- Lege die Faltkante auf die Profilstrecke deiner Karte.
- Markiere beide Endpunkte A und B und verbinde sie. Du erhältst die Profilgrundlinie.
- Gib den Längenmaßstab des Profils an. Orientiere dich dazu an der Maßstabsleiste in der Karte.

3. Höhenschnittpunkte übertragen
- Markiere die Schnittpunkte der einzelnen Höhenlinien auf der Faltkante deines Blattes.

4. Höhenmaßstab übertragen
- Falte das Blatt auf.
- Zeichne über den Endpunkten jeweils eine Senkrechte ein.
- Trage auf den Senkrechten den Höhenmaßstab ab. Wähle dazu eine geeignete Überhöhung (siehe Info).

5. Profillinie zeichnen
- Markiere für jeden Schnittpunkt die genaue Profillage auf deinem Blatt.
- Verbinde die Höhenpunkte miteinander. So erhältst du die Profillinie. Beachte: Für die Profillinie wird kein Lineal verwendet.

6. Profil beschriften
- Beschrifte das Profil mithilfe der Karte in Druckschrift.
- Benenne auffällige topografische Objekte wie Gebirge, Berge, Tiefländer, Städte, Gewässer.
- Gib deiner Profilzeichnung eine geeignete Überschrift und trage die Himmelsrichtungen ein.

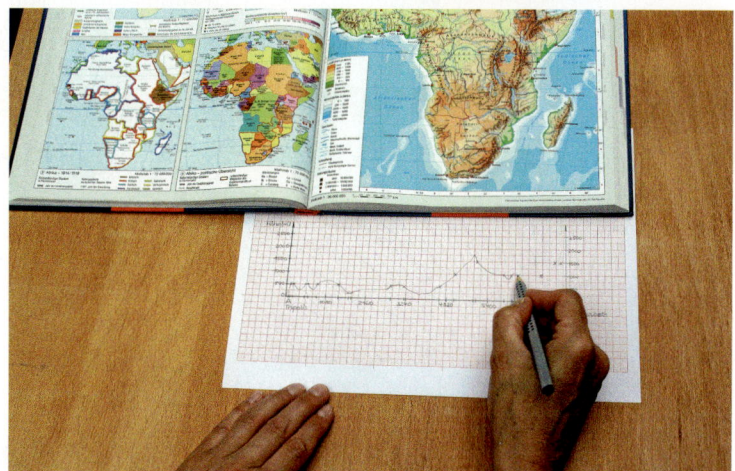

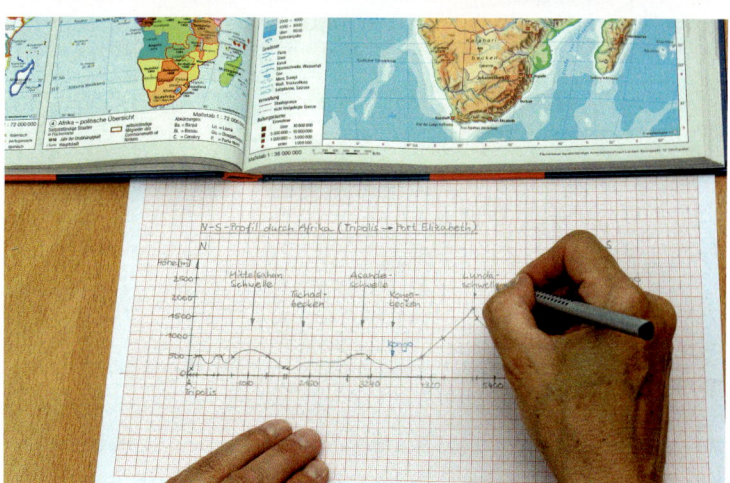

M3 *Zeichnen des Profils*

---

① Zeichne ein W-O-Profil von Douala nach Daressalam (M1 C-D-Profilstrecke).

Grundbegriffe
- Becken
- Schwelle
- Profil

Geozonen – durch Geofaktoren geprägt

Die Natur braucht uns Menschen nicht, aber wir brauchen die Natur als unsere Lebensgrundlage.

Der Mensch ist seit jeher Teil der Natur, des Systems Erde. Mit seinen Aktivitäten beeinflusst und verändert er die **Geozonen** der Erde, um seine Lebensgrundlagen zu sichern. Vom Menschen völlig unberührte Natur gibt es nur noch sehr selten auf der Erde.

Die Bestandteile einer Geozone stehen miteinander in Wechselbeziehungen (M1). Es wird in diesem Zusammenhang von einem Wirkungsgefüge in der Natur gesprochen.

Bereits die Veränderung eines Merkmals eines Faktors hat Einfluss auf die Merkmale anderer **Geofaktoren**.

Du hast zum Beispiel Geozonen kennengelernt, die sich durch Vorgänge an den Plattengrenzen oder andere Naturereignisse immer wieder verändern. Die Geozonen, so wie wir sie heute wahrnehmen, sind das Ergebnis einer langen Entwicklung.

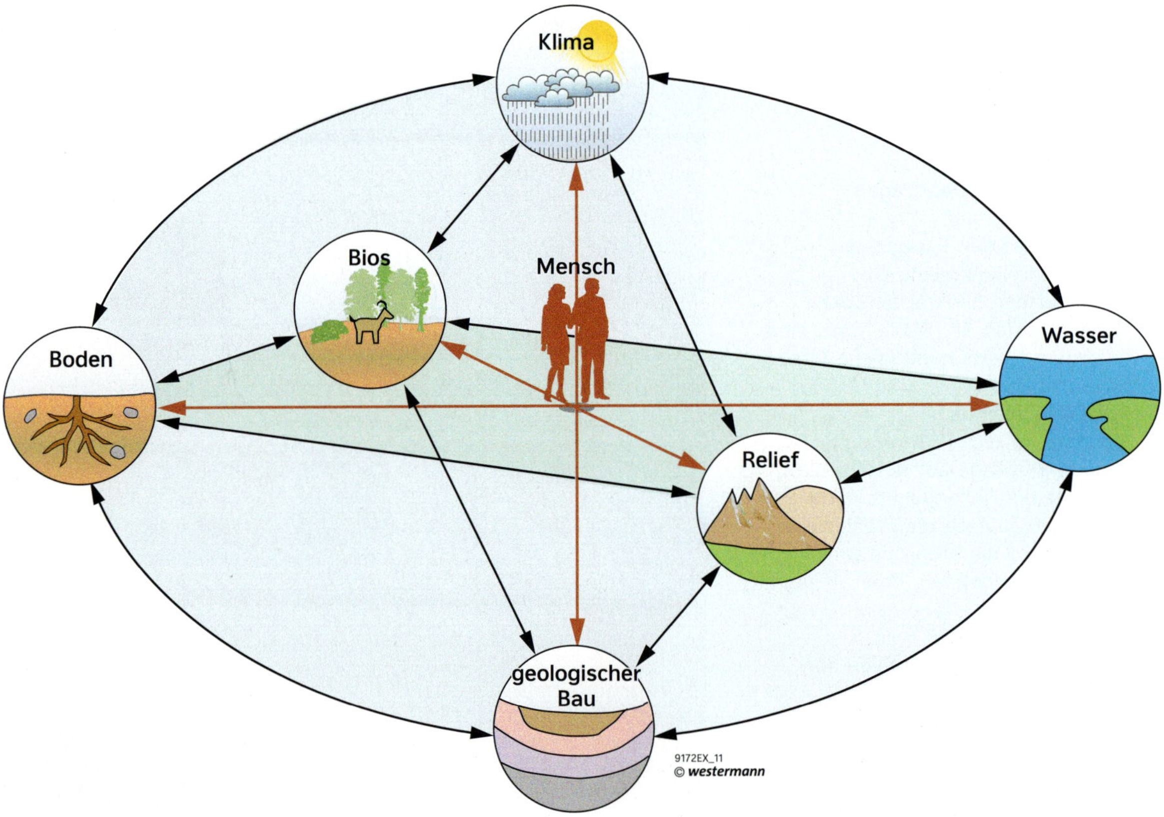

M1 *Das Modell der Geozone: Wechselwirkung zwischen Geofaktoren und Wirkung des Menschen*

1 Sven und Paul haben mit dem Motorrad eine Fahrt vom Nordkap bis nach Kapstadt entlang des 20. östlichen Längengrades unternommen. Auf der etwa 12 000 km langen Fahrtroute durchquerten sie fast alle Geozonen.
a) Nenne der Reihenfolge nach die Geozonen, durch die Sven und Paul gefahren sind.

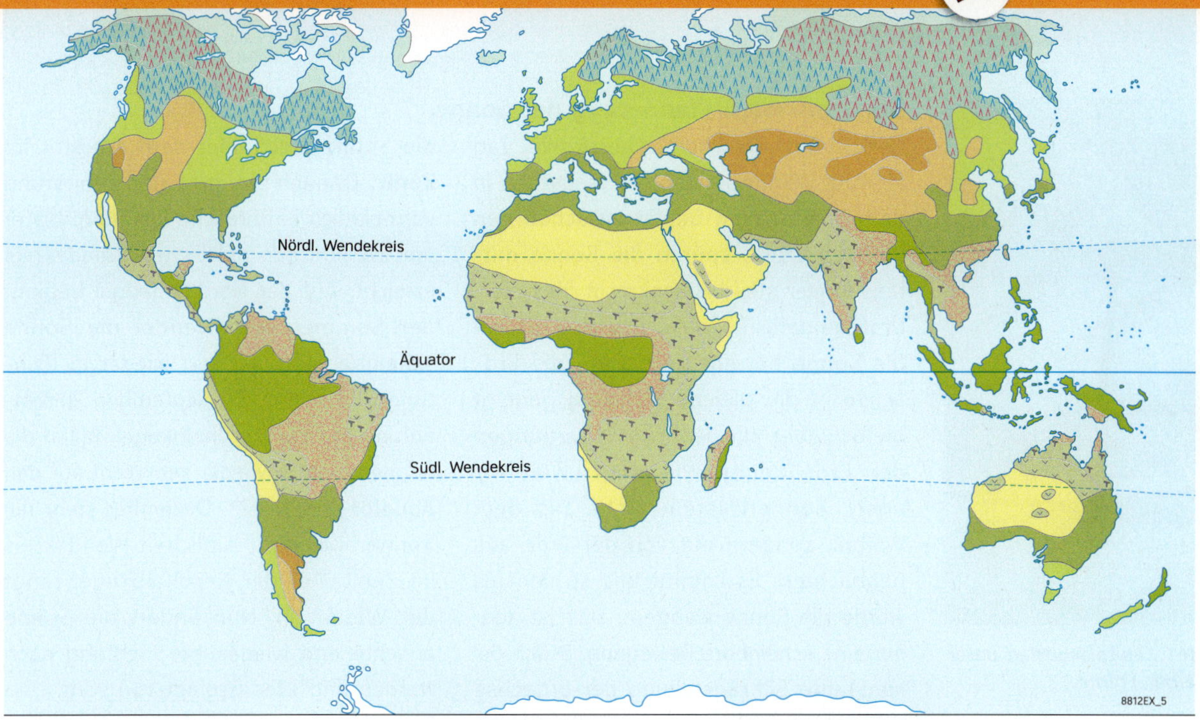

M2 *Geozonen der Erde*

Legende:

- polare Kältewüste
- subpolare Tundra

nördliche Nadelwaldzone
- mit Landklimacharakter
- mit extremem Landklimacharakter
- mit Seeklimacharakter

- **kühlgemäßigte Laub- und Mischwaldzone**

winterkalte Steppen und Wüsten
- winterkalte Steppen
- winterkalte Wüsten und Halbwüsten

- **Subtropen**
- **trockene Tropen**

wechselfeuchte Tropen
- wechselfeuchte Trockengebiete (Dornstrauchsavanne)
- wechselfeuchte Tropen (Trockensavanne/Trockenwald)
- wechselfeuchte Tropen (Feuchtsavanne/wechselfeuchter Wald)

- **immerfeuchte Tropen**

Kartenbeschriftung: Nördl. Wendekreis, Äquator, Südl. Wendekreis

Geozonen der Erde

Die Landfläche der Erde lässt sich in verschiedene Geozonen untergliedern. Zur Abgrenzung werden die Geofaktoren Klima und Wasser, Bios (Vegetation, Tierwelt), Relief, geologischer Bau und Böden betrachtet. Jede Geozone zeichnet sich durch charakteristische Eigenschaften und Kombinationen dieser Naturfaktoren aus. Über festgelegte Grenzwerte werden die Zonen voneinander unterschieden.

Die Geofaktoren beeinflussen sich gegenseitig, wobei dem Klima die größte Bedeutung zukommt. Die anderen Geofaktoren sind in ihrer Ausprägung sehr stark vom Klima abhängig.

Den großen Einfluss des Klimas auf die Ausprägung der Geozonen kannst du in der Karte erkennen: Die Geozonen gleichen Gürteln (= Zonen).

Die geographische Breite, die das Klima wesentlich bestimmt, spielt demnach bei der Verbreitung und Verteilung von Geozonen eine große Rolle.

Merke
Geozonen werden durch Geofaktoren geformt. Die Geofaktoren stehen in Wechselbeziehungen zueinander. Der wichtigste Geofaktor ist das Klima.

Grundbegriffe
- Geozone
- Geofaktor

b) Ordne jeder Geozone ein Land zu, das sie besucht haben.

❷ Erläutere das Modell der Geozonen (M1).

M1 *Zenitalschatten unter einer Palme*

Die scheinbare Wanderung der Sonne

Heiß brennt die Sonne über Afrika, Tag für Tag. Warum ist das so? Menschen in den Tropen, dem Gebiet zwischen den Wendekreisen, spüren die Sonne mittags immer steil bis senkrecht über sich. Ursache dafür ist, dass sich die Erde um die Sonne bewegt und dabei die Erdachse in die gleiche Richtung geneigt bleibt. Aber die wahren Bewegungen der Erde sehen wir nicht, weil wir unser Sonnensystem nicht aus dem Weltall, sondern nur von der Erde aus beobachten. Es kommt uns so vor, als würde die Sonne wandern. Das ist aber nur eine scheinbare Bewegung. Durch die konstante Schrägstellung der Erdachse scheint es so, als würde die Sonne im Verlauf eines Jahres zwischen den Wendekreisen hin und her wandern. Am 21. März steht die Sonne senkrecht über dem Äquator. Astronomen sagen, die Sonne steht über dem Äquator im **Zenit**. Danach wandert der Zenitstand vermeintlich in nördliche Richtung, bis er am 21. Juni den nördlichen Wendekreis erreicht. Auf der Nordhalbkugel beginnt der Sommer. Nun wendet die Sonne scheinbar und wandert wieder in Richtung Süden. Am 23. September, Herbstanfang auf der Nordhalbkugel, fallen die Sonnenstrahlen wieder senkrecht auf den Äquator und am 21. Dezember steht die Sonne über dem südlichen Wendekreis im Zenit. Auf der Nordhalbkugel fängt der Winter an. Nun ändert die Sonne anscheinend wieder ihre Richtung nach Norden und alles beginnt von vorn.

Diese scheinbare Wanderung der Sonne in den Tropen wiederholt sich Jahr für Jahr. In den Tropen ist es ganzjährig sehr warm bis heiß.

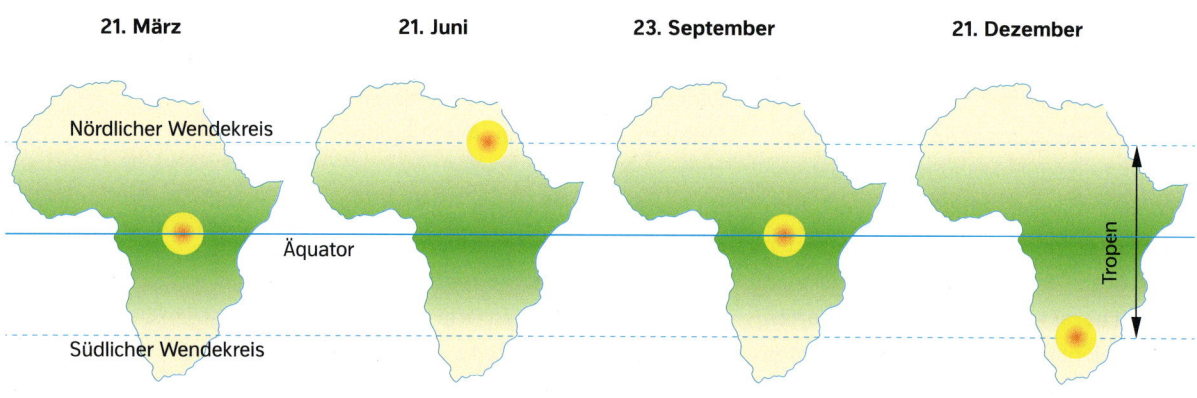

| 21. März | 21. Juni | 23. September | 21. Dezember |

Nördlicher Wendekreis

Äquator

Tropen

Südlicher Wendekreis

7630EX_3

M2 *Verschiedene Zenitstände der Sonne im Jahresverlauf in den Tropen*

1 Beschreibe das scheinbare Wandern des Zenitstandes der Sonne im Verlauf eines Jahres (M2).

2 Erkläre die Begriffe Zenit und Tropen.

3 Erkläre, warum im Schatten der Palme kein Stamm zu sehen ist (M1).

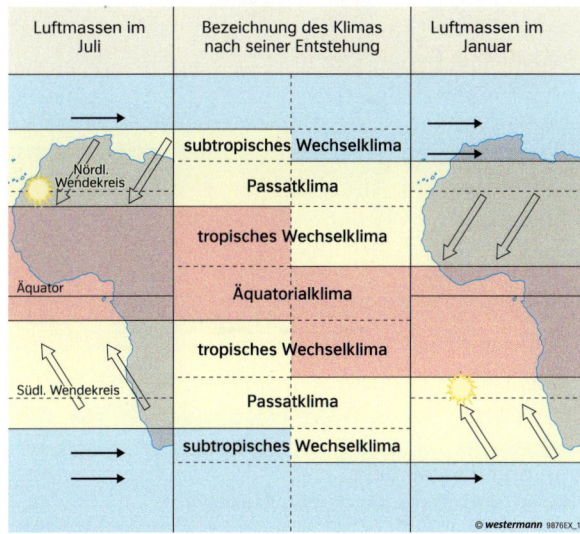

M3 *Verlagerung der Luftmassen über Afrika und Entstehung der Klimazonen*

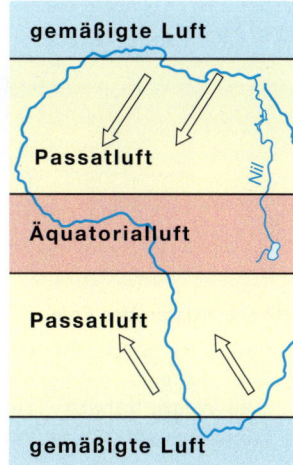

M5 *Luftmassen über Afrika am 21.3. und am 23.9.*

Luftmassen prägen die Klimazonen in Afrika

Im tropischen Afrika herrschen ganzjährig hohe Temperaturen. Trotzdem existieren verschiedene Klimazonen, weil die über Afrika herrschenden Luftmassen, gemäßigte Luft, Passat- und **Äquatorialluft**, deutliche Unterschiede in der Luftfeuchtigkeit aufweisen.

Diese Luftmassen verlagern sich mit dem Zenitstand der Sonne jährlich nach Norden beziehungsweise Süden. Dadurch bilden sich Gebiete, in denen sich im Laufe eines Jahres zwei Luftmassen abwechseln. In benachbarten Gebieten herrscht stets ein- und dieselbe Luftmasse vor, wie zum Beispiel das **Passatklima**. So entstehen Klimazonen mit Wechselklima, beispielsweise im Bereich des tropischen Wechselklimas. An die subtropische Klimazone im Norden beziehungsweise Süden Afrikas schließen sich in Richtung Äquator die drei Klimazonen der Tropen an.

Luftmasse	Merkmale der Luftfeuchtigkeit
gemäßigte Luft	• feucht, niederschlagsreich
Passatluft	• trocken, wenn vom Festland kommend • feucht, wenn vom Meer kommend
Äquatorialluft	• sehr feucht, sehr hohe Niederschläge

M4 *Luftmassen über Afrika und deren Luftfeuchtigkeit*

4 Nenne die Klimazonen Afrikas geordnet vom Mittelmeer bis zum Äquator (M3) und suche sie auf der Klimakarte auf Seite 104 oder im Atlas.

5 Erkläre die Abfolge der Klimamerkmale in Afrika (M3, M4, M5).

Merke
In den Tropen steht die Sonne zweimal jährlich über jedem Ort im Zenit, über den Wendekreisen nur einmal. Es ist ganzjährig sehr warm bis heiß.

Grundbegriffe
• Zenit
• Äquatorialluft
• Passatklima

111

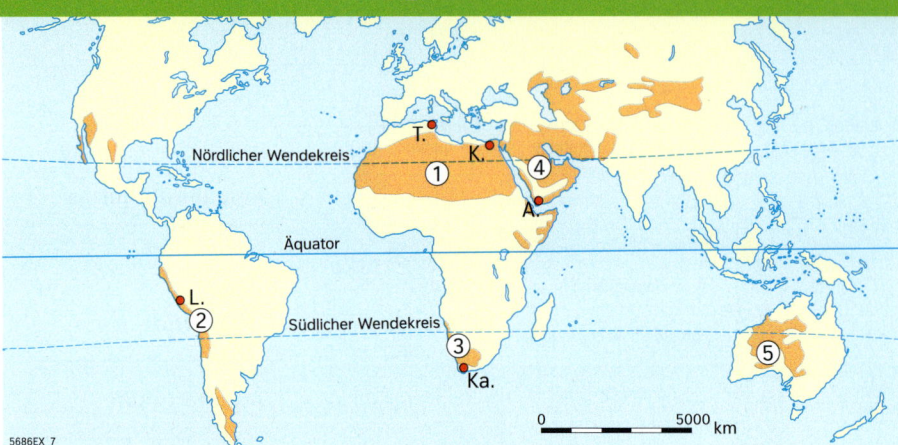

M1 *Lage der Sahara*

M2 *Die Wüsten der Erde*

Leitauftrag

„Die Wüste Sahara – trocken und lebensfeindlich"
Entwickelt dazu eine Präsentation und stellt sie in der Klasse vor.

Die Sahara ist die größte **Wüste** der Erde. Viele Menschen denken, eine Wüste besteht nur aus Sand. Solche Wüsten gibt es, wie zum Beispiel die Taklamakan in China. Die Sahara ist jedoch nur zu einem Fünftel eine Sandwüste. Den größten Teil nehmen Kieswüsten und Felswüsten ein. In ihren trockensten Gebieten fiel zwölf Jahre lang kein Regen. Sie ist lebensfeindlich für Menschen, Tiere und Pflanzen. Mittags erreichen die Temperaturen häufig mehr als 50 °C. Hier können nur solche Pflanzen und Tiere überleben, die Hitze und Trockenheit vertragen. Pflanzensamen fallen in einen langen „Trockenschlaf", aus dem sie erst „erwachen", wenn es gelegentlich regnet. Von den Gebirgen am Rand und in der Mitte der Sahara führen Täler in die Wüste. Diese Trockentäler heißen **Wadis**. Nur bei den seltenen Regenfällen füllen sie sich mit Wasser und können zu reißenden Strömen werden.

Ich habe seit Tagen kaum etwas gegessen. Am ersten Tag einige Datteln, am zweiten und dritten Tag eine halbe Orange und etwas Brot. Dennoch habe ich keinen Hunger. Denn der Durst überlagert alles. Einen Augenblick haben wir am Rand eines Tales gerastet. Nun gehen wir weiter. Die Landschaft verändert sich, Steine werden seltener und wir gehen auf Sand. Zwei Kilometer vor uns beginnen Dünen mit einigen Anzeichen kleinen Pflanzenwuchses. Ich schleppe mich bis zu den Dünen und versuche mein letztes Stück Brot zu essen. Mir fehlt der Speichel dazu.

M3 *Nur noch Durst!*

Tipps für die Erarbeitung

1 Schreibe auf, was du alles mit dem Begriff „Wüste" verbindest.

2 „In der Wüste sind schon viele Menschen ertrunken." Erkläre diese Behauptung.

3 Bestimme die Namen der Wüsten (1–5) und Städte in M2 und ordne sie den Kontinenten zu (Atlas).

4 Bestimme die Wüstenarten in M3 mithilfe von M4.

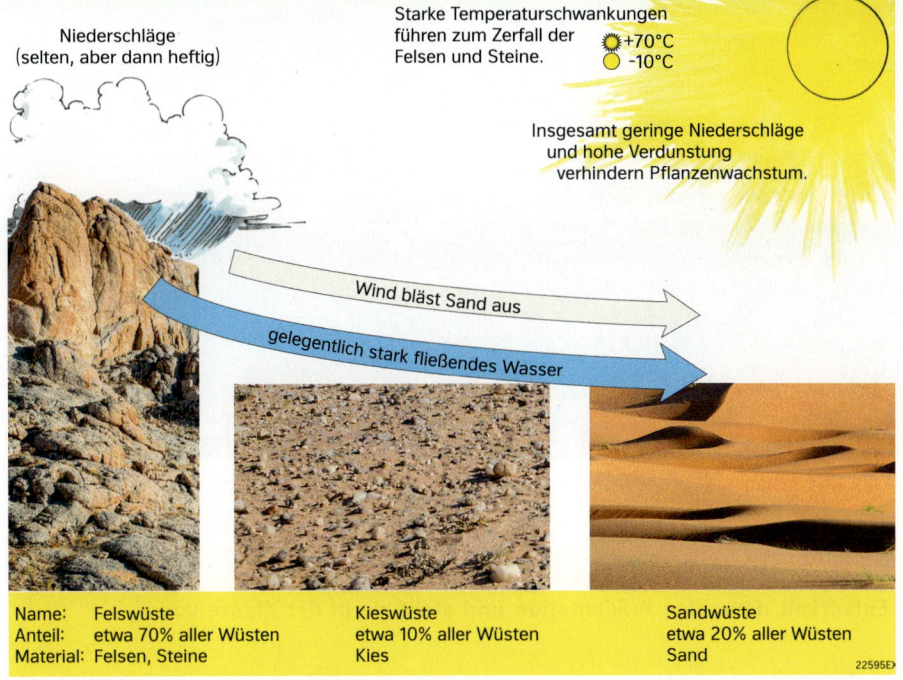

Niederschläge
(selten, aber dann heftig)

Starke Temperaturschwankungen
führen zum Zerfall der
Felsen und Steine.
+70°C
-10°C

Insgesamt geringe Niederschläge
und hohe Verdunstung
verhindern Pflanzenwachstum.

Wind bläst Sand aus

gelegentlich stark fließendes Wasser

Name:	Felswüste	Kieswüste	Sandwüste
Anteil:	etwa 70% aller Wüsten	etwa 10% aller Wüsten	etwa 20% aller Wüsten
Material:	Felsen, Steine	Kies	Sand

22595E

M4 *Wüstenarten und ihre Entstehung*

Die starke Erwärmung am Tag und die Abkühlung in der Nacht führen zu ständiger Ausdehnung und Schrumpfung des Gesteins. Dadurch zerfällt es in scharfkantige Stücke bis auf Sandkorn- und Staubgröße. Obendrein schichtet der Wind den feinen Sand zu **Dünen** auf.

M7 *Vom Stein zum Sand*

Uhrzeit	8:00	10:00	12:00	14:00	16:00	18:00	20:00	22:00	24:00	2:00	4:00	6:00
Temperatur	6°C	12°C	20°C	26°C	25°C	19°C	10°C	0°C	–3°C	–7°C	–8°C	–4°C

M5 *Tag- und Nachttemperaturen in der Sahara im Dezember*

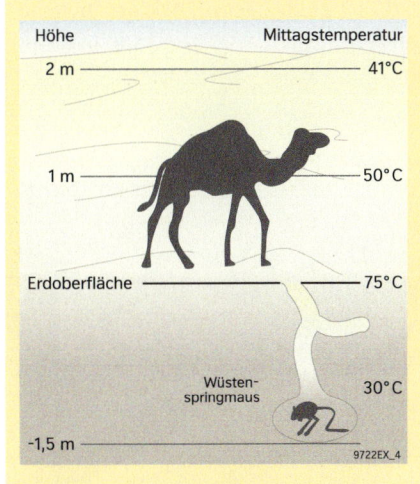

Höhe   Mittagstemperatur
2 m   41°C
1 m   50°C
Erdoberfläche   75°C
Wüsten-
springmaus   30°C
-1,5 m
9722EX_4

- Die tellergroßen Füße des Dromedars verhindern ein Einsinken im Sand.

- Dicke Hornschwielen schützen die Füße des Dromedars vor der heißen Erde.

- Beim Einatmen wird die Luft in den Nasengängen des Dromedars um 10°C gekühlt. Beim Ausatmen kondensiert die Atemluft an den Nasenwänden. Etwa ein Drittel ihrer Feuchtigkeit bleibt so im Körper.

- Das Dromedar kann das Fett in seinem Höcker in Wasser umwandeln.

- Die Wüstenspringmaus verlässt ihren Bau erst nach Sonnenuntergang

M6 *Dromedar und Wüstenspringmaus – Überlebenskünstler der Wüste*

5 Erkläre, wie sich Dromedare und Wüstenspringmäuse an das Leben in der Sahara angepasst haben (M6).

6 a) Beschreibe die verschiedenen Wüstenarten in der Sahara (M4).
b) Erkläre ihre Entstehung. Beschreibe dabei den Einfluss von Temperatur, Wind und Wasser (M4, M5, M7).

Merke
Die Sahara ist die größte Wüste der Erde. Nur ein kleiner Teil besteht aus Sandwüsten. Den größten Teil der Sahara nehmen Kieswüsten und Felswüsten ein.

Grundbegriffe
- Wüste
- Wadi
- Düne

113

M1 *Grundwasseroase, Marokko*

Leitauftrag

„Oasen – Wasser ist Leben"
Entwickelt dazu eine Präsentation und stellt sie in der Klasse vor.

Blätter (Blattwedel)

alte Blätter: Matten, Körbe, Brennmaterial, Hüttendächer, Viehfutter

junge Blätter: Salat

Fasern der alten Blätter: Bürsten, Besen, Polster, Seil, Säcke

Früchte

Datteln: Obst, Saft, Schnaps (Arak)

Knospen, Blüten: Gemüse (Palmkohl)

Dattelkerne: Kaffee-Ersatz, Viehfutter

Stamm

Saft des Stammes: Dattelwein

Holz: Bauholz (Dachbalken) Brennholz, Möbel

11996EX_2

M2 *Nutzung der Dattel*

Wir starten früh am Morgen mit unserem Landrover in Ghardaia im nördlichen Teil der Sahara. Unser Ziel ist die südlich gelegene Oase El-Golea (El Menia). Eine scheinbar endlose Fahrt durch die Wüste liegt vor uns. Am Mittag steht die Sonne hoch am Himmel und brennt erbarmungslos.

Am Nachmittag taucht endlich die Oase auf. Sie ist eine grüne Insel in einem Meer aus Sand, Kies und Fels. Wir staunen, dass mitten in der Wüste Obst, Gemüse und Getreide angebaut werden. „Nur wo Wasser ist, da ist auch Leben", erklärt unser Fahrer Habib.

M3 *Bericht einer Wüstenreisenden*

M4 *Wasserverteilung in einer Oase*

Tipps für die Erarbeitung

❶ Beschreibe das Bild der Oase (M1). Erkläre die Lage der Oasengärten und der Siedlung.

❷ Erkläre die Bedeutung der Dattelpalme für die Wüstenbewohner (M2, M5, M6).

Oasen – ohne Wasser geht es nicht

Das Wasser in der **Oase** El-Golea (El Menia) ist Grundwasser. Es kommt aus dem Atlasgebirge am Nordrand der Sahara. Wenn es hier regnet, versickern die Niederschläge. Sie treffen im Untergrund auf eine wasserundurchlässige Felsschicht und fließen unterirdisch viele hundert Kilometer bis weit in die Ebenen der Sahara hinein.

Verläuft die wasserführende Schicht nahe der Erdoberfläche, erreichen Dattelpalmen mit ihren langen Wurzeln das Grundwasser. In diesen Grundwasseroasen können auch Menschen mithilfe von Brunnen oder Motorpumpen das Grundwasser fördern. Sie betreiben **Stockwerkanbau**. Dabei nutzen sie die hohen Dattelpalmen als Schattenspender für die niedrigen Orangen-, Zitronen-, Feigen- und Pfirsichbäume. Darunter werden Melonen, Gurken, Tomaten, Weizen, Gerste und Hirse angebaut. Sie werden durch die Dattelpalmen und Obstbäume vor der Sonne geschützt. Durch den Stockwerkanbau trocknet der Boden nicht so schnell aus.

Die Anbauflächen in den Oasen werden bewässert. Das geförderte Grundwasser fließt in zahlreichen Gräben durch die Oase. Von Hauptbewässerungskanälen zweigen Nebenkanäle ab, die durch Schieber geöffnet und geschlossen werden können. Ein Wasserwächter regelt und überwacht die Wasserverteilung.

Eine andere Oasenart ist die Flussoase. Sie erhält Wasser durch einen Fluss, der die Wüste durchzieht. Die bekannteste Flussoase ist der Nil. Mit dem Wasser des Flusses werden die Anbauflächen bewässert. Wenn der Fluss über das Ufer tritt, lagert er fruchtbaren Boden auf den Anbauflächen ab.

M6 *Stockwerkanbau*

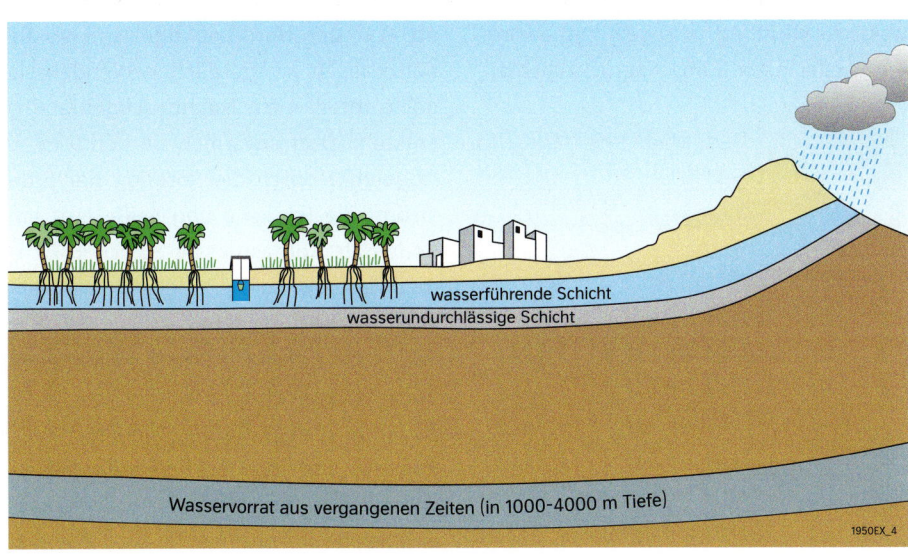

M5 *Grundwasseroase mit Brunnen (Schema)*

❸ a) Beschreibe den Stockwerkanbau (M6).
b) Erkläre die Vorteile für die Wüstenbewohner.

❹ Erkläre, woher das Wasser in den Oasen kommt (M5). Unterscheide zwischen den beiden Oasenarten.

Merke
Die meisten Oasen in der Wüste Sahara sind Grundwasseroasen. Das Grundwasser wird durch Brunnen oder Pumpen angezapft.

Grundbegriffe
• Oase
• Stockwerkanbau

M1 *Tropische Passate*

M3 *Quellwolke in Äquatornähe*

Leitauftrag

„Warum braucht man nachts in der Wüste einen Pullover und tagsüber am Äquator einen Regenschirm?"
Entwickelt dazu eine Präsentation und stellt sie in der Klasse vor.

Passat und Passatzirkulation

Winde rund um unseren Globus beeinflussen das Klima ganzer Kontinente. Bereits Christoph Kolumbus nutzte Windströmungen, um mit seinen Schiffen in westliche Richtung zu segeln und andere, um wieder nach Europa zurückzukehren.

In Afrika steigt dort, wo die Sonnenstrahlen einen großen Einfallswinkel haben (**Tiefdruckgebiet** T), warme Luft auf. In der Höhe strömt sie polwärts ab. Auf der Nordhalbkugel sinken die Luftmassen am nördlichen Wendekreis nach unten – ein **Hochdruckgebiet** (H) entsteht. Dort erwärmen sie sich wieder. Abgelenkt durch die Rotation der Erde strömt die trockene und heiße Luft am Boden als Nordostpassat zurück in Richtung Äquator. Auf der Südhalbkugel weht entsprechend der Südostpassat. Weil er über dem Indischen Ozean Feuchtigkeit aufnehmen kann, bringt er der Südostküste Afrikas heftige Niederschläge. **Passate** sind ständig wehende Winde. Dieser Windkreislauf wird als **Passatzirkulation** bezeichnet.

M2 *Vereinfachte Darstellung der Passatzirkulation*

Tipps für die Erarbeitung

❶ Nenne die Merkmale des trockenen Passatklimas.

❷ Erkläre, warum es in Äquatornähe zu ausgiebigen Niederschlägen kommt.

❸ Erkläre die Aussage: „Ohne warme Kleidung kann man in der Wüste erfrieren" (M5).

M4 *Karawane in der Wüste Sahara*

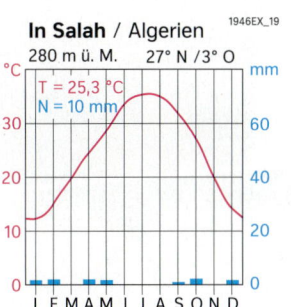

In Salah / Algerien 1946EX_19
280 m ü. M. 27° N / 3° O
T = 25,3 °C
N = 10 mm

M6 *Klimadiagramm In Salah*

Mit dickem Pullover in die Sahara?

Endlich, wir mussten nur noch Koffer packen. Meine besorgte Mutter meinte: „Pack auch einen dicken Pullover ein." Warum, dachte ich, wir wollten doch nach Afrika und nicht nach Grönland fliegen. Unser Hotel lag in der Wüste. Am nächsten Morgen weckte uns der Reiseleiter bereits um 5.30 Uhr, damit wir den Sonnenaufgang, der hier nur wenige Minuten dauert, beobachten können. Es war bitterkalt, die Temperatur hatte den Gefrierpunkt erreicht. Vergeblich kramte ich in meinem Koffer. Da reichte mir meine Mutter meinen dicken Pullover, den ich dankend anzog.

Kurz nach dem Sonnenaufgang brannte die Sonne erbarmungslos auf uns nieder. Das Thermometer stieg an diesem Sommertag auf über 45 °C an, sodass die Luft in der Ferne zu flimmern begann.

Bereits nach 18.00 Uhr breitete sich ein sternenklarer Himmel über uns aus und es wurde wieder kalt. Abends erzählte uns der Reiseleiter: „In der Sahara ist es ganzjährig warm bis heiß, aber zwischen Tag und Nacht herrschen große Temperaturunterschiede. Im trockenen Passatklima fällt oft jahrelang kein Tropfen Regen. Die Jahresniederschlagsmenge ist kleiner als 200 mm. Da die Verdunstung sehr hoch ist, herrscht ganzjährig Wassermangel. Wer keinen dicken Pullover oder eine Jacke dabei hat, kann auch in der Sahara erfrieren." Ich lächelte meine Mutter an und schlüpfte wieder in meinen Pullover.

M5 *Lisa erzählt von ihrer Reise in die Sahara.*

Uhrzeit	T (°C)
8:00	12
10:00	18
12:00	21
14:00	27
16:00	26
18:00	20
20:00	14
22:00	8
24:00	5
2:00	1
4:00	-1
6:00	3

M7 *Temperaturen von In Salah am 18./19. Dezember*

4 Vergleiche die Tag- und Nachttemperaturen mit denen in deiner Heimatregion (M6, M7, Internet).

5 Erkläre den Passatkreislauf mithilfe von M2.

Merke
In der Sahara herrscht trockenes Passatklima. Es ist ganzjährig sehr warm bis heiß und trocken.

Grundbegriffe
• Tiefdruckgebiet
• Hochdruckgebiet
• Passat
• Passatzirkulation

M1 *Die „Big Five"*

Savannen – Grasländer der Tropen

Als **Savannen** („weite Ebenen") werden die mit einzeln stehenden Bäumen und Sträuchern durchsetzten Grasländer der Gebiete des tropischen Wechselklimas bezeichnet. Die Savannen nehmen etwa 15 Prozent der Festlandsfläche der Erde ein.

Besonders große Gebiete findet man in Afrika, Australien und Südamerika. Grundlagen ihrer Entstehung sind unterschiedliche Niederschlagsmengen, sandige oder tonhaltige Böden und immer wiederkehrende natürliche oder vom Menschen angelegte Buschbrände.

Der Jahresrhythmus der Savannen richtet sich nach dem Wechsel von **Regen-** und **Trockenzeit**. In der Trockenzeit leiden Menschen, Tiere und Pflanzen unter dem Wassermangel. Die Gräser verdorren und die Büsche und Bäume werfen ihre Blätter ab. Wenn der Regen einsetzt, oft mit heftigen Gewittern, dann erwachen die Natur und das Leben.

Ursache für die Ausbildung der drei Savannenarten – **Dornstrauchsavanne**, **Trockensavanne** und **Feuchtsavanne** – ist die unterschiedliche Dauer der Regenzeit.

M2 *Baobab (Affenbrotbaum)*

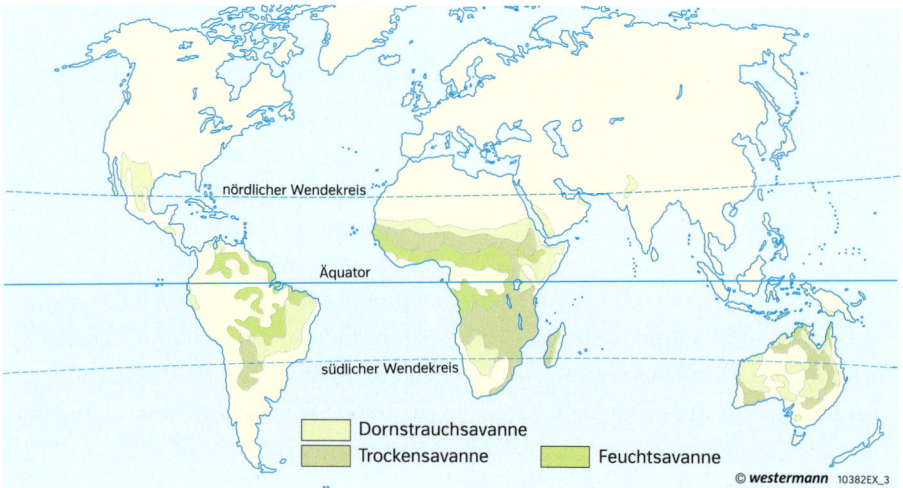

nördlicher Wendekreis

Äquator

südlicher Wendekreis

Dornstrauchsavanne
Trockensavanne
Feuchtsavanne

© **westermann** 10382EX_3

M3 *Zone der Savannen*

❶ Beschreibe die Lage der Savannen (M3, Atlas).

❷ a) Recherchiere zu den „Big Five" in den Savannen (M1, Internet).

b) Recherchiere zu der Vegetation in den Savannen. Welche Pflanzen sind neben dem Baobab noch typisch für Savannen (M2, Internet).

M4 *Schülerinnen und Schüler arbeiten in einer Expertengruppe.*

Gruppenpuzzle
Ein Gruppenpuzzle ist eine besondere Form der Gruppenarbeit.
In einer *Stammgruppe* wird ein umfassendes Thema in kleinere Teilthemen oder Puzzlestücke untergliedert. Diese Teilthemen werden in den *Expertengruppen* weiter bearbeitet. Schließlich fügen die Expertinnen und Experten in ihren *Stammgruppen* die einzelnen Teilthemen wieder zu einem Ganzen zusammen.

Auf Seite 118 habt ihr bereits erfahren, dass die unterschiedliche Dauer der Regenzeit für die Ausbildung der drei Savannenarten verantwortlich ist.
Jetzt sollt ihr zu Expertinnen und Experten über Savannen werden. Ihr sollt in einem Gruppenpuzzle erarbeiten, wie vielfältig Savannen sind, wie unterschiedlich sie genutzt werden und wie das tägliche Leben der Bevölkerung aussieht.

Durchführung eines Gruppenpuzzles

1. Vorbereitung in der Stammgruppe

 Stammgruppe 1  Stammgruppe 2 Stammgruppe 3

09885EX_1

- Bildet Gruppen, die aus mindestens drei Schülerinnen und Schülern bestehen.
- Einigt euch, wer welches der folgenden drei Teilthemen als Expertin oder Experte bearbeiten will:
    a) Dornstrauchsavanne (S. 120–121),
    b) Trockensavanne (S. 122–123),
    c) Feuchtsavanne (S. 124–125).

2. Erarbeitung in der Expertengruppe

Expertengruppe 1 Expertengruppe 2 Expertengruppe 3

09886EX_1

- Findet euch in den Expertengruppen zusammen.
- Bearbeitet zunächst allein die Materialien eurer Doppelseite mithilfe der Aufgaben.
- Anschließend vergleicht ihr eure Ergebnisse.
- Legt gemeinsam fest, was ihr euren Mitschülerinnen und Mitschülern vermitteln möchtet. Macht euch dazu genaue Notizen.

3. Vorstellung der Ergebnisse in der Stammgruppe (siehe 1.)

- Stellt euch eure Ergebnisse in der Stammgruppe gegenseitig vor und beantwortet Nachfragen.
- Die Zuhörer notieren sich die wichtigen Informationen.
- Anschließend wird gemeinsam festgelegt, welches Thema mit welchen Inhalten und wie der Klasse vorgestellt werden soll.

4. Präsentation

- Einzelne Schülerinnen und Schüler oder verschiedene Arbeitsgruppen präsentieren ihre Ergebnisse.

Merke
In der Zone des tropischen Wechselklimas gibt es ausgedehnte Grasländer, die Savannen. Drei Savannenarten werden unterschieden: Dornstrauchsavanne, Trockensavanne, Feuchtsavanne.

Grundbegriffe
- Savanne
- Regenzeit
- Trockenzeit
- Dornstrauchsavanne
- Trockensavanne
- Feuchtsavanne

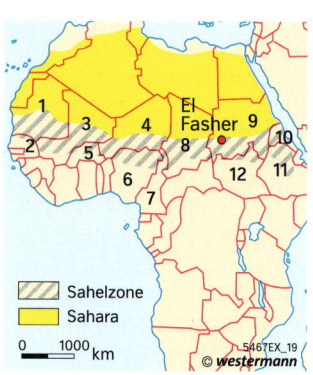

M1 *Die Sahelzone südlich der Sahara*

M2 *Nomaden haben ihre Hütte an einem neuen Lagerplatz gebaut.*

Wandern mit dem Regen

Südlich an die Sahara schließt sich die **Sahelzone** an (auch der Sahel). Sie gehört nicht mehr zur Wüste, sondern überwiegend zur Dornstrauchsavanne. Hier fallen bereits genügend Niederschläge, die eine karge Vegetation (Dornensträucher und Gräser) erlauben. Über ein halbes Jahr lang fallen keine Niederschläge. Es ist dann Trockenzeit. Während der kurzen Regenzeit wächst frisches Gras. Dennoch reichen die Niederschläge nicht aus, um Ackerbau zu betreiben.

Die Menschen haben sich an diese Bedingungen angepasst. So wandern sie als **Nomaden** mit ihren Viehherden zu weit entfernten Weideplätzen und Wasserstellen. Auf festen Routen ziehen sie mit ihren Rindern, Kamelen und Ziegen hunderte Kilometer im Jahr umher. Zu Beginn der Regenzeit treiben die Nomaden ihre Herden nach Norden. Dort fällt weniger Niederschlag als im Süden. Aber für kurze Zeit finden hier ihre Herden Wasser und Nahrung. Zum Ende der Regenzeit ziehen sie wieder nach Süden. Da hier mehr Regen fällt, gibt es auch in der Trockenzeit noch lange Zeit Gras für die Tiere.

Halima und ihre Familie müssen alle paar Monate die Zelte abbauen und umziehen. Sie gehören zu einem Nomadenvolk, das mit Kamelen, Kühen und Ziegen durch die Sahelzone wandert. Halima sammelt Feuerholz, melkt die Kühe, hilft beim Kochen und holt Wasser.

M3 *Halima – ein Nomadenmädchen*

Starthilfe zu ❸ ↗
Denke dabei zum Beispiel an Umzüge, Schulbesuch, Ernährung, Arztbesuche usw.

❶ Die Sahelzone (M1) zieht sich in einem 600 km breiten Band durch den Norden Afrikas. Bestimme die Staaten (Zahlen 1–12), die im Sahel liegen (Atlas).

❷ Beschreibe die Lebensbedingungen der Menschen in der Sahelzone.

❸ ↗ Vergleiche das Leben von einer Nomadin wie Halima mit deinem Leben (M2, M3).

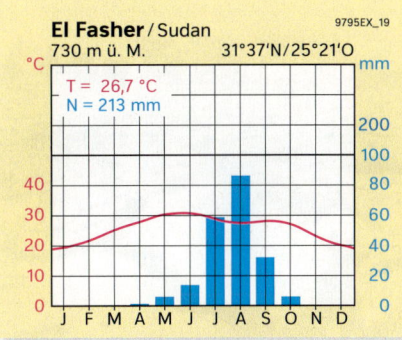

El Fasher / Sudan
730 m ü. M.   31°37'N/25°21'O
9795EX_19

T = 26,7 °C
N = 213 mm

M4 *Dornstrauchsavanne*

Da in der Dornstrauchsavanne nur zwei bis vier Monate Regenzeit herrscht und nur geringe Niederschlagsmengen fallen, ist das Pflanzenwachstum gehemmt. Es reicht nur zu einem Graswuchs mit geringer Höhe. Ab und zu findet man niedrige, dornige Büsche.

Wenn zu wenig Regen fällt

Die Niederschläge in der Sahelzone sind von Jahr zu Jahr sehr unterschiedlich. In manchen Jahren regnet es kaum. Dann herrscht eine solche Dürre, dass an den Wasserstellen nicht genug Wasser für die Viehherden vorhanden ist. Es wächst kaum Gras. Viele Tiere sterben.

Vor allem in diesen Dürrejahren ziehen die Nomaden weit nach Süden. Dabei kommt es zu Konflikten zwischen ihnen und den Ackerbauern am Südrand der Sahelzone, die ihre Felder immer weiter nach Norden ausdehnen.

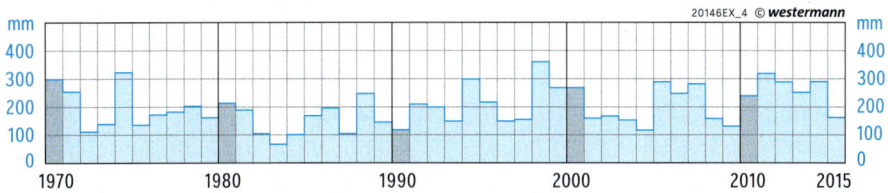

M5 *El Fasher: Summe der Niederschläge 1970 – 2015*

Die Nomaden sind schlimmer als Heuschrecken! Wo sie vorbeiziehen, wächst kein Gras mehr! Unsere Brunnen haben nicht genug Wasser, dass es auch für ihre riesigen Herden reichen würde. Wie oft habe ich erlebt, dass sie ihre Kühe in unsere Hirsefelder treiben, weil sie dort Nahrhafteres zu fressen finden als auf den Weiden.
Das ruiniert uns, denn die Böden sind sowieso nicht mehr so fruchtbar wie früher. Um unsere Kosten zu decken, müssen wir außerdem Erdnüsse und Baumwolle anbauen, die wir verkaufen können.

M6 *Bericht eines Bauern im Sahel*

④ Werte M5 aus. Benenne die Jahre, in denen die Lebensbedingungen besonders gut und besonders schlecht waren.

⑤ Das Klimadiagramm M4 stammt aus einer Savanne. Begründe.

⑥ Erörtere den Nutzungskonflikt zwischen den Nomaden und den Bauern im Sahel (M6).

Merke
Die Sahelzone liegt südlich der Wüste Sahara. Hier leben Nomaden. Sie ziehen mit ihren Herden von Weideplatz zu Weideplatz.

Grundbegriffe
• Sahelzone
• Nomade

121

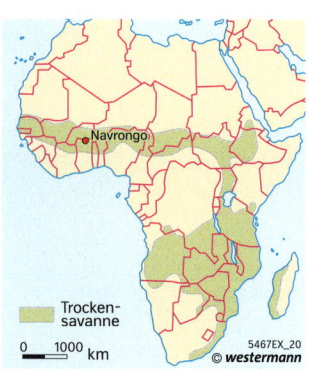

M1 *Die Trockensavanne in Afrika*

M2 *Auswirkungen der Übernutzung*

Desertifikation weltweit

Inzwischen sind auf allen bewohnten Kontinenten Regionen von Desertifikation betroffen. Neben Afrika sind insbesondere die Arabische Halbinsel, Zentralasien, Australien und der Westen des amerikanischen Doppelkontinents von Desertifikation bedroht.

Die Sahelzone

Die Sahelzone, auch der Sahel genannt, folgt im Süden auf die Sahara. Der Begriff Sahel stammt aus dem Arabischen und bedeutet „Ufer der Wüste", das der Reisende nach der Durchquerung der Sahara erreicht. In der Sahelzone herrscht die Dornstrauchsavanne vor. Im Süden geht sie in die Trockensavanne über.

Bauern in der Sahelzone

Im Süden der Sahelzone geht die Dornstrauchsavanne aufgrund der längeren Regenzeit in die Trockensavanne über. Die Bauern bestellen ihre Felder dort vorwiegend mit Hirse. Dafür roden und verbrennen sie Bäume und Sträucher. Die Asche dient als Dünger. Mit der Hacke wird der Boden gelockert. Dann wird gesät und auf Regen gewartet.

Neben der Hirse werden Maniok, Yams und Batate für den Eigenbedarf und den lokalen Markt angebaut. Mittlerweile werden auch Erdnüsse und Baumwolle für den Export angebaut und verkauft. Nach wenigen Jahren ist der Boden ausgelaugt und die Ackerbauern legen neue Felder an. Die alten Felder liegen brach.

Mit der Bevölkerungszunahme dehnen sich die Anbauflächen immer weiter nach Norden in Gebiete aus, die für den Ackerbau wenig geeignet sind. Der Boden trocknet aus und wird vom Wind abgetragen. Wenn die Ackerbauern die Felder aufgeben, kann dort auch die ursprüngliche Vegetation nicht mehr nachwachsen.

Abholzung und Brandrodung sowie die Übernutzung durch Tiefbrunnen und Überweidung haben das natürliche Gleichgewicht der Sahelzone gestört. Wenn dann der Regen zu gering ist oder ganz ausbleibt, verstärken sich diese Auswirkungen. Dadurch breitet sich die Wüste immer weiter aus. Man spricht von **Desertifikation**.

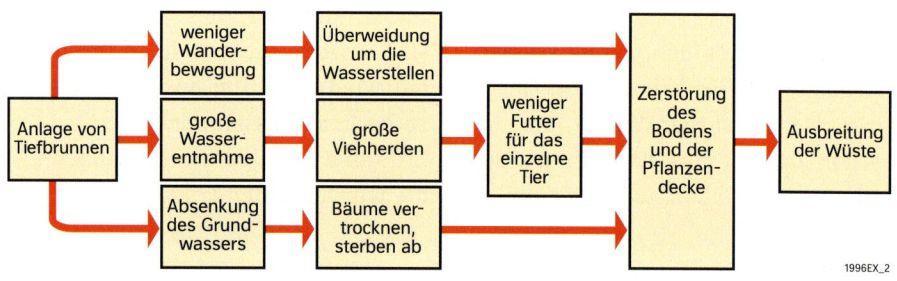

M3 *Negative Folgen von Tiefbrunnen*

Starthilfe zu ❶ ↗
Verwende die Begriffe Übernutzung und Desertifikation.

❶ ↗ „Früher war mein Feld klein, aber es hat die ganze Familie ernährt. Heute ist mein Feld groß – aber es reicht trotzdem nicht, weil hier nichts mehr richtig wächst."

Erläutere diesen Ausspruch von Abdul Rahman, einem Bauern im Norden von Burkina Faso.

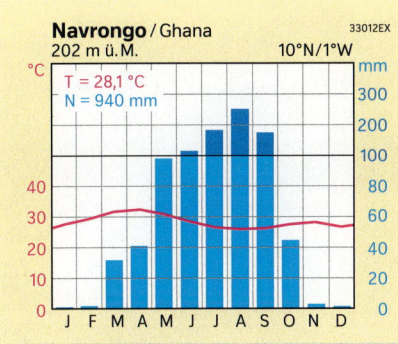

Navrongo / Ghana
202 m ü.M.   10°N/1°W
33012EX

T = 28,1 °C
N = 940 mm

In der Trockensavanne dauert die Regenzeit vier bis sechs Monate. Hier wächst das Gras höher als in der Dornstrauchsavanne. Man trifft auf dichte Grasflächen mit einzelnen Bäumen. Vereinzelt gibt es lichte Trockenwälder, die in der regenlosen Zeit ihr Laub abwerfen.

M4 *Trockensavanne*

Gibt es Rettung für die Sahelzone?

Immer mehr landwirtschaftliche Nutzfläche geht verloren. Dadurch kann die Ernährung der Bevölkerung nicht mehr gesichert werden. Hunger und Armut sind die Folge. Die Armut zwingt die Menschen wiederum zu einer Übernutzung des Naturraumes. Es fehlt an Mitteln für Investitionen und oft fehlt auch das Wissen, wie man den Ackerbau effizient betreiben könnte. Damit ist ein Teufelskreis aus Armut und Desertifikation entstanden. Kann man ihn durchbrechen?

Es gibt bereits schonende und nachhaltige Verfahren zur Bodennutzung.

Steinwälle und Anpflanzungen sollen die Abtragung des Bodens durch Wind verhindern und die wenigen Niederschläge sammeln. Das Großprojekt „Great Green Wall" ist ein Beispiel für eine solche Maßnahme. Eine weitere Möglichkeit, die Desertifikation zu bremsen, ist die Rückkehr zur traditionellen Weidenutzung. Dazu muss der Viehbestand verringert werden. Die Bauern müssen vom Prinzip „Qualität vor Quantität" überzeugt sein.

Neue Technologien können helfen, die noch vorhandene Vegetation zu schonen. Ein Beispiel dafür ist der Solarkocher.

M6 *Solarkocher*

„Great Green Wall" – eine grüne Mauer aus Pflanzen

Die „Great Green Wall" in der Sahelzone soll mindestens fünf Kilometer breit und über 7000 km lang sein. Es werden Pflanzen ausgewählt, die gut an die Bedingungen angepasst sind und die der Bevölkerung eine Einnahmequelle bieten. Die Senegalakazie ist dazu geeignet. Aus deren Saft wird der Lebensmittelzusatz Gummiarabikum gewonnen. Eine weitere Pflanze ist die Purgiernuss, deren Öl zu Biodiesel verarbeitet wird. Diese Pflanzen wachsen auf dem trockenen und sandigen Boden. Die „Grüne Mauer" soll verhindern, dass sich die Wüste weiter ausbreitet.

M5 *Bäume gegen die Ausbreitung der Wüste*

2 Erläutere die Auswirkungen von Tiefbrunnen in der Sahelzone (M3).

3 Das Klimadiagramm M4 stammt aus einer Savanne. Begründe.

4 Erkläre das Prinzip des Solarkochers und nenne seine Vorteile (M6).

Merke
Die Sahelzone ist ein stark gefährdeter Raum, in dem Leben möglich ist, aber immer mehr eingeschränkt wird.

Grundbegriff
• Desertifikation

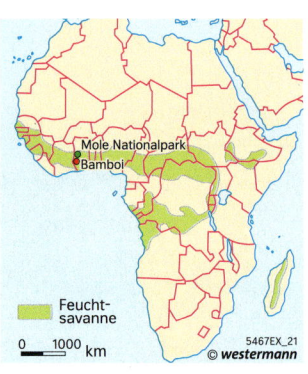

M1 *Die Feuchtsavanne in Afrika*

M2 *Safari-Tourismus im Mole Nationalpark in Ghana*

Tourismus in Savannen

In der Feuchtsavanne fallen ausreichend Niederschläge, um eine üppige Vegetation zu ermöglichen. Die Bauern bauen hier Pflanzen an, die in der Trockensavanne nicht oder nur mit künstlicher Bewässerung wachsen. Auch der Artenreichtum der Tiere ist hier groß.

Die wachsende Bevölkerung benötigt immer neue Anbau- und Weideflächen. Deshalb sind einige Gebiete als **Nationalpark** ausgewiesen, um die Artenvielfalt der Pflanzen und Tiere zu erhalten. Zudem ist es für viele Touristen ein Traum, einmal die exotische Tier- und Pflanzenwelt zu betrachten. Safaris durch die großen Nationalparks werden immer beliebter. Für die Wirtschaft vieler Staaten ist der Tourismus sehr wichtig. Daher werden die Nationalparks häufig erweitert und neue Nationalparks ausgewiesen. Mit der Ausweitung der Nationalparks verlieren Hirten ihre Weideflächen und Bauern ihre Felder. Sie müssen in weniger fruchtbare Gebiete ausweichen. Wildtiere wie Elefanten oder Nilpferde, die bei den Touristen beliebt sind, können auf den Feldern der Bauern große Schäden anrichten und für Menschen gefährlich werden.

Ein Touristenführer erklärt auf einer Safari zu Fuß die Eigenschaften von Elefantendung.

Dem „Mole Nationalpark" habe ich meinen Arbeitsplatz zu verdanken. Ich arbeite als Touristenführer im Nationalpark. Mein bester Freund arbeitet am Empfang eines Hotels im Nationalpark. Ohne den Nationalpark würden keine Touristen in unsere abgelegene Gegend im Nordwesten Ghanas kommen, sondern sich nur an den Stränden im Süden des Landes aufhalten. Die Touristen bringen Geld in unsere Region. Damit kann ich meine Familie ernähren und in meiner Heimatregion bleiben. Sonst müsste ich in eine große Stadt ziehen. Ich bin stolz darauf, den Touristen unsere tolle Landschaft, die Tiere und unsere Kultur zu zeigen.

M3 *Ein Touristenführer berichtet.*

① a) Nenne drei afrikanische Staaten und drei Staaten außerhalb des afrikanischen Kontinents, in denen sich Feuchtsavanne findet (M1, Atlas).
b) Beschreibe die Bedeutung von Nationalparks in Feuchtsavannen.

② Begründe die Notwendigkeit von Verhaltensregeln für Nationalparkbesucher (Text, M2, M6).

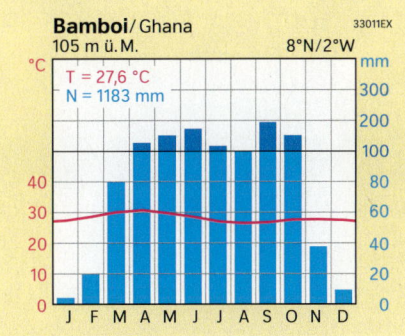

Bamboi / Ghana
105 m ü. M. 8°N/2°W
33011EX

T = 27,6 °C
N = 1183 mm

M4 *Feuchtsavanne*

In der Feuchtsavanne kann die Regenzeit bis zu zehn Monate dauern. Niederschlagsmengen von 1000 bis 1500 mm im Jahr sind hier die Regel. So bildet sich eine artenreiche Vegetation aus. Die Bäume stehen in Gruppen oder wachsen in Wäldern.

Ein Umdenken findet statt

Viele Touristen haben ihre Einstellung zum Tourismus geändert. In jüngerer Zeit steigt die Nachfrage nach **sanftem Tourismus**. Nationalparks bieten zum Beispiel Ranger-Kurse für Touristen an, in denen die Teilnehmer Spuren lesen und Interessantes über die einheimische Tier- und Pflanzenwelt erfahren. Je mehr die Touristen über die Tiere und Pflanzen wissen, desto eher sind sie bereit, diese zu schützen. Gefahren für die Touristen entstehen meistens erst durch deren Fehlverhalten, z. B. wenn sie sich wilden Tieren nähern, um Fotos zu machen.

- Die Geschwindigkeitsbegrenzung von 30 km/h ist einzuhalten; Tiere haben immer Vorrang.
- Schusswaffen sind verboten.
- Die Tiere im Park sind geschützt.
- Das Füttern der Tiere ist strengstens verboten.
- Safaris zu Fuß dürfen nur mit bewaffnetem Touristenführer durchgeführt werden.
- Bei Safaris zu Fuß ist festes Schuhwerk vorgeschrieben.
- Der Aufenthalt im Park geschieht auf eigene Gefahr.

M6 *Regeln für den Besuch im Nationalpark*

Im Jahr 1958 hat der ghanaische Staat das „Wildreservat Mole" im Nordwesten Ghanas gegründet. 1971 wurde das Reservat erweitert und zum Nationalpark ernannt. Sechs Nachbardörfer mussten umgesiedelt werden. Unser Dorf blieb bestehen. Wir mussten allerdings unsere fruchtbarsten Felder aufgeben und dürfen auch außerhalb des Nationalparks nur noch eingeschränkt jagen. Die großen Wildtiere zerstören oft unsere Felder. Uns ist es sogar verboten, die heiligen Stätten unserer Götter im Nationalpark zu besuchen. Der Nationalpark hat uns nicht nur unsere Existenzgrundlage genommen, sondern auch unsere Götter.

M5 *Ein Dorfältester des Volks der Hanga erzählt.*

Merke
Nationalparks dienen dem Schutz der Tiere und Pflanzen. Die Touristen fragen zunehmend sanfte Formen des Tourismus nach.

Grundbegriffe
- Nationalpark
- sanfter Tourismus

3 Erkläre die üppige Vegetation der Feuchtsavanne (Text, M4).

4 Die Einrichtung von Nationalparks geschieht oft ohne Zustimmung oder gegen den Willen der Bevölkerung. Erörtere mögliche Vor- und Nachteile von Nationalparks für die einheimische Bevölkerung (Text, M3, M5).

M1 *Tropischer Regenwald am Amazonas in Brasilien*

Vier Monate hindurch schliefen wir in Wäldern umgeben von Krokodilen, Boas und Jaguaren ..., nichts genießend als Reis, Ameisen, Maniok, Pisang (Banane), Orinocowasser und bisweilen Affen. ... In Guayana, wo man wegen der Moskitos, die die Luft verfinstern, Kopf und Hände stets verdeckt haben muss, ist es fast unmöglich, am Tageslicht zu schreiben; man kann die Feder nicht ruhig halten, so wütend schmerzt das Gift der Insekten. Alle unsere Arbeit musste daher bei Feuer in einer indianischen Hütte vorgenommen werden, wo kein Sonnenstrahl eindringt, und in welcher man auf dem Bauche kriechen muss.

M2 *Aus dem Reisetagebuch von Alexander von Humboldt (April 1800)*

Erforschung des Regenwaldes

Die meisten Tier- und Pflanzenarten auf der Erde findet man im **tropischen Regenwald**. Dies hat schon immer das Interesse von Forschern wie Alexander von Humboldt geweckt.

Allein auf seiner Entdeckungsreise im Jahr 1799 sammelte Alexander von Humboldt über 60 000 verschiedene Pflanzen. Die Erforschung des tropischen Regenwaldes hat in den vergangenen 200 Jahren große Fortschritte gemacht. Trotzdem ist bis heute noch vieles unentdeckt.

M3 *Alexander von Humboldt (1769 – 1859) war ein bedeutender deutscher Naturforscher und Mitbegründer der Geographie als Wissenschaft.*

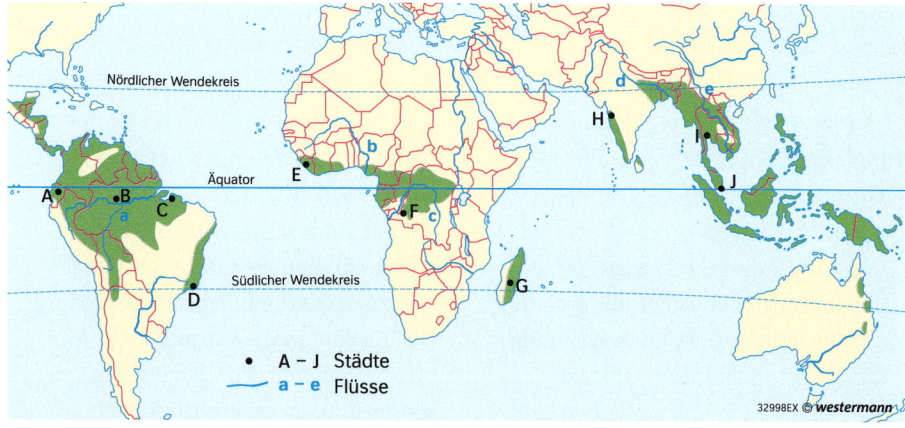

M4 *Verbreitung der tropischen Regenwälder*

1 a) Beschreibe die Verbreitung der tropischen Regenwälder auf der Erde (M4, Atlas).
b) Nenne zwölf Staaten, die Anteil am tropischen Regenwald haben.

2 Benenne die Städte und Flüsse in M4 (Atlas).

3 Erläutere, warum der tropische Regenwald als „Schatztruhe der Natur" bezeichnet wird (Text, M5).

„Schatztruhe" tropischer Regenwald

Täglich nutzen wir viele Produkte und Waren aus dem tropischen Regenwald. Neben Lebensmitteln wie Früchten sind es auch Gewürze wie Pfeffer, Ingwer, Zimt oder Muskat, die wir gebrauchen. Ebenso kommen viele Rohstoffe aus dem Regenwald. Zum Beispiel wird für die Herstellung von Waren aus Gummi Kautschuk verwendet. Auch das bei uns verwendete Pflanzenöl zur Herstellung von Margarine oder Frittierfett stammt vom Öl der Ölpalmen aus dem tropischen Regenwald.

Die meisten Hölzer aus dem Regenwald sind besonders stabil und lange haltbar. Daher sind Hölzer wie Teak oder Bangkirai wichtige Exportgüter.

Der tropische Regenwald ist wie ein großes Chemielabor. Viele wichtige Medikamente werden aus tropischen Pflanzen oder tierischen Giften hergestellt.

Zimt

Papaya

Mango

Passionsfrucht

Ananas

M6 *Produkte aus dem tropischen Regenwald*

Der tropische Regenwald ...

... hält das Weltklima im Gleichgewicht.

... liefert Grundstoffe für Kosmetika und Arzneimittel
z. B. Antibiotika, Hormone.

... liefert Rohstoffe
z. B. für Gummi, Öle, Fasern, Harze, Rattan.

... liefert Lebensmittel
z. B. Zuckerrohr, Mangos, Bananen, Kakao, Kaffee, Nüsse, Fleisch, Fisch, Honig, Eier.

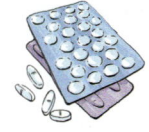

... beherbergt 40 – 50 % aller Tier- und Pflanzenarten der Erde.

... bildet die Lebensgrundlage für die Ureinwohner
z. B. Eier, Wild, Fisch, Früchte, Fasern, Holz.

M5 *Tropischer Regenwald – „Schatztruhe der Natur"*

4 Stelle fest, in welchen Ländern folgende Produkte angebaut werden: Kakao, Kaffee, Bananen (Atlas).

5 Diskutiert die Folgen, die sich aus der immer stärkeren Nutzung von Regenwaldprodukten in europäischen Staaten für die Gebiete des tropischen Regenwaldes ergeben.

Merke
Der tropische Regenwald ist die artenreichste Vegetationszone der Erde.

Grundbegriff
• tropischer Regenwald

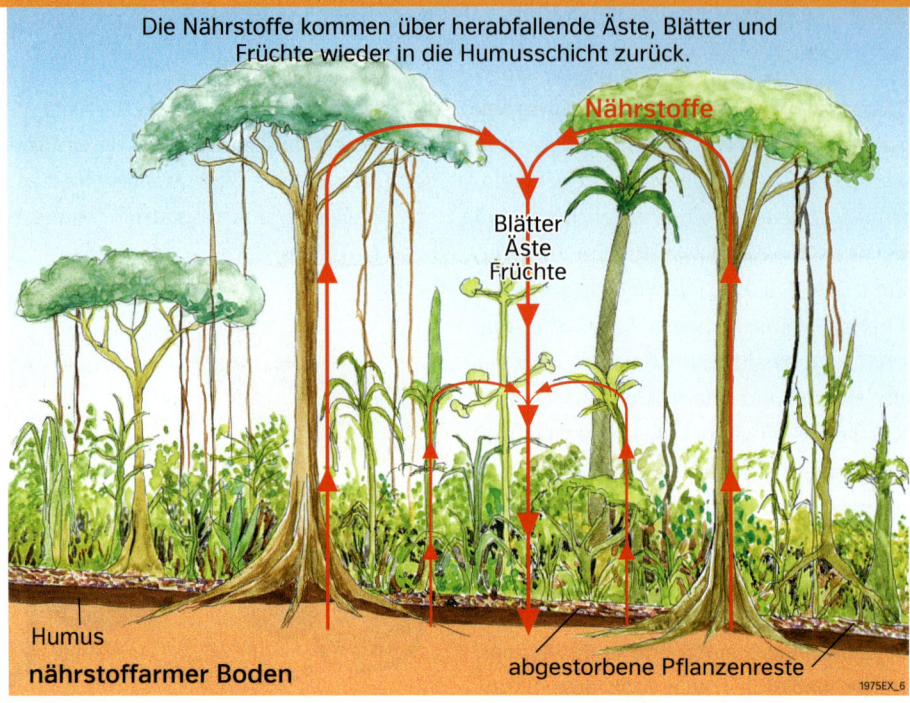

Die Nährstoffe kommen über herabfallende Äste, Blätter und Früchte wieder in die Humusschicht zurück.

Nährstoffe

Blätter
Äste
Früchte

Humus
nährstoffarmer Boden

abgestorbene Pflanzenreste

1975EX_6

M2 *Der unberührte geschlossene Nährstoffkreislauf im tropischen Regenwald. Die Boden-schicht, aus der die Pflanzen die Nährstoffe entnehmen, ist nur etwa 10 cm dick.*

Der tropische Regenwald – ein geschlossenes System

Im feuchtheißen Klima des tropischen Regenwaldes können die Pflanzen gut wachsen.

Es gibt keinen Herbst und Winter. Der tägliche Ablauf des Wetters ist das ganze Jahr über etwa gleich. Die Pflanzen wachsen ständig. Sie werfen fortwährend Blätter und Äste ab.

Ameisen, Käfer und Würmer zerkleinern die Pflanzenteile in nur wenigen Tagen. Pilze und Kleinstlebewesen im Boden zerlegen diese weiter. Es entsteht Humus. Die darin enthaltenen Nährstoffe werden von den Wurzeln der Pflanzen aufgenommen. Der **Nährstoffkreislauf** ist geschlossen. Der Regenwald lebt also von sich selbst und bildet ein besonderes **Ökosystem**.

Die dünne Humusschicht ist gegen die kräftigen Regengüsse geschützt: Das Blätterdach wehrt den Aufprall der Regentropfen ab. Das dichte Geflecht aus Wurzeln hält den Boden fest.

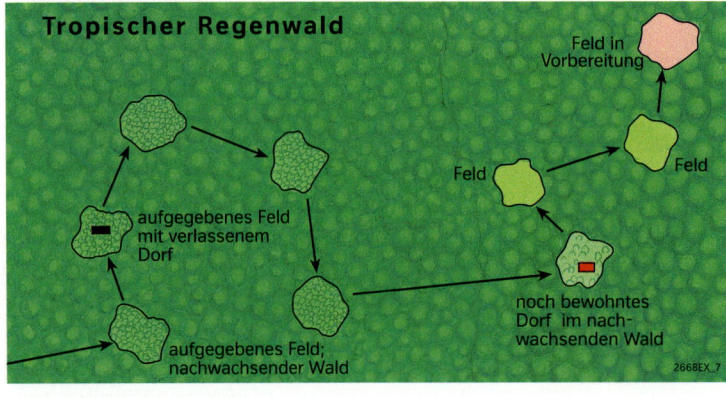

Tropischer Regenwald

Feld in Vorbereitung

aufgegebenes Feld mit verlassenem Dorf

Feld

Feld

noch bewohntes Dorf im nach-wachsenden Wald

aufgegebenes Feld; nachwachsender Wald

2668EX_7

M1 *Wanderfeldbau (Modell)*

Starthilfe zu ❶ ↗
Beginne so: Es ist 5:00 Uhr morgens. Die Sonne geht sehr schnell auf. Das Wetter ist...

❶ ↗ Schreibe einen Erlebnisbericht: Ein Tag im tropischen Regen-wald. Bringe darin alle wichtigen Informationen über das Wetter ein (M4).

❷ Erläutere den Ablauf des Wander-feldbaus (M1).

❸ Recherchiere im Internet Rezepte mit einer tropischen Knollenfrucht, wähle eins aus und koche es nach.

M3 *Ackerbauern im tropischen Regenwald in Afrika*

Yams

Batate (Süßkartoffel)

Maniok

Wanderfeldbau und Brandrodung

Im tropischen Regenwald leben verschiedene Völker, die Brandrodung und Ackerbau betreiben: Die Bauern roden und brennen die Flächen im Regenwald ab. Darauf legen sie Felder an. Die Asche enthält Nährstoffe. Anbaufrüchte sind unter anderem Bananen, Mais und Knollenfrüchte.

Nach drei bis vier Jahren sind die Nährstoffe aufgebraucht. Es müssen neue Felder angelegt werden. Sie betreiben **Landwechselwirtschaft**. Beim **Wanderfeldbau** verlagern die Ackerbauern auch ihre Dörfer. Dies wird notwendig, wenn die neuen Felder weit entfernt sind.

Wenn der Wanderfeldbau kleinflächig ist, schadet er dem Regenwald nicht. Nach etwa 20 Jahren entwickelt sich auf dem aufgegebenen Feld ein neuer Wald. Das ist eine nachhaltige Nutzungsform.

M5 *Yams, Batate (Süßkartoffel) und Maniok sind Anbaufrüchte im tropischen Regenwald. Es sind Wurzelknollen, die unseren Kartoffeln ähneln. Sie können gekocht oder gebraten werden. Ihr Mehl wird zu Brei, Brot oder Fladen verarbeitet.*

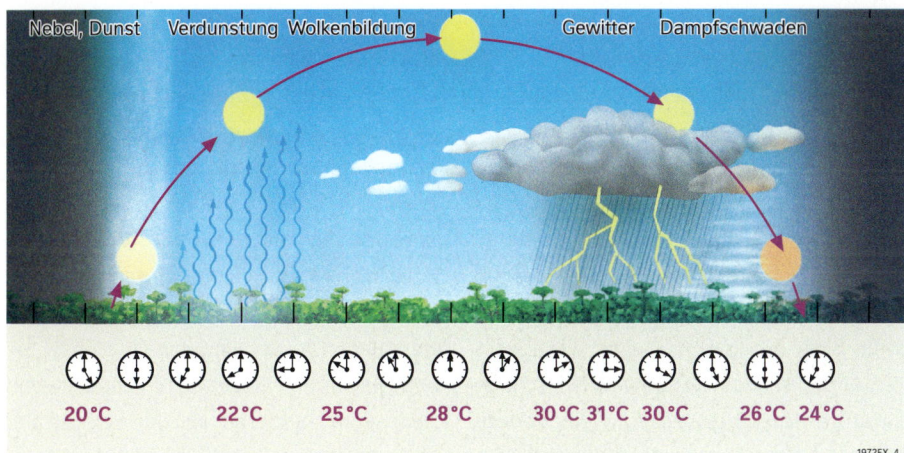

M4 *Täglicher Ablauf des Wetters im tropischen Regenwald*

4 Vergleiche die Landwechselwirtschaft und den Wanderfeldbau der Menschen im tropischen Regenwald mit denen der Menschen im Sahel bezüglich Nachhaltigkeit (siehe S. 122).

Merke

Im tropischen Regenwald können die Pflanzen sehr gut wachsen. Das ganze Jahr über ist es feucht und warm. Es herrscht ein geschlossener Nährstoffkreislauf.

Grundbegriffe

- Nährstoffkreislauf
- Ökosystem
- Landwechselwirtschaft
- Wanderfeldbau

Nachhaltige Nutzung im tropischen Regenwald

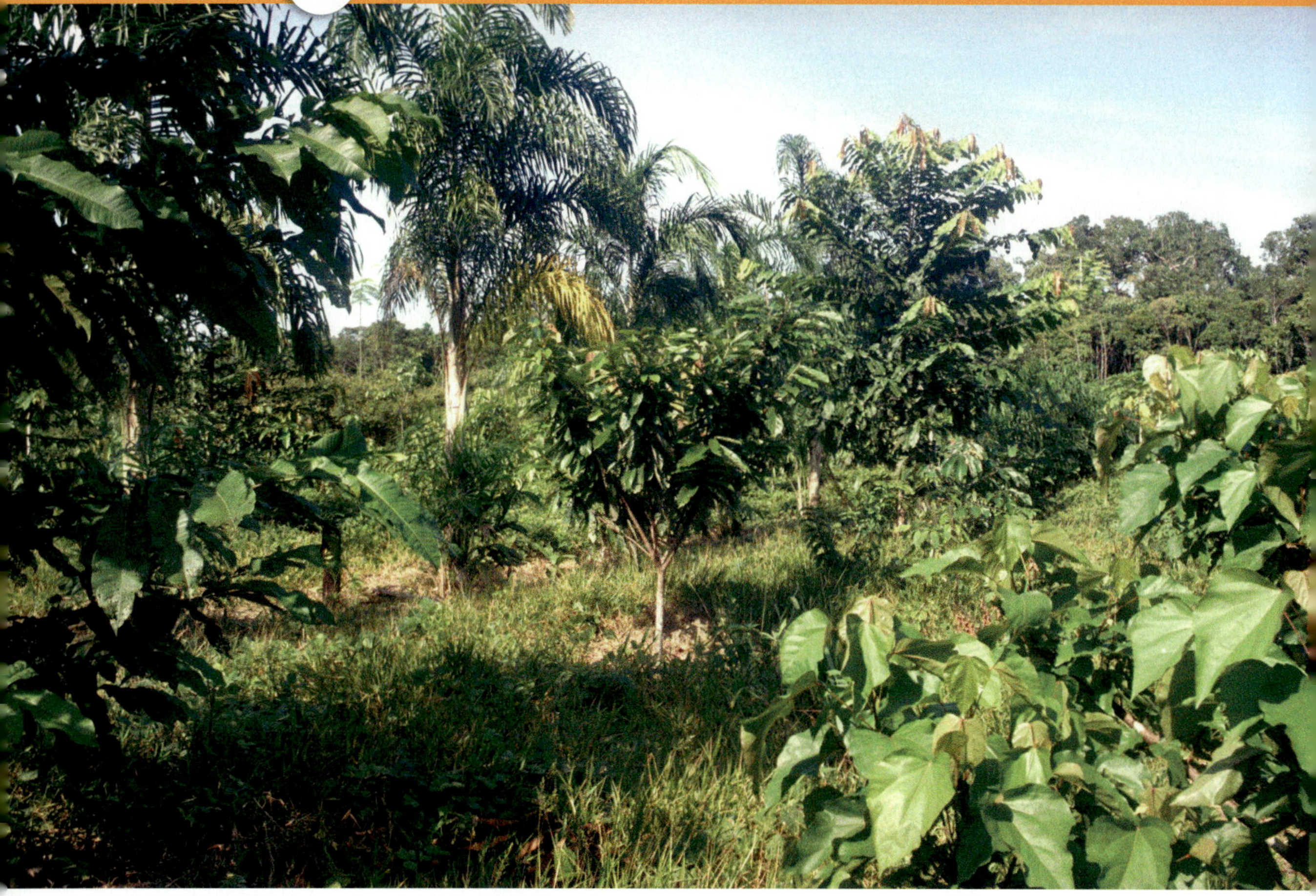

M1 *Mischkultur aus Bananen, Mais und Gemüse*

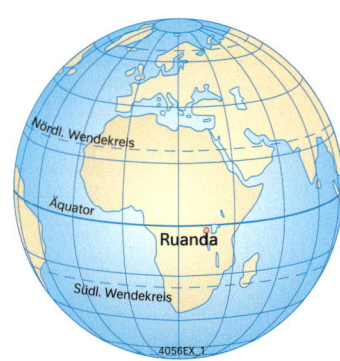

M2 *Lage des Staates Ruanda*

Die Landwirtschaft wird zu einer Gefahr für den Regenwald

Heute leben viel mehr Menschen als früher im tropischen Regenwald. Sie alle müssen sich ernähren. Immer mehr Regenwald wird gerodet. Brach liegende Felder werden schon nach wenigen Jahren wieder bepflanzt. Die Zeit der Brache wird immer kürzer. So kann sich der Wald nicht erholen. Aus einer angepassten Nutzung des Regenwaldes ist eine zerstörerische geworden. Viele Bauern bewirtschaften ihre Felder dauerhaft. Sie betreiben keinen Wanderfeldbau oder Landwechselwirtschaft mehr, sondern Dauerfeldbau.

Agroforstwirtschaft – eine nachhaltige Nutzung

Der Experte für Landwirtschaft Rainer Windhaus weiß, wie der Boden gegen die schnelle Auslaugung geschützt werden kann: „In Ruanda haben die Menschen eine Möglichkeit gefunden, den Regenwald ohne Landwechselwirtschaft landwirtschaftlich zu nutzen. Sie machen es genauso, wie der Regenwald selbst. Sie schaffen einen Nährstoffkreislauf, wenn auch einen anderen als der Regenwald. Dazu brauchen sie Viehhaltung, Ackerbau und den Wald. Diese Nutzung heißt **Agroforstwirtschaft**. Sie ermöglicht den Dörfern eine **nachhaltige Entwicklung**."

1. Beschreibe, wie Ackerbau, Viehhaltung und Forstwirtschaft bei der Agroforstwirtschaft miteinander verbunden sind (M3, M4).

2. Die Agroforstwirtschaft ähnelt dem Stockwerkbau und dem Nährstoffkreislauf des tropischen Regenwaldes. Erkläre (M3, S. 128).

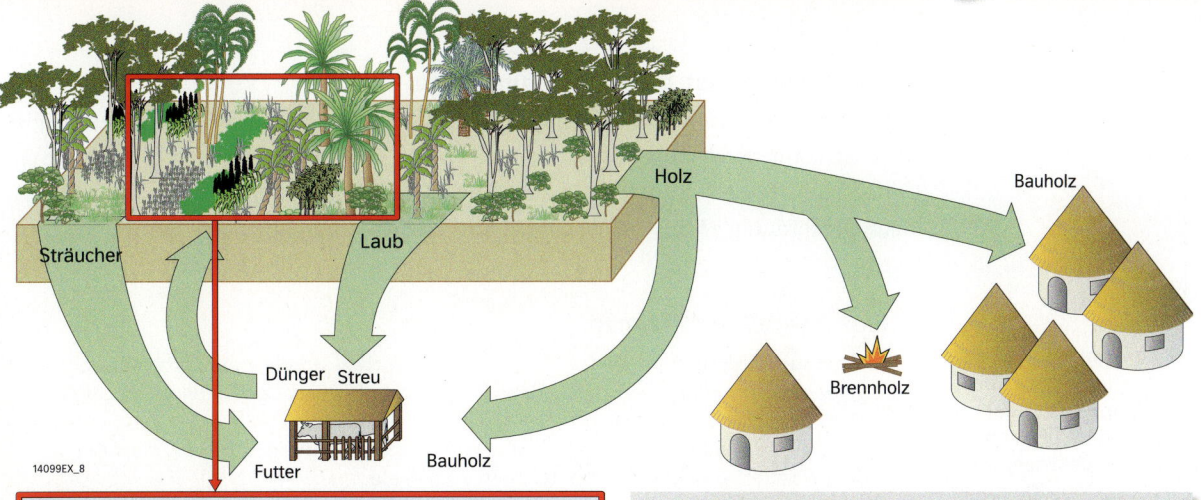

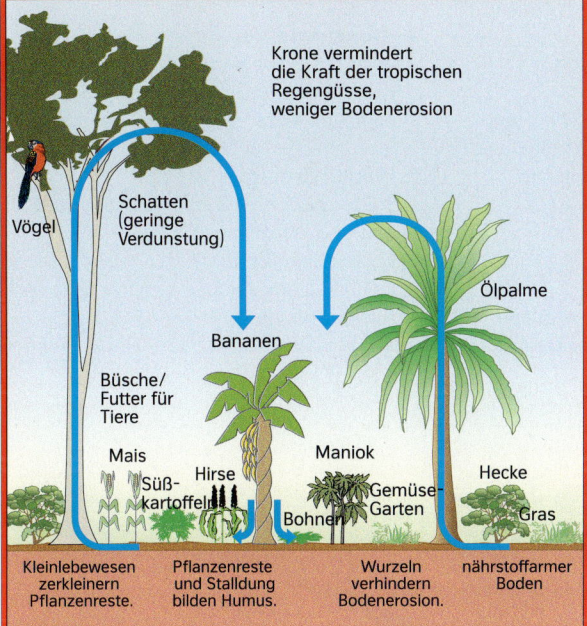

M3 *Agroforstwirtschaft – eine nachhaltige Nutzung*

„Unsere Schule wurde für ein Projekt ausgewählt. Wir sollten einen Schulgarten erhalten.
Ein landwirtschaftlicher Berater kam in unsere
Schule und erklärte uns alles. Am Rand der
Beete sollten Hecken zusammen mit Obstbäu-
men gepflanzt werden. So wird verhindert,
dass der Boden bei Regenfällen abgeschwemmt
wird. Die Blätter und Zweige sollten wir als
Kompost nutzen. Der Berater zeigte uns, wie
wir auf den Beeten neue Gemüsesorten anbau-
en können. Wir waren am Anfang ziemlich
misstrauisch, denn keiner von uns hat je sol-
ches Gemüse gegessen. Als wir zum ersten Mal
Tomaten, Erbsen, Möhren und Bohnen ernten
konnten, kam eine Beraterin vorbei. Sie hat
gezeigt, wie man Gemüse zubereitet."

Quelle: Bundesministerium für wirtschaftliche Zusammenarbeit und Entwicklung (Hrsg.): Komm, lass uns einen Obstbaum pflanzen. www.bmz.de

M4 *Saholy aus Ruanda (14 Jahre) berichtet.*

M5 *Setzlinge für die Agroforstwirtschaft*

---

❸ Beurteile die Nachhaltigkeit der
Agroforstwirtschaft. Berücksichtige
die Sicherung der Ernährung und
den Schutz des Regenwaldes.

❹ Schreibe einen Merktext zum
Thema „Nachhaltige Nutzung".
Verwende folgende Begriffe: Brache,
Dauerfeldbau, Agroforstwirtschaft.

Merke
Die Agroforstwirt-
schaft vereint Vieh-
haltung, Ackerbau und
Forstwirtschaft. Sie
gilt als nachhaltige
Nutzungsform.

Grundbegriffe
• Agroforstwirtschaft
• nachhaltige Entwick-
lung

Eine Mindmap ist eine Gliederungshilfe

Du hast bereits viele Informationen zum tropischen Regenwald erhalten: zum Beispiel zum Naturraum, zur Nutzung und zur Gefährdung. Mithilfe einer Mindmap kannst du diese Informationen ordnen und dir eine Merkhilfe schaffen. Auf den folgenden Seiten erfährst du mehr, um deine Mindmap zu erweitern.

ℹ Mindmap

Eine Mindmap (englisch: „Gedankenkarte") ist eine Zeichnung aus Begriffen. Wichtige Wörter oder Schlüsselbegriffe stehen an den Hauptästen. Untergeordnete Begriffe stehen an Nebenästen. Man spricht von „Schlüsselbegriffen", weil sie das Thema entschlüsseln.

Erstellen einer Mindmap

1. Thema notieren
- Verwende am besten ein unliniertes Blatt und lege es quer.
- Schreibe in die Mitte des Blattes in dicker Schrift das Thema und zeichne einen Kreis oder Oval darum herum.

2. Schlüsselbegriffe überlegen
- Zeichne zu allen gefundenen Schlüsselbegriffen Hauptäste an den Kreis oder das Oval. Du kannst die Hauptäste auch in verschiedenen Farben zeichnen.
- Schreibe an die Hauptäste die Schlüsselbegriffe.

3. Untergeordnete Begriffe wählen
- Überlege zu jedem Schlüsselbegriff untergeordnete Begriffe.

- Zeichne an die Hauptäste Abzweigungen für diese gefundenen Begriffe, die Nebenäste.
- Schreibe die Begriffe an die Nebenäste.

4. Nebenäste beschriften
- Von den Nebenästen kannst du weitere Nebenäste abzweigen lassen, wenn dir noch Unterpunkte einfallen.

5. Bilder eintragen
- Trage zusätzlich Bilder und Symbole ein, sodass deine Mindmap noch schöner aussieht.
- Zeichne zum Beispiel ein Tier oder ein Hinweisschild.

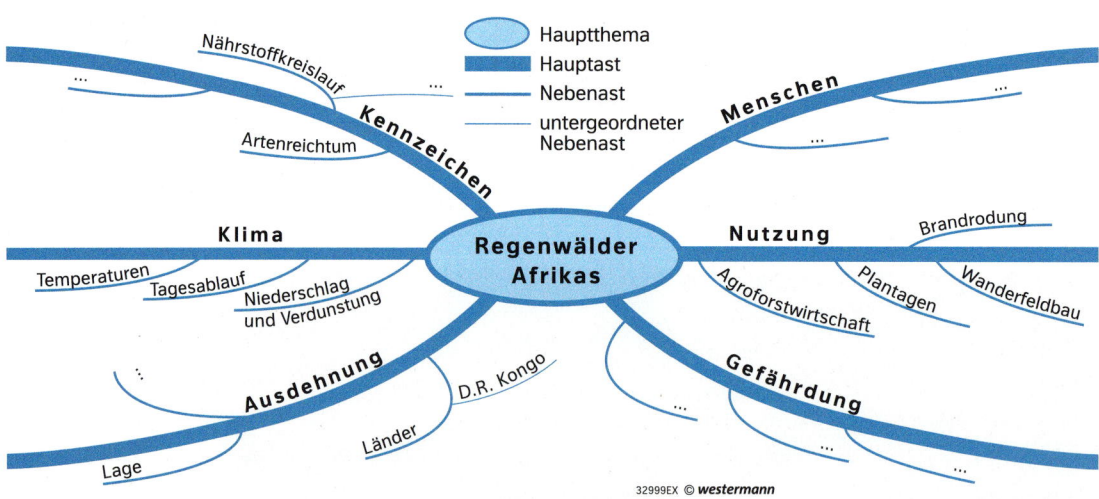

M1 *Mindmap zum Thema „Regenwälder Afrikas"*

① Zeichne M1 ab. Ergänze die Mindmap durch weitere Nebenäste mit Schlüsselwörtern zu den Hauptästen.

② Begründe, warum dir eine Mindmap auch bei der Vorbereitung eines Vortrags über ein Thema helfen kann.

Die Kausalkette

Der Begriff „causa" stammt aus dem Lateinischen und bedeutet übersetzt „Ursache". In einer Kausalkette stellt man die Beziehungen zwischen Ursache und Wirkung dar. Hierzu werden aufeinander bezogene Ereignisse und Zustände grafisch dargestellt und in eine gegliederte Struktur gebracht.

Erstellen einer Kausalkette

1. Markiere im Text wichtige Begriffe und Aussagen.

2. Notiere die Begriffe oder Aussagen stichwortartig.

3. Bringe die Stichwörter in eine logische Reihenfolge (Ursache – Wirkung).

4. Schreibe die Stichwörter nacheinander auf und verbinde die Aussagen mit Pfeilen. Diese haben die Bedeutung „bewirkt" oder „hat zur Folge".

Vom Wanderfeldbau zum Dauerfeldbau

1 Über viele Generationen haben die Ackerbauern im Regenwald Wanderfeldbau betrieben. Mit der Zeit wurden die Menschen sesshaft und die Landwechselwirtschaft hat den Wanderfeld-
5 bau ersetzt. Da die Fruchtfolge sich ständig ändert und sich die Flächen in langen Brachezeiten wieder erholen können, gilt auch diese Nutzungsform als angepasst und nachhaltig. Da sich die Bevölkerung in den Regenwäldern in den letz-ten 25 Jahren fast verdoppelt hat und somit mehr Menschen
10 zusätzlich ernährt werden müssen, reichen die Erträge der Landwechselwirtschaft heute nicht mehr aus. Um die benötigten Nahrungsmittel zu erzeugen, sind die Men-schen in einigen Teilen des Regenwaldes dazu übergegangen, ihre Felder im Dauerfeldbau zu bewirtschaften. Dadurch kön-
15 nen höhere Erträge erwirtschaftet werden. Bei dieser Form der Landwirtschaft werden Jahr für Jahr die gleichen Früchte auf demselben Feld angebaut. Die Regenwälder werden großflä-chig gerodet und alle Baumstümpfe entfernt. Eine Waldbrache und das Nachwachsen des Sekundärwaldes zur Erholung des
20 Bodens sind kaum noch möglich. Daher gehen die Ernteerträ-ge zurück. Da die Böden kaum Nährstoffe speichern können, hat auch der Einsatz von Düngemitteln nur wenig Erfolg.

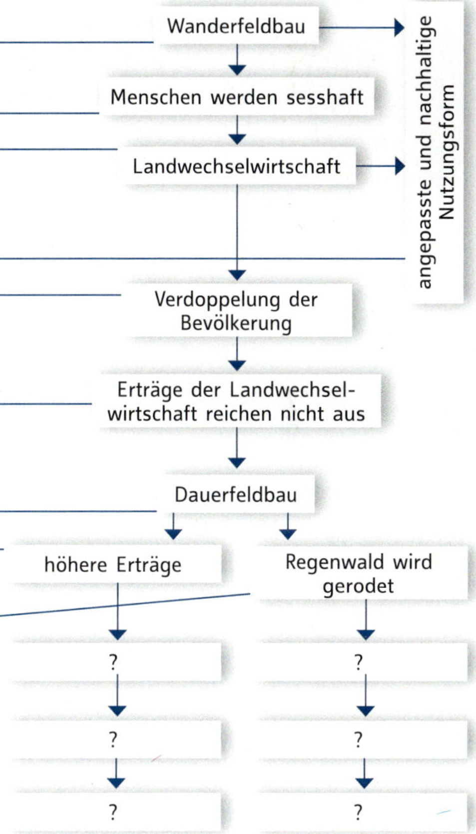

Wanderfeldbau → angepasste und nachhaltige Nutzungsform

Menschen werden sesshaft

Landwechselwirtschaft → angepasste und nachhaltige Nutzungsform

Verdoppelung der Bevölkerung

Erträge der Landwechsel-wirtschaft reichen nicht aus

Dauerfeldbau

höhere Erträge | Regenwald wird gerodet

? | ?

? | ?

? | ?

M2 *Sachtext über Dauerfeldbau*

---

❸ Gestalte eine Mindmap zu deinem Wahlthema in diesem Kapitel. Nutze dazu auch das Internet.

❹ Ergänze die Kausalkette mit dem Titel „Dauerfeldbau statt Wander-feldbau".

Einzelfrucht

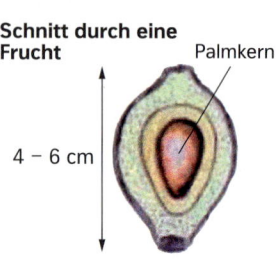

4 – 6 cm

Schnitt durch eine Frucht

Palmkern

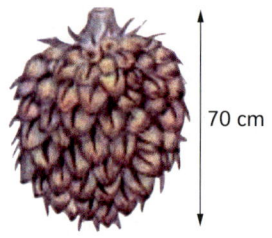

4 – 6 cm

Fruchtstand
– aus 3000 - 5000 Einzelfrüchten
– Gewicht zwischen 20 und 50 kg

70 cm

Ölpalme

M2 *Arbeiter bei der Ernte von Palmfrüchten*

Nutzung der Ölpalme

Das Öl der Ölpalme ist vielfach nutzbar und weltweit begehrt. Man verwendet es unter anderem zur Herstellung von Margarine, Schokolade, Eiscreme und Biodiesel.

Das Öl wird aus den Früchten der Ölpalme gewonnen. Diese können bis zu 30 m hoch werden und wachsen nur in Regionen mit Niederschlägen zwischen 2000 und 2500 mm sowie Temperaturen von etwa 30 °C. Auch aus dem Kern der Palmfrucht wird Öl gewonnen. Dieses dient zum Beispiel zur Herstellung von Seife und Waschmittel.

Die weltweite Nachfrage nach Palmöl ist in den letzten Jahren ständig gestiegen.

Fruchtstand

6–15 m

bis zu 30 m

33000EX

M1 *Palmfrucht und Fruchtstand*

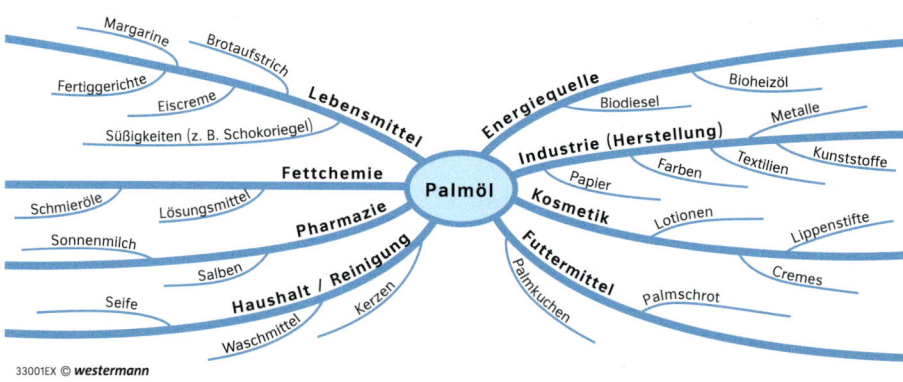

33001EX © **westermann**

M3 *Mindmap zur Nutzung von Palmöl*

❶ Nenne Produkte, die aus Palmöl hergestellt werden (Text, M3).

❷ Lokalisiere Staaten, in denen der Anbau von Ölpalmen möglich ist (Atlas).

❸ Schreibe einen Lexikoneintrag über eine Ölpalme (Text, M1–M3).

❹ a) Beschreibe die Entwicklung der Palmölproduktion in Indonesien und Malaysia (M5).
b) Erkläre die Entwicklung.

M4 *Palmölplantage mit Palmölmühle auf Borneo*

Palmölproduktion

Mehr als 85 Prozent der weltweiten Palmölproduktion kommen aus Malaysia und Indonesien. Hier wurden riesige Ölpalmplantagen angelegt. Dafür mussten Regenwaldflächen gerodet werden. Um neue Anbauflächen zu gewinnen, verschwindet allein auf den Inseln Borneo und Sumatra in jeder Minute tropischer Regenwald in der Größe von etwa sechs Fußballfeldern.

Dadurch verlieren viele Pflanzen und Tiere ihren Lebensraum. Teilweise werden bestehende landwirtschaftliche Flächen in neue Plantagen umgewandelt. Dadurch gehen in diesen Regionen die Reis- und Gemüseerträge zurück. Durch die neuen Plantagen verlieren viele Familien ihren Grund und Boden. Sie müssen für wenig Geld auf den Ölpalmplantagen harte Arbeit verrichten.

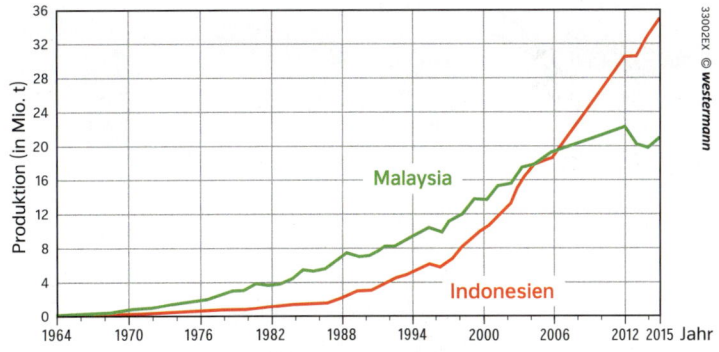

M5 *Entwicklung der Palmölproduktion in Malaysia und Indonesien*

Ich wünsche mir, dass der Wald unverändert bleibt. Es gibt einen langen Kampf um den Wald. Schon mein Vater hat gekämpft, um den Wald zu schützen. Damals hat ein Unternehmen begonnen, die Bäume abzuholzen. Nach der Rodung wurden im ganzen Gebiet Ölpalmen gepflanzt. Die Plantagen sind viel zu groß geworden. Sie nehmen nicht nur den Wald, sondern sie nehmen auch unser Leben.

M6 *Bericht eines Bewohners des Regenwaldes in Indonesien*

5 Stelle Ursachen und Folgen der weltweiten Nachfrage nach Palmöl für Indonesien und Malaysia in einer Kausalkette dar (S. 133).

6 Nenne Möglichkeiten, wie du und deine Familie mit eurem Handeln Einfluss auf die Produktion von Palmöl nehmen könnt. Begründe.

Merke
Das Öl der Ölpalme ist vielseitig verwendbar. Der Anbau der Ölpalme in Plantagen vernichtet in den Hauptanbauländern Malaysia und Indonesien große Flächen Regenwald und Ackerland.

M1 *Fällung eines Urwaldriesens*

© Westermann 3303EX_1

Haushaltsgegenstände, z.B. Frühstücksbretter, Essstäbchen (40 Mrd. pro Jahr)

Fensterrahmen

Särge (in Deutschland 1 Mio. pro Jahr)

Türen (Haustüren, Innentüren)

Parkett, Bretter, Paneele

Sperrholz, Furniere

Möbel (z.B. Tische, Stühle, Schränke, Gartenmöbel)

Papier, Pappe (aus Restholz und Zweigen)

Holzbrücken

Waggonbau, Containerbau

Modellbau

Saunabau

Schiffbau (Innenausstattung für Schiffe und Boote, Deckplanken)

Musikinstrumente (z.B. Gitarre, Holzblasinstrumente)

M2 *Verwendung tropischer Edelhölzer*

Das Geschäft mit dem Holz

Tropenholz ist ein begehrter Rohstoff. Das Holz wertvoller Bäume, wie Limba, Mahagoni, Palisander, Ebenholz oder Teak, wird zum Beispiel im Möbel- und Bootsbau sowie für die Herstellung von Parkettfußböden verwendet. International tätige Holzfirmen fällen die Bäume und exportieren sie unter anderem nach Japan, Südkorea, Nordamerika oder Europa.

Aber auch im tropischen Regenwald sind die wertvollen Bäume selten. So findet man auf einem Hektar Urwald höchstens vier verschiedene Edelholzbäume. Um diese Bäume zu roden und abzutransportieren, müssen 100 kleinere Bäume gefällt werden. Das Holz dieser Bäume ist zum Beispiel für die Papierindustrie bestimmt. Viele Menschen beklagen diesen **Raubbau**, denn auch durch den Wege- und Straßenbau geht wertvoller Wald verloren.

① Nenne acht Produkte, die aus Tropenholz hergestellt werden (Text, M2).

② Beschreibe den Transport von Baumstämmen aus dem Regenwald (M3).

③ Beschreibe die räumliche Verbreitung von Edelholzbäumen im tropischen Regenwald (Text, M6).

④ Begründe, warum die Holznutzung im Regenwald oft als Raubbau bezeichnet wird.

M3 *Holztransport im tropischen Regenwald*

Ein Fußballfeld Regenwald, alle zwei Sekunden

Organisierte Kriminalität kennt man im Zusammenhang mit Drogen oder Schutzgelderpressungen. Sie ist aber auch für die illegale Abholzung des Regenwalds verantwortlich. [...] Alle zwei Sekunden vernichten illegale Holzfäller weltweit die Waldfläche von der Größe eines Fußballfeldes. Darauf macht die Weltbank in einem Report [Bericht] aufmerksam, [...]. Der kriminelle Holzeinschlag bringt demnach jährlich einen Gewinn von 10 bis 15 Milliarden Dollar (8 bis 11 Milliarden Euro). Das Geld werde meist von organisierten Kriminellen kontrolliert, [...]. In einigen Staaten sind dem Bericht zufolge sogar 90 Prozent des Holzeinschlags illegal.

[...] Bislang habe die Justiz in den Ländern vor allem die Kleinkriminellen im Blick, die durch den Holzeinschlag der Armut entgehen möchten. Wichtig sei jedoch, die kriminellen Netzwerke zu zerschlagen und die Unternehmen zu bestrafen, die Bestechungsgelder bezahlten.
(Quelle: kjo/dpa: Ein Fußballfeld Regenwald, alle zwei Sekunden. www.focus.de, 22.03.2012)

M4 *Illegaler Holzeinschlag*

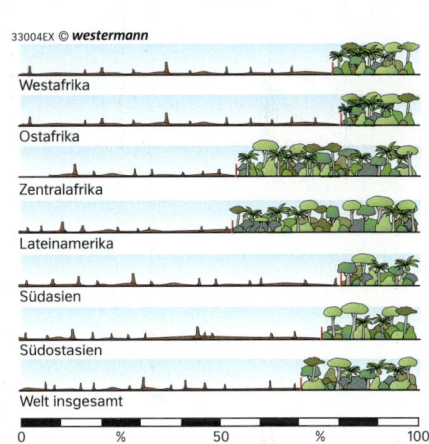

M5 *Bestand der Regenwälder (2012)*

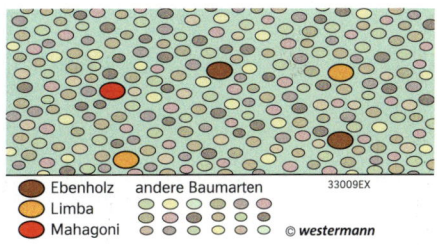

M6 *Verbreitung von Edelholzbäumen im tropischen Regenwald*

---

5 Erkläre die Auswirkungen des Holzeinschlags im tropischen Regenwald.

6 a) Werte M5 aus.
b) Beurteile den Bestand der tropischen Regenwälder.

7 Entwickle Möglichkeiten, wie du und deine Familie mit eurem Handeln den tropischen Regenwald schützen könnt. Begründe.

Merke
Die Nachfrage nach tropischen Edelhözern ist groß. Um sie zu fällen, werden viele andere Bäume gerodet.

Grundbegriff
• Raubbau

1. Außenseiter Afrikas gesucht

Überlege, welcher Begriff nicht dazu gehört. Begründe. Nutze den Atlas.

a) Johannesburg – Abuja – Addis Abeba – Kairo

b) Ouargla – Siwa – Haʹil – Kufra

c) Mali – Namibia – Mauretanien – Niger

d) Nil – Niger – Oranje – Sambesi

e) Addis Abeba – Assuan – Khartum – Luxor

f) Karibische Inseln – Komoren – Kanarische Inseln
– Kapverdische Inseln

2. Quer durch Afrika

Du unternimmst eine Reise entlang des
20. Meridians in Afrika.

1. Beschreibe die Geozonen, die du durchquerst,
   hinsichtlich ihres Reliefs, Klimas und ihrer
   Vegetation (Atlas).

2. Wähle ein Land entlang des Meridians aus und
   untersuche es genauer.
   a) Zeichne eine Faustskizze (S. 36/37).
   b) Fertige ein Profil durch die typischen
      Regionen an (S. 106/107).
   c) Analysiere die natürlichen Bedingungen des
      Landes (Atlas).

3. Klima- und Vegetationszonen

Werte die Klimadiagramme aus und ordne sie Vegetationszonen (Fotos ① – ③) zu.

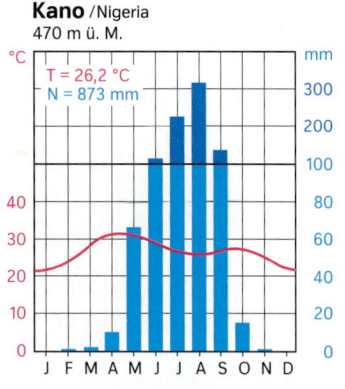

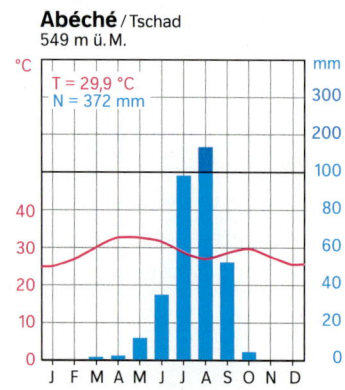

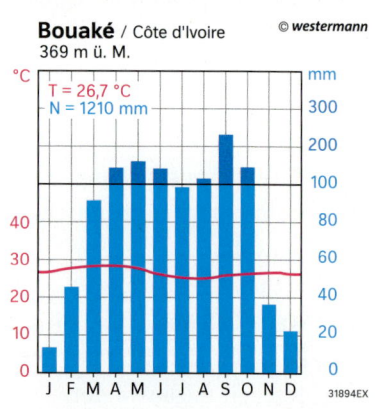

Kano /Nigeria
470 m ü. M.
T = 26,2 °C
N = 873 mm

Abéché / Tschad
549 m ü. M.
T = 29,9 °C
N = 372 mm

Bouaké / Côte d'Ivoire
369 m ü. M.
© westermann
T = 26,7 °C
N = 1210 mm

31894EX

4. Passatwinde

Zeichne die Skizze ab und beschrifte
sie. Verwende die Begriffe: Hochdruckgebiet, nördlicher Wendekreis,
Südostpassat, intensive Wolken-
bildung, Zenitstand der Sonne,
Tiefdruckgebiet, Äquator, Nordostpassat.

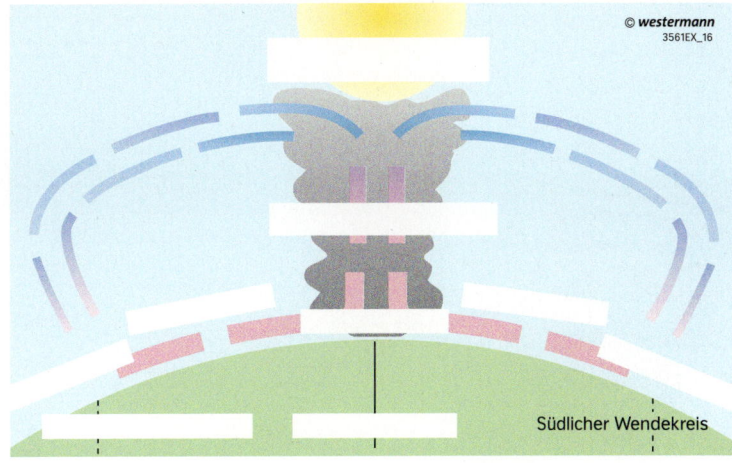

© **westermann**
3561EX_16

Südlicher Wendekreis

5. Tropische Regenwälder

Übertrage die Mindmap in dein Heft oder in deine Mappe und vervollständige sie.

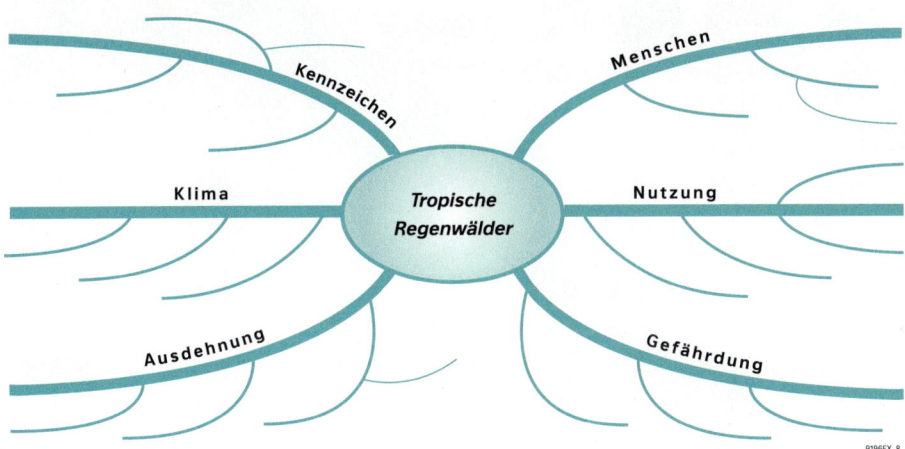

9196EX_8

6. Finde die Begriffe

a) Ausbreitung der Wüste;

b) Trockentäler in Wüsten, die nur nach Starkregenereignissen durchflossen
   werden;

c) Dafür wurden und werden in Malaysia und Indonesien riesige Flächen tropischen Regenwaldes abgeholzt;

d) Nachhaltige Bewirtschaftungsform im tropischen Regenwald.

Grundbegriffe

- Agroforstwirtschaft
- Äquatorialluft
- Becken
- Desertifikation
- Dornstrauchsavanne
- Düne
- Feuchtsavanne
- Geofaktor
- Geozone
- Hochdruckgebiet
- Landwechselwirtschaft
- nachhaltige Entwicklung
- Nationalpark
- Nährstoffkreislauf
- Nomade
- Oase
- Ökosystem
- Passat
- Passatklima
- Passatzirkulation
- Profil
- Raubbau
- Regenzeit
- Sahelzone
- sanfter Tourismus
- Savanne
- Schwelle
- Stockwerkanbau
- Tiefdruckgebiet
- Trockensavanne
- Trockenzeit
- tropischer Regenwald
- Wadi
- Wanderfeldbau
- Wüste
- Zenit

5 Armut und Reichtum

Bildung ist eine wichtige Voraussetzung für die Entwicklung ärmerer Länder.
Das Foto zeigt einen Klassenraum in der Zentralafrikanischen Republik. Vergleicht den Klassenraum mit eurem Klassenraum.

M1 *Besitz der Familie Getu aus Äthiopien (2013: HDI-Wert 0,435 Rang 173)*

🌐 Einteilung

Erste Welt: die Industrieländer
Zweite Welt: Länder des
ehemaligen „Ostblocks".
Der Begriff wird heute
nicht mehr gebraucht.
Dritte Welt: die Entwicklungsländer.
Vierte Welt: Gruppe der
ärmsten Länder.
Eine Welt: Dieser Begriff
erinnert daran, dass wir
in enger Verknüpfung mit
anderen Ländern auf einem
gemeinsamen Planeten
leben.

„Eine Welt" in zwei Hälften

„Eine Welt" – dieser Begriff wird gerne auf internationalen Konferenzen und in entsprechenden Vereinbarungen benutzt. Alle Menschen auf der Erde sollen ein glückliches, zufriedenes Leben führen können. Die Voraussetzungen für Glück und Zufriedenheit sind vielfältig, sie sind keinesfalls nur auf materiellen Wohlstand zurückzuführen. Aber Existenzangst und materielle Not passen mit Glück und Zu-friedenheit ebenfalls nicht zusammen.

Doch die „Eine Welt" ist geteilt: In den Entwicklungsländern hungern viele Men-schen, haben keine Arbeit und sind An-alphabeten. Die medizinische Versorgung sowie die Versorgung mit Trinkwasser ist unzureichend. Auch das Recht auf politische Mitbestimmung bleibt vielen verwehrt. In den Industrieländern sind dagegen diese Bedürfnisse der meisten Bewohner befriedigt; viele Menschen le-ben hier im Überfluss.

	Äthiopien	Japan	USA	Deutschland
Fläche (1000 km²)	1 133	378	9831	357
Einwohner (Mio.)	96	127	314	81
Bevölkerungsdichte (Einw./km²)	85	336	32	227
BIP (Mrd. US-$)	54	5955	16164	3533
BNE (Mrd. US-$)	130	4865	16600	3592
BNE/pro Kopf (US-$)	550	47830	52540	46700
Anteil am BIP (%) Landwirtschaft	85	1	1	1
Industrie	10	26	21	31
Dienstleistung	5	73	78	68

M2 *Länderdaten (2013)*

1️⃣ Beschreibe die Fotos M1 und M3. Ordne ihnen die Begriffe Entwick-lungsland und Industrieland zu.

2️⃣ Vergleiche das Leben der beiden Mädchen Eden und Marie (M4).

M3 *Hausstand der Familie Ukita aus Tokio in Japan (2013: HDI-Wert 0,890 Rang 17)*

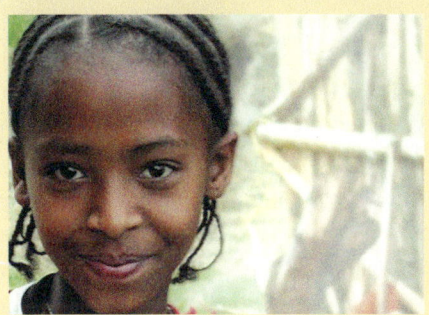

Eden aus Äthiopien

Familie: Eltern sind Bauern; sechs Geschwister

Mit 8 Jahren: Arbeit im Haushalt, auf dem Feld; Betreuung der Geschwister

Mit 16: Heirat eines von der Mutter ausgesuchten Mannes; erstes Kind

Mit 29: Tod des fünften Kindes bei der Geburt

Mit 35: Sechstes Kind

Mit 38: Geburt des vierten Enkels

Mit 50: Tod

Marie aus Deutschland

Familie: Vater ist Angestellter, Mutter ist Beamtin; ein Bruder

Mit 8 Jahren: Schulbesuch; Ballett- und Reitunterricht

Mit 16: Mittlere Reife; erster, fester Freund

Mit 29: Beruf: Biologisch-technische Assistentin; Heirat

Mit 35: Zweites Kind

Mit 38: Jüngstes Kind im Kindergarten; Teilzeitarbeit

Mit 50: Voll berufstätig

Mit 62: Geburt des ersten Enkels

Mit 82: Tod

M4 *Zwei Welten (Durchschnittswerte)*

ℹ Maßzahlen für die Größe

- das **Bruttoinlandsprodukt (BIP)** = Wert sämtlicher Güter (Waren und Dienstleistungen), die während eines Jahres innerhalb eines Landes von In- und Ausländern produziert werden.
- das **Bruttoationaleinkommen (BNE)** = Gesamtwert sämtlicher Güter (Waren und Dienstleistungen), die von den Staatsbürgern eines Staates in einem Jahr produziert werden (im In- und Ausland). Das BNE sagt nichts darüber aus, wie das Einkommen innerhalb eines Landes verteilt ist.

Merke
Die Lebensbedingungen der Menschen sind auf der Welt unterschiedlich ausgeprägt.

Grundbegriffe
- Bruttoinlandsprodukt (BIP)
- Bruttonationaleinkommen (BNE)

❸ Erörtere die Daten zweier Staaten deiner Wahl (M2). Welches Land würdest du als wirtschaftlich höher entwickelt betrachten?

M1 *Große Auswahl beim Einkaufen im Supermarkt*

Leitauftrag

„Welt der Hungernden – Welt der Satten"
Entwickelt dazu eine Präsentation und stellt sie in der Klasse vor.

Ernährung – Mangel und Überfluss

Auf der Erde leben etwa sieben Milliarden Menschen. Fast jeder siebte leidet an **Unterernährung**. Ein Hungernder hat weniger zu essen, als er täglich braucht, um sein Gewicht zu erhalten und leichte Arbeiten zu verrichten. Hierfür braucht er etwa 10 000 kJ. Ein dauernder Nahrungsmangel lässt den Körper abmagern.

Hungernde Kinder wachsen sehr langsam. Sie fühlen sich matt und wollen oft nicht einmal spielen.

Während die Menschen in vielen Ländern Afrikas hungern, werden sie in den USA und Europa immer dicker. Hier essen viele Menschen zu viel und das Falsche. Oft leiden sie dann an **Überernährung**. In Deutschland gilt bereits jedes fünfte Kind als zu dick. Übergewichtige Menschen sind für Krankheiten besonders anfällig. Die Kosten hierfür verursachen bereits ein Drittel aller Kosten im Gesundheitswesen.

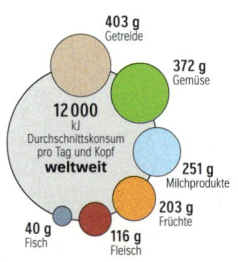
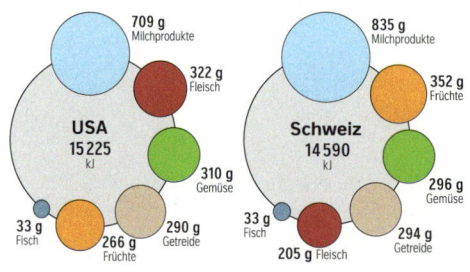
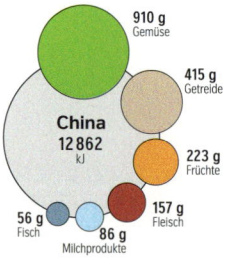
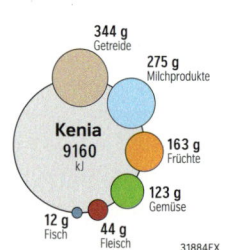

M2 *Nahrungsmittel pro Tag und Kopf in unterschiedlichen Ländern*

Tipps für die Erarbeitung

1 a) Beschreibt die unterschiedlichen Ernährungssituationen auf der Erde (Text, M2, M3, M4).
b) Vergleicht den Anteil der Hauptnahrungsmittel der Länder (M2).

2 Beschreibt die Lebensbedingungen von Nadège und ihrer Familie (M4).

3 Interpretiert die Karikatur (M5).

Eine Umfrage ergab, dass

- für die Hälfte der Deutschen gutes Essen wichtig ist,
- der Verzicht auf Fleisch vielen Menschen schwerfällt,
- wegen Zeitmangels eine gesunde Ernährung schwierig ist,
- nur in der Hälfte der Haushalte noch selbst gekocht wird,
- gesunde Ernährung auch eine Geldfrage ist.

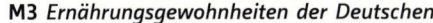

M3 *Ernährungsgewohnheiten der Deutschen*

M5 *Karikatur*

ℹ️ Nahrungsbedarf

Der Nahrungsbedarf eines Menschen ist abhängig von seiner körperlichen Tätigkeit. Sie bestimmt seinen Energieverbrauch. Im Durchschnitt braucht ein Mensch ca. 10 000 kJ (Kilojoule) am Tag. Beim Schlafen sind es in einer Stunde etwa 84 kJ, beim Sitzen 418 kJ, beim Stehen 185 kJ, beim Gehen 790 kJ und beim Aufräumen 980 kJ.

Auch die Zusammensetzung der Nahrung ist wichtig. Sie sollte etwa zu 60 Prozent aus Kohlehydraten (z. B. Getreide, Kartoffeln) bestehen sowie zu mindestens 15 Prozent aus Eiweiß (z. B. Fleisch, Fisch, Milch, Soja) und Vitaminen (z. B. Obst).

Burundi zählt zu den ärmsten Ländern in Afrika. Dort leben Nadège und Joseph mit ihrer Familie in einem kleinen Dorf. Sie haben insgesamt sechs Kinder. Sie sind Bauern und bauen Bohnen, Maniok und Kartoffeln an. Das Problem: Das Essen reicht kaum, um die Familie zu versorgen. Hunger gehört zum Alltag!

Wenn man Nadège fragt, welche Perspektive sie für ihre Kinder sieht, ist sie sehr traurig: „Wir möchten ihnen zumindest genug zum Essen geben. In die Schule sollen sie auch gehen können. Dort könnten sie lernen und bekämen wenigstens eine warme Mahlzeit am Tag. Aber wir brauchen die Kinder hier zum Arbeiten, um wenigstens überleben zu können. Außerdem ist der Weg zur Schule weit."

M4 *Bericht in einer Zeitschrift*

---

4 Berechnet euren ungefähren Energieverbrauch an einem normalen Tag (Info).

5 Erstellt für die Klasse einen kurzen Merktext über euer Thema. Erklärt darin auch die Begriffe Unterernährung und Überernährung.

Grundbegriffe
- Unterernährung
- Überernährung

Leitauftrag

„Lesen und Schreiben – nicht selbstverständlich."
Entwickelt dazu eine Präsentation und stellt sie in der Klasse vor.

M1 *Lage von Tokio (Hauptstadt Japans)*

ℹ Lese- und Schreibkundige

Lese- und Schreibkundige sind Menschen über 14 Jahre, die lesen und schreiben können. Das Gegenteil sind die Analphabeten.
Der Anteil der Menschen in einem Land, die lesen und schreiben können, gibt Aufschluss über die Anstrengungen einer Regierung, den Bildungsstand der Bevölkerung auf ein bestimmtes Niveau zu heben.
Viele Analphabeten und mangelnde Bildung der Menschen gelten als große Hindernisse bei der Entwicklung von Ländern.

Lesen und Schreiben

Weltweit können heute 4,5 Mrd. Menschen lesen und schreiben, so viele wie nie zuvor. Doch obwohl die absolute Zahl steigt, nimmt ihr prozentualer Anteil ab. In vielen Regionen der Welt wächst die Bevölkerung so schnell, dass die Regierungen nicht genügend Schulen errichten können.

Weltweit gibt es etwa 900 Mio. **Analphabeten**. Es gibt sie nicht nur in den armen Ländern. Auch in den reichen Ländern ist die Zahl der Analphabeten mit 23 Mio. vergleichsweise hoch. Jeder fünfte Erwachsene in den USA, Großbritannien und Irland kann nicht lesen und schreiben.

Misaki ist 13 Jahre alt. Sie lebt mit ihren Eltern in Tokio, Japan. Sie geht in die Mittelschule. Ihr Lieblingsfach ist Japanisch. Die Schrift besteht aus Schriftzeichen. Diese heißen „Kanji". Um einigermaßen lesen und schreiben zu können, muss man rund 1800 Kanji beherrschen. Die Zeichen haben sich im Laufe der Zeit aus einfachen Bildern entwickelt. Misaki hat jeden Tag von Montag bis Freitag von 8 bis etwa 16 Uhr Unterricht. Ihr Arbeitstag ist jedoch viel länger. Sie hat regelmäßig Nachhilfeunterricht in einem „Juko". Das ist ein Lernstudio. Dort bereitet sie sich auf die Aufnahmeprüfung für die Oberschule vor.

M2 *Misaki aus Tokio hat für eine Feier in der Schule einen Festkimono angelegt.*

Etwa 65 Prozent der Analphabeten weltweit sind Frauen. In einigen Ländern ist es vor allem auf dem Land noch immer so, dass Mädchen nicht in die Schule gehen dürfen. Sie müssen im Haushalt helfen und sich um die Geschwister kümmern. So werden sie auf ihre zukünftige Rolle als Mutter und Ehefrau vorbereitet. Frauen, die eine Schule besucht haben, wehren sich eher gegen Unterdrückung und bekommen weniger Kinder.

M3 *Mädchen auf dem Land*

Tipps für die Erarbeitung

1 Legt Transparentpapier auf M4 und markiert die Staaten, in denen der Anteil der Analphabeten hoch ist. (Achtung: M4 zeigt die Alphabetisierung!)

2 Nennt zu den Kontinenten Afrika, Asien und Amerika jeweils drei

Staaten mit ihren Hauptstädten, in denen besonders viele Analphabeten leben (M4).

3 a) Vergleicht das Leben von Misaki und Kumar (M2, M5).
b) Ermittelt den Anteil der Analphabeten in ihren Ländern (M4).

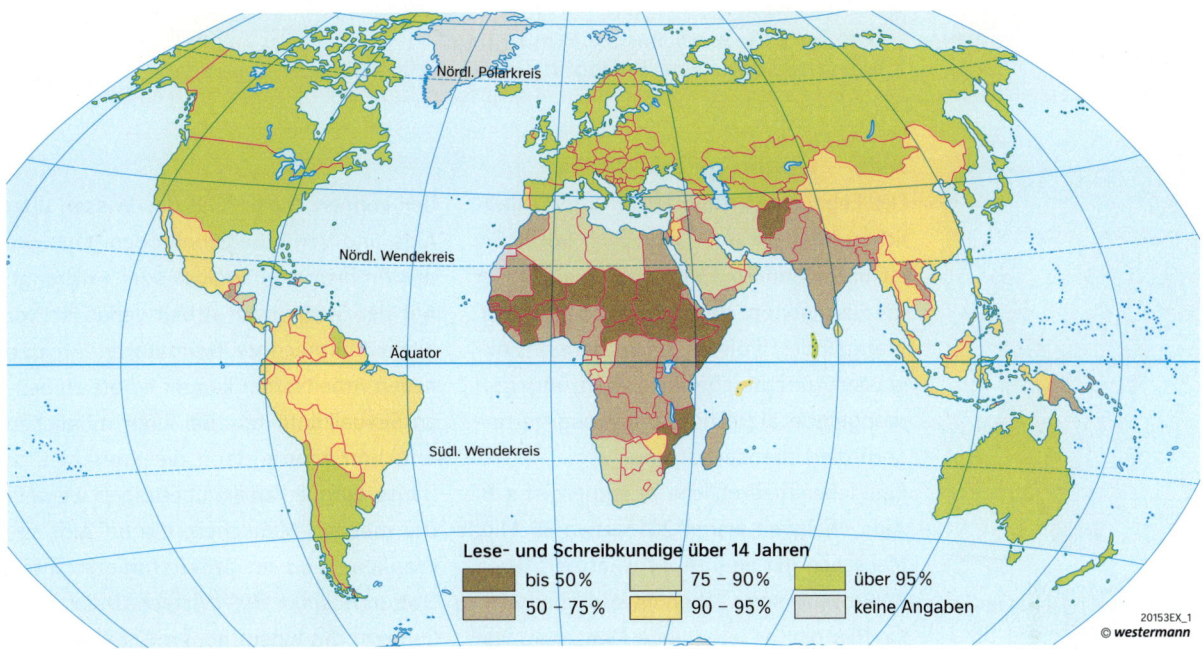

M4 *Alphabetisierung auf der Erde*

Lese- und Schreibkundige über 14 Jahren
- bis 50 %
- 50 – 75 %
- 75 – 90 %
- 90 – 95 %
- über 95 %
- keine Angaben

20153EX_1
© **westermann**

Kumar ist zwölf Jahre alt. Er lebt mit seinen Eltern, zwei Brüdern und einer Schwester im Slum von Kathmandu in Nepal. Die ganze Familie versucht, so oft es geht, Arbeit zu finden. Seine Schwester und er arbeiten seit zwei Jahren im Straßenbau. Sie sind zwei von zwölf **Kinderarbeitern**, die von einem Aufseher angetrieben werden. Sie müssen Schwerstarbeit verrichten. Kumar wünscht sich, zur Schule gehen zu dürfen. Aber das kann sich die Familie nicht leisten. Sie lebt in einer kleinen Hütte. Diese ist nicht viel höher als Kumar selbst. Ein Erwachsener kann dort nicht gerade stehen. Die Hütte besteht aus zwei Räumen: einer Küche und einem Schlafraum. Möglichst einmal am Tag isst die Familie gemeinsam: Reis und Gemüse.

M5 *Kumar aus Kathmandu*

M6 *Lage von Kathmandu (Hauptstadt Nepals)*

④ a) Erklärt warum mangelnde Bildung eines der größten Hindernisse bei der Entwicklung ist.
b) Nennt mögliche Gründe, warum es besonders wichtig ist, dass Frauen und Mädchen lesen und schreiben können (M3).

⑤ Erstellt für die Klasse einen Merktext über euer Thema. Erklärt auch die Begriffe Analphabeten, Slum und Kinderarbeiter.

Grundbegriffe
- Analphabet
- Kinderarbeit

Leitfrage

„Oft fehlt die medizinische Versorgung."
Entwickelt dazu eine Präsentation und stellt sie in der Klasse vor.

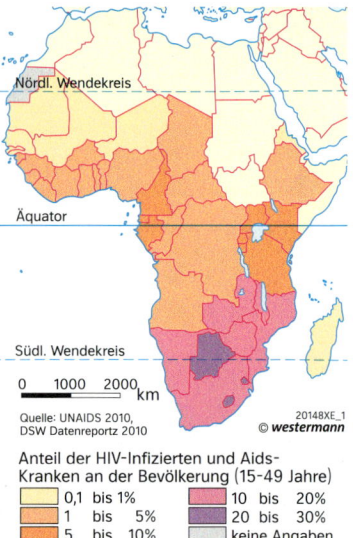

Quelle: UNAIDS 2010,
DSW Datenreportz 2010
© westermann
20148XE_1

Anteil der HIV-Infizierten und Aids-
Kranken an der Bevölkerung (15-49 Jahre)

0,1 bis 1%	10 bis 20%
1 bis 5%	20 bis 30%
5 bis 10%	keine Angaben

M1 *Aids in Afrika*

Aids – warum gerade Afrika?

Die Lebenserwartung ist in unterschiedlichen Ländern unterschiedlich hoch. Sie ist unter anderem von der Qualität der medizinischen Versorgung abhängig. Mangelnde Hygiene, unsauberes Trinkwasser, unzureichende Ernährung und mangelnde ärztliche Versorgung verringern die Lebenserwartung.

Eine lebensbedrohliche Krankheit ist z. B. **Aids**. Weltweit waren 2015 etwa 36 Mio. Menschen mit dem HI-Virus infiziert. Etwa 70 Prozent davon leben im südlichen Afrika. Hier gibt es viele junge Menschen, von denen zahlreiche weder lesen noch schreiben können. Ihnen fehlt das Wissen über Aids und Verhütungsmethoden. Oft wird das Problem verharmlost oder verdrängt. Auf der Suche nach Arbeit verlassen vor allem Männer ihre Heimatorte. An den neuen Arbeitsorten kommt es oft zu neuen Sexualkontakten. Bei einer möglichen Infektion könnte dann die Krankheit zu Hause auf die Familie übertragen werden. Die meisten Menschen, die an Aids erkranken, sind im arbeitsfähigen Alter. Dadurch sinkt die Wirtschaftskraft in Ländern mit einem hohen Anteil an HIV-Infizierten.

ⓘ Aids

Aids ist die Abkürzung für acquired immune deficiency syndrome. Es wird durch das HI-Virus (engl. „human immunodeficiency virus") ausgelöst. Das Virus zerstört Zellen des Immunsystems. Menschen, die sich infiziert haben, sind HIV-positiv. Erst wenn die genannten Krankheitssymptome auftreten, spricht man von Aids. HI-Viren werden zum Beispiel durch ungeschützten Geschlechtsverkehr übertragen. Neugeborene können die Krankheit durch ihre infizierte Mutter erhalten.

Sina ist zwölf Jahre alt. Sie hat noch einen Bruder. Er ist 14 Jahre alt. Beide leben mit ihren Eltern in Bielefeld. Seit ihrer Geburt hat Sina regelmäßig an gesundheitlichen Vorsorgeuntersuchungen teilgenommen. Wenn sie 13 Jahre alt ist, folgt die Untersuchung J1. Ein Arzt untersucht dann, ob Sina gut hören und sehen kann. Er überprüft den Blutdruck, ermittelt die Größe und das Gewicht und gibt Empfehlungen für Impfungen. All diese Untersuchungen werden von der Krankenkasse bezahlt. Deutschland zählt zu den 20 Ländern, die die beste medizinische Versorgung haben (von

Sina

etwa 200 Ländern der Erde). Ein Arzt in Deutschland hat nur 298 Patienten zu versorgen.

In ihrer Freizeit spielt Sina Handball und geht in eine Tanzgruppe. So bewegt sie sich viel und tut damit etwas für ihre Gesundheit.

M2 *Sina aus Bielefeld*

Tipps für die Erarbeitung

❶ Bestimmt, was für euch eine niedrige, mittlere und hohe Lebenserwartung ist (z. B. Lebenserwartung unter 50 Jahre = niedrig). Legt Transparentpapier auf M3 und tragt Gebiete mit niedriger, mittlerer und hoher Lebenserwartung ein.

❷ Erklärt, warum die Lebenserwartung vor allem in Afrika so niedrig ist (M4).

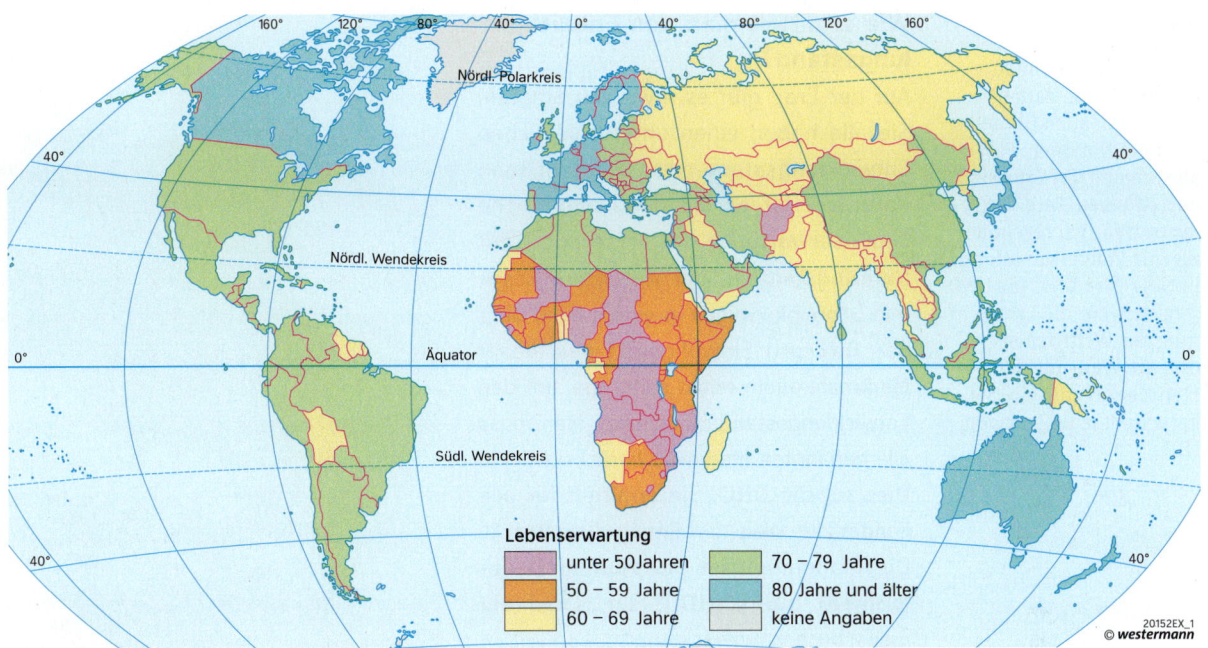

M3 *Lebenserwartung*

Lebenserwartung
unter 50 Jahren	70 – 79 Jahre
50 – 59 Jahre	80 Jahre und älter
60 – 69 Jahre	keine Angaben

20152EX_1
© westermann

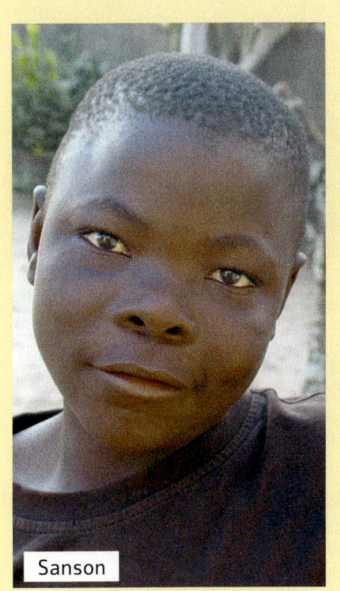

Sanson

Der acht Jahre alte Sanson lebt in Maputo. Er hat noch zwei Brüder und eine Schwester. Sanson und seine Geschwister sind Waisen. Ihr Vater starb vor einigen Jahren an Aids. Von ihrer Mutter haben sie nichts mehr gehört, seit sie auf Arbeitssuche gegangen ist. Sie ist womöglich auch an Aids gestorben. Mosambik ist eines der ärmsten Länder der Erde. Die Rate der HIV-Infizierten über 15 Jahre beträgt zwölf Prozent (in Deutschland 0,2 Prozent). Die ärztliche Versorgung ist mangelhaft. Das Krankenhaus in Maputo ist schlecht ausgestattet und auf einen Arzt im Land kommen 143 351 Patienten. Sansons 16-jähriger Bruder Elias ist jetzt für Sanson verantwortlich. Die Schwester wurde von einer Tante aufgenommen.

M4 *Sanson aus Mosambik*

M5 *Lage von Maputo (Hauptstadt Mosambiks)*

❸ Vergleicht die Lebenserwartung in den Ländern von Sina und Sanson und findet Gründe für die Unterschiede (M3, Atlas).

❹ Erstellt für die Klasse einen Merktext über euer Thema. Erklärt die Begriffe Aids und Lebenserwartung. Berücksichtigt dabei auch den Unterschied zwischen dem HI-Virus und Aids.

Grundbegriff
• Aids

UNO

Die UNO (engl. United Nations Organization) nennt man auch UN oder Vereinte Nationen. Fast alle Staaten der Erde sind dort Mitglied. Ihre Vertreter treffen sich regelmäßig zur Vollversammlung in New York/USA. Die UNO setzt sich für die Erhaltung des Weltfriedens und die Wahrung der Menschenrechte ein. Sie berechnet jedes Jahr den HDI.

Wie ermittelt man den Entwicklungsstand?

Auf der Erde gibt es etwa 200 Staaten. Sie alle haben einen unterschiedlichen Entwicklungsstand. Was versteht man darunter? Ist es die durchschnittliche Lebenserwartung, die Versorgung mit Nahrungsmitteln, der Anteil der Lese- und Schreibkundigen in einem Land oder das BNE pro Einwohner? Eines dieser Merkmale allein reicht nicht aus, um den Entwicklungsstand zu messen. Man muss alle genannten Merkmale berücksichtigen. Dies tut die UNO. Sie ermittelt für alle Länder der Welt den Entwicklungsstand. Die Maßeinheit ist der **Human Development Index (HDI)**, der „Grad der menschlichen Entwicklung".

Für jedes Land wird ein HDI-Wert ermittelt. Der Wert schwankt zwischen 0 und 1. Je näher der Wert eines Landes bei 1 liegt, desto höher ist das Land entwickelt.

So entsteht eine Liste der Länder der Erde nach dem HDI, dem Grad der Entwicklung. Mithilfe dieser Liste wurde die Karte M1 erstellt.

Die Industrieländer haben einen hohen HDI zwischen 0,8 und 1,0. Der Wert der Entwicklungsländer liegt unter 0,5. Dazwischen liegen die **Schwellenländer**. Das sind Länder, die sich im Übergang (auf der „Schwelle") vom Entwicklungsland zum Industrieland befinden.

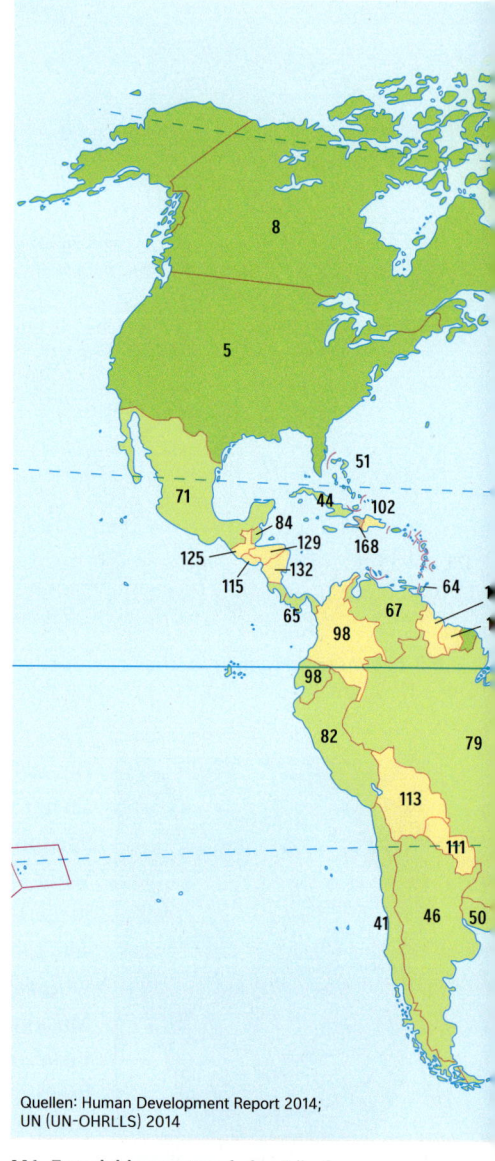

Quellen: Human Development Report 2014; UN (UN-OHRLLS) 2014

M1 *Entwicklungsstand der Länder*

Entwicklungsstand der Länder nach dem HDI

- sehr hohe menschliche Entwicklung (HDI > 0,8)
- hohe menschliche Entwicklung
- mittlere menschliche Entwicklung
- niedrige menschliche Entwicklung (HDI < 0,5)
- keine Angaben

Starthilfe zu ❶
Lege eine Tabelle an:

Gr. 1:	...
Gr. 2:	...
Gr. 3:	...
Gr. 4:	...

❶ Liste aus jeder der vier in M1 dargestellten Gruppen möglichst zwei Länder je Kontinent auf (Atlas).

❷ Lokalisiere, auf welchem Kontinent die am niedrigsten entwickelten Länder liegen (M1).

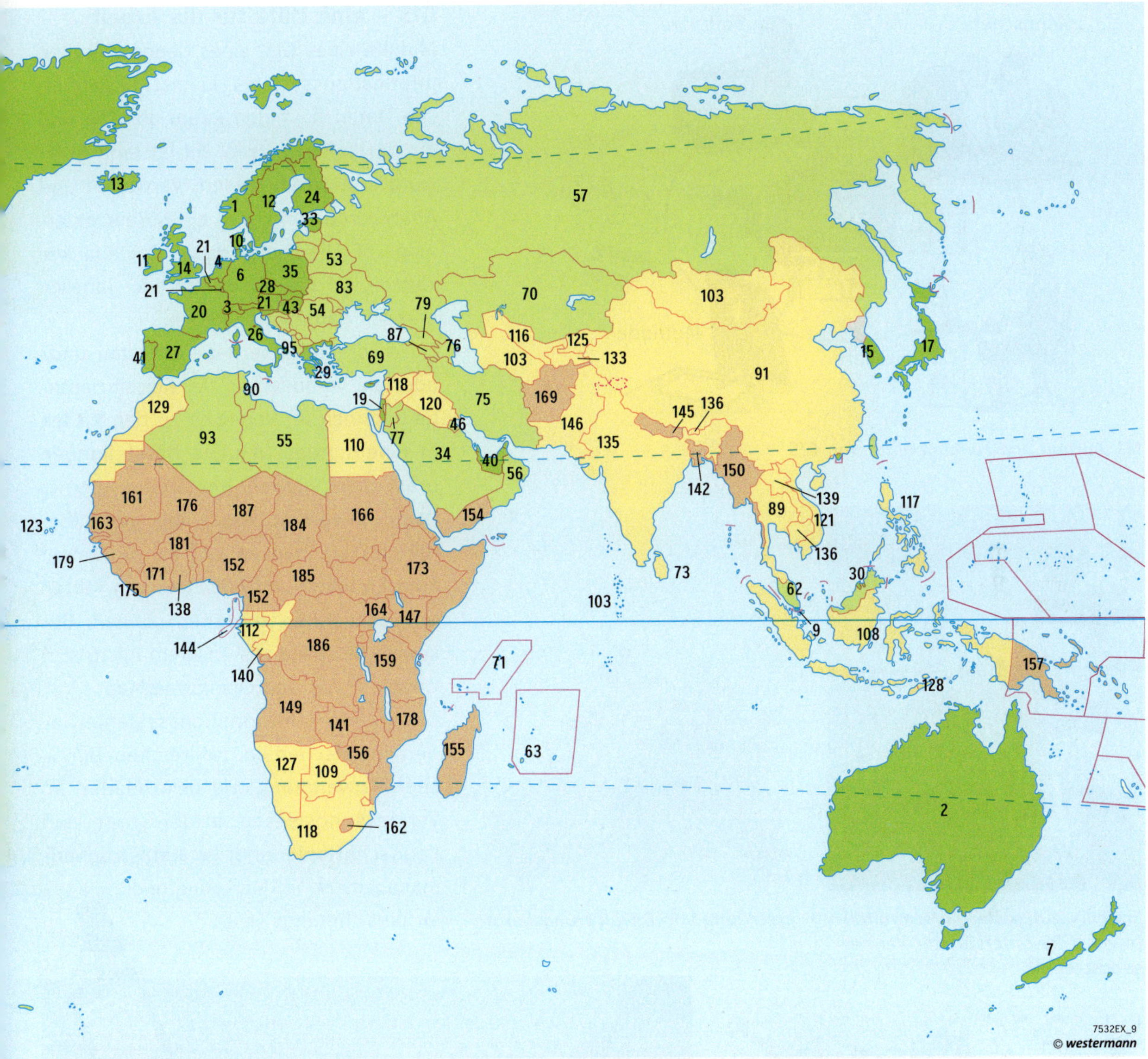

The map shows the world with numbered countries indicating their HDI rank.

7532EX_9

© *westermann*

Staat	Rang	Entwicklungsstand
Schweiz	3	sehr hohe menschliche Entwicklung
Chile	41	hohe menschliche Entwicklung
Südafrika	118	mittlere menschliche Entwicklung
Niger	187	niedrige menschliche Entwicklung

M2 *Lesebeispiele ausgewählter Staaten*

3 Ermittle den HDI der Länder, die auf den S. 144–149 genannt sind und ordne sie in die Kategorien Industrieländer, Schwellenländer und Entwicklungsländer ein (M1).

4 Interpretiere die Schlagzeile: „Armer Süden – reicher Norden" (M1).

Merke
Die UNO ermittelt jedes Jahr den Entwicklungsstand aller Staaten der Erde. Maßeinheit ist der Human Development Index (HDI). Er liegt zwischen 0 und 1.

Grundbegriffe
• Human Development Index (HDI)
• Schwellenland

151

M1 *Aufbau und Funktionalität von GIS*

GIS – eine Hilfe für die Arbeit

Mithilfe eines GIS, eines Geographischen Informationssystems, kannst du zahlreiche Daten für einen Raum abrufen und dir darstellen lassen. Es ist eine Software, die das Erfassen, Verwalten und Analysieren von Daten eines Raumes ermöglicht. Die Zahlen dieser Datenbanken können in Form von Karten oder Tabellen grafisch dargestellt werden.

Durch die Eingabe neuerer Daten und/oder die Veränderung der Klassifizierungen können im Vergleich zu den Karten in einem Atlas aktuelle Darstellungen präsentiert werden. Ein GIS im Internet (WebGIS) verfügt bereits über gut aufbereitete Datenbanken, auf die die Nutzer zum Erstellen und Einsehen von Karten und Statistiken zugreifen können. Bekannte Beispiele aus unserem Alltag sind Google Maps und OpenStreetMap.

Geografische Informationssysteme finden inzwischen in zahlreichen Bereichen Anwendung, wie beim Militär, im Vermessungswesen, in der Stadt- und Landschaftsplanung, im Katastrophenmanagement, im Marketing und im Versicherungswesen.

Erstellung digitaler Karten mithilfe von GPS-unterstützter Vermessungstechnik

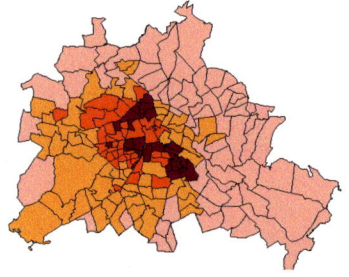

Erstellung von Bevölkerungskarten

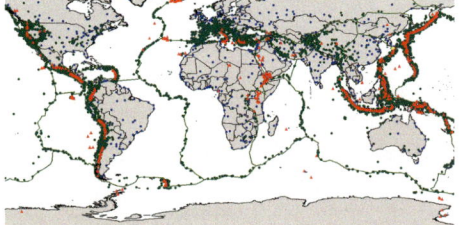

Nutzung von Gefahrenkarten (Karte der Schwächezonen der Erde mit Erdbeben und Vulkanausbrüchen)

M2 *Auswahl von GIS-Anwendungsbereichen*

Nutzung mobiler Karten zur Navigation

① Schreibe einen Text über das GIS und die verschiedenen Möglichkeiten, es anzuwenden (M1, M2).

② Erstelle eine Karte zum Entwicklungsstand der Staaten mithilfe von Diercke WebGIS. Nutze dazu die Schrittfolge.

Kartenerstellung mit Diercke WebGIS

1. **Rufe die Web-Adresse vom Diercke WebGIS auf:**
   http://www.diercke.de/diercke-webgis
   Wähle das entsprechende Projekt aus.

2. **Raumausschnitt wählen**
   Raumausschnitt mit Mausscrollen und Einstellung
   des Fensters entsprechend der Aufgabenstellung auf
   den Bildschirm einstellen.

3. **Überblick verschaffen**
   Kläre die Begriffe und Einheiten in der Legende und
   erfasse die grundlegenden räumlichen Strukturen.

4. **Kartendarstellung an Aufgaben anpassen**
   Vorliegende Daten neu klassifizieren und benennen.
   Bezeichnungen bzw. Farben in der Legende ändern.

5. **Abfragen erstellen und auswerten**
   Spezielle Fragen und Zusammenhänge durch Filtern
   von Daten klären.

6. **Abschluss und Fazit**
   Erstellte Karte speichern bzw. durch Screenshot
   sichern. Abfragetabelle speichern. Beantwortung der
   gestellten Aufgabe. Offene Fragen bzw. Grenzen des
   Web-GIS notieren.

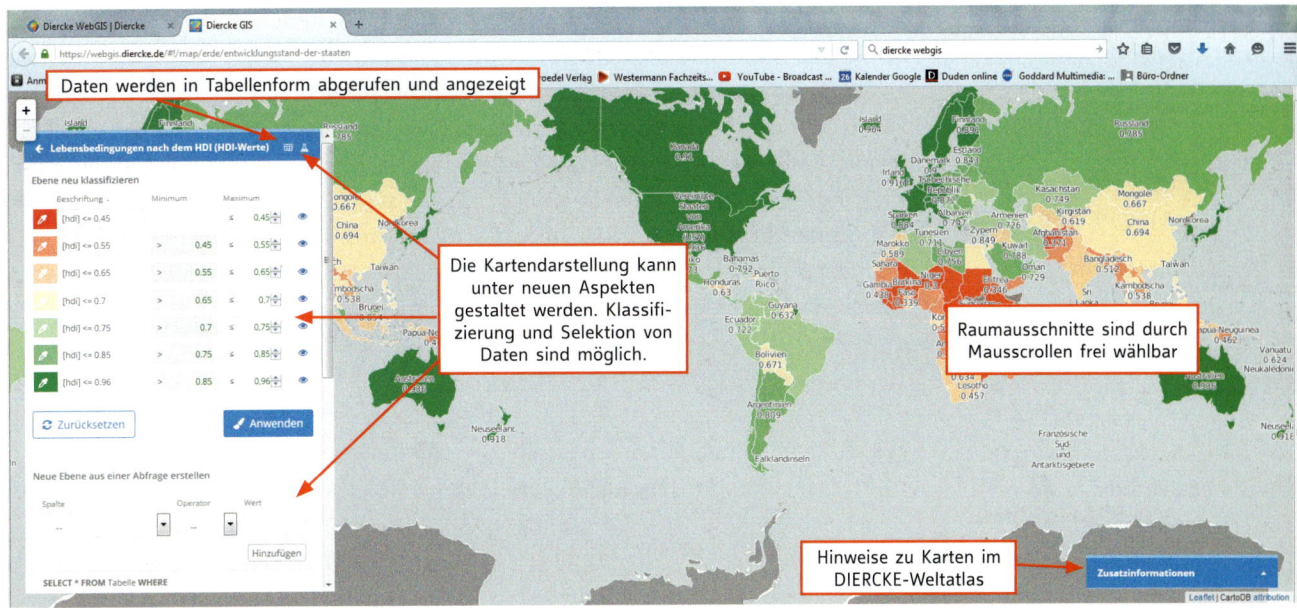

M3 *Eine Karte aus dem Diercke WebGIS: Erde – Entwicklungsstand der Staaten*

M1 *Lage der Demokratischen Republik Kongo (mit Hauptstadt Kinshasa)*

D. R. Kongo
Kontinent: Afrika
Fläche:
2 345 411 km²
Hauptstadt:
Kinshasa
HDI:
2013 = 0,338
Geschichte: Die Demokratische Republik Kongo wurde 1885 belgische Kolonie mit Namen Belgisch-Kongo. 1960 wurde das Land unabhängig. Bürgerkrieg und Korruption beherrschen das Land. Die D. R. Kongo erfüllt nicht die Merkmale einer Demokratie. Die D. R. Kongo ist nicht zu verwechseln mit der westlich gelegenen Republik Kongo.

M2 *Steckbrief der D. R. Kongo*

M3 *Holzfällerstraße in der D. R. Kongo. Über 20 Mio. ha Regenwald sind durch die Regierung zur Abholzung freigegeben.*

Armes, reiches Land

Die Demokratische Republik Kongo liegt im Zentrum Afrikas. Sie gehört zu den rohstoffreichsten Ländern des Kontinents. Hier gibt es Vorkommen von Gold, Diamanten, Kupfer, Coltan, Uran, Wasserkraft und Holz. Aber obwohl die Bodenschätze des Landes zu den größten Vorkommen der Erde gehören, ist es eines der zehn ärmsten Länder der Welt.

In den letzten 20 Jahren fanden dauerhaft Kriege statt und viele Dörfer, Straßen und Brücken sind zerstört. Millionen Menschen sind gestorben. Viele Politiker haben sich persönlich bereichert (sogenannte Bad Governance). Die staatliche Ordnung ist weitgehend zerstört.

Mit internationaler Hilfe soll nun die Grundlage für den Aufbau eines demokratischen Staates gelegt werden.

Das grüne Herz des Landes

Die tropischen Regenwälder der D. R. Kongo bedecken eine Fläche, die fast doppelt so groß ist wie Deutschland. Hier gibt es Tausende von Pflanzen und Tieren, von denen viele nur hier vorkommen. Es ist eines der artenreichsten Länder der Welt: Heute sind 415 Säugetierarten, 268 Reptilienarten, jeweils über tausend verschiedene Vogel- und Fischarten bekannt und jedes Jahr werden weitere entdeckt. Zu den seltenen und faszinierendsten Arten gehören auch die Menschenaffen, Schimpansen und Gorillas.

Der Regenwald ist die Heimat verschiedener Völker, wie zum Beispiel der Baka. Für sie bietet der Regenwald die Grundlage ihres täglichen Überlebens. Hier finden sie Nahrung, Holz, Medikamente und viele andere Produkte.

Starthilfe zu ❶ ↗ Verwende die Informationen aus dem Textabschnitt „Das grüne Herz des Landes".

❶ ↗ Erstelle eine Mindmap zum Thema „Biotop tropischer Regenwald".

❷ Erläutere die Textüberschrift: „Armes, reiches Land".

❸ Bewerte die Aussage: Die nachhaltige Nutzung der Ressource Holz ist eine der einfachsten Möglichkeiten, den Menschen in der D. R. Kongo Arbeitsplätze und dem Staat Einnahmen zu verschaffen.

M4 *Baka vor einem Holzfällerfahrzeug. Mit jedem abtransportierten Baumstamm wird die Überlebenschance für sie schlechter.*

ⓘ Baka
Die Baka sind ein Volk (Fachbegriff: Ethnie, ethnische Gruppe). Sie leben im tropischen Regenwald des Kongo. Früher waren sie Jäger, Fischer und Sammler. Heute sind sie zunehmend Kleinbauern, die zusätzlich noch jagen, fischen und sammeln. Die Abholzung durch internationale Firmen bedroht die Baka. Ihre Nutzungsgebiete werden immer weiter eingeschränkt. Tiere und Pflanzen, von denen sie bisher gelebt haben, verschwinden zunehmend.

Sapelli – Lebenselixir der Baka

Der Regenwald liefert den Baka der D.R. Kongo Nahrung und Medizin. Dies gilt besonders für den Sapelli-Baum. Auf ihm lebt die Sapelli-Raupe, die eine wichtige Eiweißquelle darstellt. 100 g getrocknete Raupen besitzen rund 1800 kJ und 53 g Eiweiß. Während der Regenzeit, wenn die Jagd schwierig ist, sind die Sapelli-Raupen für die Baka der mit Abstand wichtigste Nahrungslieferant. Darüber hinaus werden die Rinde und der Stamm des Sapelli-Baums wegen ihrer schmerzstillenden und entzündungshemmenden Wirkung vor allem bei der Behandlung von Malaria und Augenentzündungen benötigt. Zum Leidwesen der Baka ist der Sapelli-Baum ein von den Holzfirmen besonders geschätztes Edelholz, das mit Vorliebe geschlagen wird.

M5 *Sapelli-Raupen*

❹ Das Volk der Baka ist auf den Lebensraum Regenwald angewiesen. Die Sapelli-Raupe ist der wichtigste Nahrungslieferant.
Sammle Informationen auf dieser Schulbuchseite und im Internet (z.B. www.greenpeace.de) über die Gefährdung der Sapelli-Raupen, der Sapelli-Bäume und der Baka und gestalte ein Plakat.

Merke
Die D.R. Kongo ist reich an Bodenschätzen. Tropische Regenwälder bedecken weite Flächen des Landes. Trotzdem ist das Land sehr arm. Die staatliche Ordnung ist weitgehend zerstört.

ℹ️ Nachhaltigkeitsziele

Die Ziele gelten als Nachfolger der Milleniumsziele (M3).

2015 wurde auf dem UN-Gipfel in New York die „Agenda 2030 für nachhaltige Entwicklung" verabschiedet. Die 17 Entwicklunsgziele vereinen Gedanken der Armutsbekämpfung und Nachhaltigkeit, z.B.

1. Armut in allen Formen und überall beenden,
2. Hunger beenden, Ernährungssicherheit und nachhaltige Landwirtschaft fördern,
3. gerechte und hochwertige Bildung gewährleisten,
4. Geschlechtergleichstellung erreichen und alle Frauen und Mädchen zur Selbstbestimmung befähigen,
5. Zugang zu bezahlbarer, verlässlicher, nachhaltiger und moderner Energie,
6. Maßnahmen zur Bekämpfung des Klimawandels und seiner Folgen,
7. Schutz der Ökosysteme: Wälder nachhaltig bewirtschaften, Wüstenbildung bekämpfen.

www.bmz.de

M1 *Ban Ki Moon, der Generalsekretär der UNO mit den Kinderreportern Jan und Helene (beide 12 Jahre). Jan wurde in Singapur geboren, lebte später in Deutschland und wohnt jetzt seit vier Jahren in New York. Helene lebt schon seit neun Jahren in New York. Beide besuchen dort die deutsche Schule. In der UNO-Zentrale in New York erklärte Ban Ki Moon, was seine Organisation für den Frieden in der Welt tun kann.*

Grundlagen der Entwicklungszusammenarbeit

Industrieländer und Entwicklungsländer bemühen sich gemeinsam, die **Grundbedürfnisse** der Menschen in den Ländern der Erde zu sichern. Unterschiede in der Entwicklung sollen abgebaut werden. Der Begriff **Entwicklungszusammenarbeit** beschreibt dieses gemeinsame Bemühen viel besser als der früher übliche Begriff Entwicklungshilfe.

In Deutschland ist das Bundesministerium für wirtschaftliche Zusammenarbeit (BMZ) für die Entwicklungszusammenarbeit mit den Entwicklungsländern zuständig.

---

① ↗ Beschreibe die Unterschiede von „Entwicklungszusammenarbeit" und „Entwicklungshilfe"?

② Erkläre, warum die UNO die Millenniumsziele verabschiedet hat (M2).

③ Wähle aus den Nachhaltigkeitszielen zwei aus, die du für besonders wichtig hältst. Begründe.

④ a) Erläutere, warum Ban Ki Moon schon als sechsjähriger Junge wusste, was die UNO ist (M2).

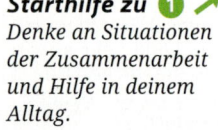
Starthilfe zu ① ↗
Denke an Situationen der Zusammenarbeit und Hilfe in deinem Alltag.

Dies ist eure Welt

„Sind Sie als UNO-Generalsekretär der mächtigste Mann der Erde?"

„Der Generalsekretär ist nicht der Chef der Welt. Ich kann den Staaten keine Befehle erteilen. Aber alle Staaten der UNO haben zumindest ‚auf dem Papier' gemeinsame Ziele unterschrieben: Die Menschen sollen in Frieden und Sicherheit leben, die armen Länder sollen sich weiterentwickeln können. Dafür haben wir die Millenniumsziele verabschiedet. Überall sollen die Menschenrechte gelten. Als UNO-Chef bin ich der höchste Vertreter all dieser Ideen. Ich habe also eine wichtige Stimme."

„Als Sie so alt waren wie wir, wussten Sie da schon, was die UNO ist?"

„Ja. Als ich sechs Jahre alt war, gab es in meinem Heimatland Korea Krieg. Im Land war vieles zerstört. Für den Schulunterricht gab es kein Gebäude. Wir saßen draußen auf dem Boden und lernten. [...] Aber wir bekamen Hilfe von der UNO: Bücher, Hefte und Stifte. Für uns Kinder damals in Korea war die UNO ein Hoffnungsstrahl."

„Reden Sie immer nur mit Präsidenten oder treffen Sie auch mal Kinder?"

„Oft sogar. Bei meinen Reisen besuche ich regelmäßig Hilfs-projekte, zum Beispiel Schulen in armen Ländern. Da sehe ich, wie wichtig die Millenniumsziele sind und wie viel Hoffnung die Kinder in uns setzen. Das berührt mich sehr, weil es in meiner Kindheit genauso war."

„Warum schickt die UNO manchmal Soldaten in Konfliktgebiete? Das ist dann doch auch Krieg."

„Unglücklicherweise gibt es viele Gegenden, in denen Menschen aufeinander schießen. Wenn die Gefahr besteht, dass sich daraus ein großer Krieg entwickelt und Menschenrechte verletzt werden, greifen wir ein."

(Quelle: Dies ist eure Welt In: Dein Spiegel 09/2011, S. 16 – 18)

M2 *Interview mit dem Generalsekretär der UNO*

Bereits im Jahr 2000 setzten sich die Vereinten Nationen (UNO) acht Milleniumsziele zur Bekämpfung der Armut in der Welt. Seither gibt es in fast allen Bereichen Teilerfolge. Aber nur die wenigsten Ziele konnten bis 2015 erreicht werden. So wurde z.B. der Anteil der an Armut leidenden Menschen in einigen Regionen halbiert, die Kinder- und Müttersterblichkeit wurde um mehr als die Hälfte reduziert. Die nachhaltige Entwicklung wird gefördert, doch Wälder werden weiterhin abgeholzt.

M3 *Teilbilanz der Milleniumsziele*

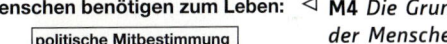

Menschen benötigen zum Leben: ◁ **M4** *Die Grundbedürfnisse der Menschen*

politische Mitbestimmung · ärztliche Versorgung · Bildung · Nahrung · Arbeit · Trinkwasser · Unterkunft · Kleidung

Merke
Mithilfe der Nachhaltigkeitsziele will die UNO die Grundbedürfnisse der Menschen auf der Erde sichern. Dies soll durch die Entwicklungszusammenarbeit zwischen Industrieländern und Entwicklungsländern erreicht werden.

Grundbegriffe
• Grundbedürfnis
• Entwicklungs-zusammenarbeit

b) Beurteile, ob seine Grundbedürfnisse damals erfüllt waren (M2, M4).

c) Überprüfe, inwieweit deine Grundbedürfnisse erfüllt sind (M4).

5 Erörtere die Erfüllung der Grundbedürfnisse auf der Erde durch die Nachhaltigkeitsziele (M3, Infokasten, Internet: www.bmz.de).

So muss die richtige
Entwicklungszusammenarbeit
aussehen!

Nein,
so!

Nein,
so nicht,
aber so!

4341EX_7

M1 *Karikatur*

Entwicklungstheorien, Entwicklungsstrategien

Verschiedene Entwicklungstheorien versuchen, die schlechte Situation der Entwicklungsländer in Bezug auf Wirtschaft, Bildung und **Infrastruktur** zu erklären. Jedoch ist die Wissenschaft inzwischen der Auffassung, dass eine Theorie allein als Erklärung nicht ausreicht.

Zudem lassen sich durch solche Theorien bestenfalls Ursachen erforschen, aber keine Probleme lösen.

Daher konzentriert man sich inzwischen stärker auf die Erarbeitung und die sinnvolle Anwendung von **Entwicklungsstrategien**.

Strategie 1: Grundbedürfnisbefriedigung

Ziel dieser Strategie ist es, zunächst die Grundbedürfnisse der Menschen zu befriedigen: Nahrung, sauberes Wasser, medizinische Versorgung und Bildung sind Grundvoraussetzung für gesunde und gebildete Arbeitskräfte. Sind diese Voraussetzungen gegeben, können die Arbeitskräfte wiederum zum wirtschaftlichen Erfolg ihres Landes beitragen.

Strategie 2: Entwicklung und Wirtschaft

Eine funktionierende Wirtschaft, vor allem basierend auf Industrie und Tourismus, bildet den Kern der Entwicklung. Um dieses Wirtschaftswachstum zu ermöglichen, sind Staatsschulden oder Umweltverschmutzung in Kauf zu nehmen. Sobald die Wirtschaft funktioniert, sollen dann die Schulden getilgt und die Umweltstandards verbessert werden. Durch die Schaffung neuer Arbeitsplätze sollen so auch die Grundbedürfnisse befriedigt werden.

Strategie 3: Entwicklung der eigenen Ressourcen und Fähigkeiten

Die Entwicklungsländer sollten nicht länger billige Rohstoffe für den Export in die Industrieländer produzieren, sondern ihre Energien und Ressourcen selbst nutzen. Dazu sollte die Landwirtschaft gefördert und die Nachfrage nach Lebensmitteln im eigenen Land befriedigt werden, statt Produkte für den Export anzubauen. Die Industrie sollte keine Luxusgüter herstellen, sondern Produkte für die Alltagsbedürfnisse der eigenen Bevölkerung produzieren. Mithin ist die Befriedigung der Grundbedürfnisse auf Basis eigener Rohstoffe und Technologien das Hauptziel.

M2 *Entwicklungsstrategien*

Starthilfe zu ➋ ↗
Überlege, welche Gefahren und Probleme der Zeichner sieht.

➊ Beschreibe die wesentlichen Inhalte der Entwicklungsstrategien mit eigenen Worten (M2).

➋ ↗ Werte die Karikatur aus (M1).

➌ Erläutere die vier Grundsätze der Entwicklungszusammenarbeit (M3).

Entwicklungszusammenarbeit

Die Entwicklungsstrategien werden von verschiedenen Ländern und in unterschiedlichen Kombinationen angewendet. Darüber hinaus stehen aber auch die Industrieländer in der Verantwortung, die Entwicklungsländer partnerschaftlich zu unterstützen. Diese Entwicklungszusammenarbeit folgt dabei vor allem vier Grundsätzen (siehe M3).

Grundsatz 1 : Hilfe zur Selbsthilfe

Durch finanzielle, personelle oder technische Unterstützung aus den Industrieländern sollen die Entwicklungsländer befähigt werden, sich selbst zu helfen und von fremder Hilfe unabhängig zu werden. Das heißt, den Entwicklungsländern wird beispielsweise kein Brot geliefert, sondern Saatgut und den Gegebenheiten vor Ort angepasstes Werkzeug, um selbst die Felder bestellen zu können.

Grundsatz 2: Zusammenarbeit

Alle Maßnahmen der Entwicklungszusammenarbeit werden mit den Regierungen und Organisationen in den Entwicklungsländern genau abgesprochen. Die Industrieländer und Entwicklungsländer arbeiten als Partner zusammen.

Grundsatz 3: Angepasste Technologien

Die in den Entwicklungsländern eingesetzte Technik soll so beschaffen sein, dass sie von den Menschen im Partnerland ohne fremde Hilfe eingesetzt, gewartet und repariert werden kann und den örtlichen Gegebenheiten angepasst ist. So kommen im nördlichen Afrika große Parabolspiegel als Kochgelegenheit zum Einsatz: Sie nutzen die Sonnenenergie, um Speisen zu erwärmen, verhindern das Abholzen der ohnehin knappen Holzvorräte in dieser Region und benötigen keine Elektrizität.

Grundsatz 4: Nachhaltige Entwicklung

Jede Entwicklungszusammenarbeit soll darauf abzielen, die vorhandenen Ressourcen dauerhaft zu erhalten und **nachhaltige Entwicklung** zu ermöglichen. Die Errichtung von Schulen führt beispielsweise dazu, dass die jungen Menschen das Erlernte in Zukunft zum Fortschritt des eigenen Landes anwenden können. Das Entwicklungsprojekt Schule reicht damit weit über den Schulbesuch hinaus – es ist nachhaltig.

M3 *Grundsätze der Entwicklungszusammenarbeit*

4 Entwicklungszusammenarbeit kann nur partnerschaftlich gelingen. Nimm Stellung zu dieser Aussage.

5 „Wir sind nicht nur verantwortlich für das, was wir tun, sondern auch für das, was wir nicht tun." Interpretiere das Zitat einer Entwicklungshilfeorganisation.

Merke
Entwicklungszusammenarbeit hat das Ziel, die Armut in Entwicklungsländern zu verringern und die Befriedigung der Grundbedürfnisse der Menschen zu verbessern.

Grundbegriffe
• Infrastruktur
• Entwicklungsstrategie
• nachhaltige Entwicklung

M2 *Fairer Handel – Beispiele aus der Produktpalette*

Makilimu Kimella schwärmt: *„Ich liebe Rosen. Nicht nur, weil sie schön aussehen, sondern weil sie mir Arbeit geben und mich ernähren."* Die Rosen der Farm, auf der Frau Kimella arbeitet, erhalten das TransFair-Siegel. Zusätzlich zum normalen Preis werden für jede Rose zwölf Prozent der Verkaufssumme bezahlt. Jedes Jahr kommen auf diese Weise mehr als 100 000 Euro zusammen. Das Geld wird für soziale Zwecke verwendet. *„Wir haben Wassertanks für Grundschulen in der Umgebung angeschafft, damit unsere Kinder in der Schule sauberes Trinkwasser haben."* erklärt die Vorsitzende des Betriebsrates stolz.

M1 *Auf der Rosen-Farm „Panda Rosa" in Kenia*

Fairer Handel mit Entwicklungsländern

Veränderungen im Welthandel halten viele für die wichtigste Voraussetzung, um eine Verbesserung der Verhältnisse in den Entwicklungsländern zu bewirken.

Wichtig wäre vor allem, wenn die Preise für Rohstoffe genauso schnell steigen würden wie die der Fertigwaren.

Außerdem müsste es den Entwicklungsländern problemlos möglich sein, ihre Fertigwaren in die Industrieländer zu exportieren.

Beispielhaft für eine faire Zusammenarbeit im Welthandel sind die Partnerschaftsabkommen der EU mit 79 Ländern Afrikas, der Karibik und des Pazifik, den **AKP-Staaten**. Schon 1979 einigten sich die beteiligten Länder darauf, gemeinsam eine faire und gerechtere Weltordnung schaffen zu wollen. Die EU verlangt von den AKP-Ländern geringere Zölle bei der Einfuhr ihrer Waren, außerdem gewährt sie den Ländern finanzielle Unterstützung, um Preisschwankungen bei den exportierten Rohstoffen auszugleichen.

Die Zusammenarbeit ist jedoch an Bedingungen geknüpft. Zum Beispiel müssen sich die Staaten durch **Good Governance** auszeichnen, das heißt durch eine gute Regierungsführung, die die Grundbedürfnisse und Wünsche aller Menschen im Land berücksichtigt, auch die der Schwachen und der Minderheiten.

Fairtrade-Siegel	Blumen-Siegel	Teppich-Siegel	Bananen-Siegel

www.transfair.de	www.flower-label-program.org	www.goodweave.de	www.banafair.de

M3 *Siegel von fair gehandelten Produkten*

Starthilfe zu ❶ ↗
Denke auch an die D. R. Kongo, in der das Staatswesen nicht mehr funktioniert (siehe Seite 154).

❶ ↗ Beschreibe, warum gerade Good Governance eine Bedingung für die Förderung im Rahmen der Entwicklungszusammenarbeit ist.

❷ Drei Millionen Menschen kaufen jedes Jahr TransFair-Produkte, obwohl sie etwas teurer sind (M1, M2, M4). Nenne mögliche Gründe.

Luis Torres ist Mitglied der landwirtschaftlichen Genossenschaft APACO. Etwa 160 Bauernfamilien mit Orangenplantagen sind in der APACO vereinigt. Von rund 24 000 Orangenbäumen werden jährlich 630 t Orangen geerntet. In den vergangenen zwei Jahren wurden davon 110 t Orangensaftkonzentrat nach Europa verschifft. Sie wurden als TransFairOrangensaft weiterverarbeitet und in den Regalen deutscher und österreichischer Supermärkte verkauft.

Der internationale Marktpreis liegt bei 900 Dollar pro Tonne. TransFair bezahlt den vertraglich garantierten Minimalpreis von 1200 Dollar. Dazu kommt eine Fairhandelsprämie von 100 Dollar. Dieser Bonus wird ausschließlich in Gemeinschaftsprojekte investiert.

Die Arbeit auf einer Orangenplantage ist hart, aber seit die Orangen in den fairen Handel gelangen, lohnt sie sich für die Arbeitskräfte und die Besitzer. Früher lebten die Bauern von der Hand in den Mund. Wenn es Ernteausfälle gab, mussten viele ihre Plantagen aufgeben. Der faire Handel bietet den Bauern auch in Notfällen Sicherheit; sie müssen ihre Dörfer nicht mehr verlassen.

M4 *In der Genossenschaft APACO im Süden Brasiliens, nicht fern von den Iguaçu-Wasserfällen*

Fairer Handel mit den Bauern

Waren im Wert von vielen Hundert Milliarden Euro werden täglich auf der Welt gehandelt. Da glaubt man schnell, dass man angesichts so gewaltiger Summen selbst als Einzelner nichts ausrichten kann. Doch das ist falsch!

Jeder von uns entscheidet beim Einkauf, ob er eine faire Entlohnung der Menschen in den Entwicklungsländern unterstützt oder nicht. **Fairer Handel** hat jedoch seinen Preis: Die Produkte sind teurer als solche, die nicht fair gehandelt sind.

Mehrere Organisationen haben es sich zur Aufgabe gemacht, Waren aus den Entwicklungsländern im fairen Handel zu angemessenen Preisen auf dem Weltmarkt anzubieten. Sie schließen langfristige Lieferverträge mit den Produzenten in den Entwicklungsländern ab. Die Preise sind dabei so hoch, dass die Bauern- und Arbeiterfamilien mit ihren Einnahmen auskommen und ihre Lebensbedingungen sogar verbessern können.

In den fairen Handel werden jedoch nur nachhaltig hergestellte Produkte aufgenommen. Dazu gehören zum Beispiel Kaffee und Bananen aus ökologischem Anbau. Fußbälle müssen ohne Kinderarbeit hergestellt werden.

Anfangs, zu Beginn der 1990er-Jahre, gab es fair gehandelte Produkte nur in wenigen Läden; heute kann man sie in über 30 000 deutschen Geschäften kaufen.

> **Merke**
> Veränderungen im Welthandel können die Verhältnisse in den Entwicklungsländern verbessern. Voraussetzung für eine Zusammenarbeit ist eine Good Governance. Produkte des fairen Handels sind jedoch etwas teurer.
>
> **Grundbegriffe**
> • AKP-Staat
> • Good Governance
> • fairer Handel

3 Erkläre, welche Veränderungen für die Produzenten und ihr Umfeld durch fairen Handel erreicht werden können. Recherchiere auf den in M3 genannten Internetseiten.

4 Diskutiert, nach welchen Kriterien ihr einkauft. Würdet ihr für das gleiche Produkt mehr ausgeben, wenn die Bedingungen der Arbeiter dadurch verbessert werden?

Melonen-Gurken-Salat (Türkei)

Zutaten:

1 Salatgurke, 1 Honigmelone, 1 Becher saure Sahne, 2 Esslöffel Tomatenketchup, Salz, frisch gemahlener Pfeffer, Cayennepfeffer, Zitronensaft.

Zubereitung:

Gurke schälen und in Scheiben schneiden. Melone vierteln und Kerne herauskratzen. Melonenfleisch würfeln und mit den Gurkenscheiben mischen. Saure Sahne mit Ketchup, Salz, Pfeffer und Cayennepfeffer verrühren. Mit Zitronensaft abschmecken und über die Salatzutaten gießen.

M1 *Ein Rezept aus dem selbst angefertigten Kochbuch*

M3 *Projekt-Tag in der Schule*

M2 *Plakate von UNICEF und Hilfsorganisationen*

Entwicklungszusammenarbeit – auch in der Schule

Die Klasse 8a in Bad Lippspringe hat ein Kochbuch gestaltet, das Rezepte aus aller Welt enthält. Auf einem Aktionstag zum Thema „Leben in der Einen Welt" wurde es vorgestellt. Der Verkaufserlös wurde UNICEF, dem Kinderhilfswerk der UNO, gespendet.

Überall in Deutschland versuchen Schulklassen, Vereine und einzelne Bürgerinnen und Bürger, den Menschen in den Entwicklungsländern zu helfen. Die Organisation „Plan International" bietet zum Beispiel Patenschaften an. Hier können Kinder in Entwicklungsländern durch geringe monatliche Beiträge unterstützt werden. Briefkontakte informieren über die Verwendung des Geldes.

Ihr könnt dazu beitragen, die Menschen bei uns über Probleme der Entwicklungsländer zu informieren, zum Beispiel an einem Projekttag.

In „Eine-Welt-Läden" werden Waren wie Kaffee, Tee oder Bananen verkauft. Bei diesen Waren erhalten die Bauern und Landarbeiter in Entwicklungsländern mehr Lohn als normalerweise. Häufig ist die Qualität gut und der Preis nur wenig höher als in anderen Geschäften.

M4 *Ideen für einen Projekt-Tag, auch um Spenden zu sammeln*

UNICEF, Arbeitsgruppe Berlin
(Kinderhilfswerk der UNO)
Nehringerstr. 28
14059 Berlin - Charlottenburg
www.unicef.de
Die Organisation arbeitet in 118 Ländern und will vor allem den Frauen und Kindern helfen. Beispiel Peru: Projekte zur Abwasserbeseitigung in den Städten, Trinkwasserversorgung, Verbesserung der Ernährungssituation und der Gesundheitsvorsorge, Erhöhung des Familieneinkommens, Verbesserung der Bildung.

Plan International
Bramfelder Str. 70
22305 Hamburg
www.plan-deutschland.de
Die Organisation will die Zukunft der Kinder sichern. Sie arbeitet in 28 Ländern. Beispiel Nepal: Unterstützung von Dorfgemeinschaften durch den Bau von Trinkwasserleitungen, Latrinen, Dorfschulen, Anlegen von Fischteichen, Baumaterialien zur Errichtung von Viehställen.

S.O.S.–Kinderdörfer weltweit
Gierkezeile 38
10585 Berlin–Charlottenburg
www.sos-kinderdoerfer.de
In S.O.S.–Kinderdörfern leben Waisenkinder oder Kinder, deren leibliche Eltern die Erziehung nicht wahrnehmen können.

Anschriften von weiteren Hilfsorganisationen:

Misereor
Mozartstraße 9
52064 Aachen
www.misereor.de

Brot für die Welt
Stafflenbergstr. 76
70184 Stuttgart
www.brot-fuer-die-welt.de

terre des hommes
Ruppenkampstraße 11a
49084 Osnabrück
www.tdh.de

Deutsche Welthungerhilfe
Adenauerallee 134
53113 Bonn
www.welthungerhilfe.de

M5 *Ansprechpartner für eigene Projekte*

M6 *Schülerlauf für die Kinderhilfsorganisation UNICEF unter dem Motto „Kinder laufen für Kinder"*

M7 *Projekt gegen Kinderarbeit*

1. Bevölkerungsdaten ausgewählter Länder 2013

a) Ordne mithilfe der Angaben die Länder als Entwicklungsländer, Schwellenländer und Industrieländer ein.

b) Zeige Auswirkungen der unterschiedlichen Entwicklung auf.

	Bevölkerung (in Mio.)	Geburten pro 1000 Einwohner	Bevölkerungswachstum (in %)	Säuglingssterblichkeit pro 1000 Lebendgeburten	Lebenserwartung bei Geburt (in Jahren)	Männliche HIV-Infizierte (in %)	Frauen, die moderne Familienplanung anwenden (in %)
Deutschland	81,6	8	-0,2	3,5	80	0,2	66
USA	317,7	13	0,4	5,4	79	0,8	77
Indien	1 296,2	22	1,5	44	66	0,4	55
Nigeria	177,5	39	2,5	69	52	2,4	15
Mosambik	25,1	43	2,9	85	53	9,0	12

2. Fairer Handel

Führt einen Dialog, in dem es um fairen Handel zwischen Industrie- und Entwicklungsländern geht.

Ernennt einen Experten und einen Jugendlichen, der den Experten interviewt.

Überlegt euch geeignete Fragen und gebt die entsprechenden Antworten. Bezieht auch die Siegel auf Seite 160, M3 mit ein.

Kannst du mir erklären, ...

Klar, ...

3. Unterschiedliche Lebensläufe

Ergänze mögliche Lebensläufe der Jugendlichen. Verwende unter anderem folgende Begriffe: Armut, Lehrstelle, Taschengeld, Freizeit, Schulbildung, Urlaub, Heirat, Kinder.

Ich bin Zola, 12 Jahre alt, wohne in Bandela, einem Ort in Liberia. Mein bisheriges Leben ....
Meine Vorstellungen für die Zukunft ...

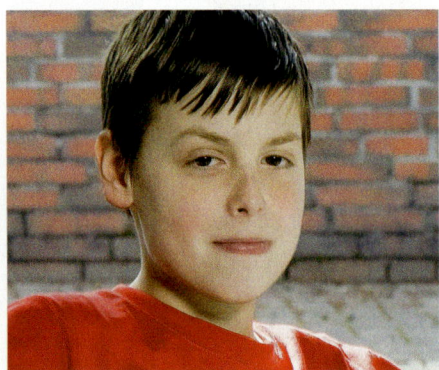

Ich bin Leon, ...

4. Hunger auf der Erde

Werte die Karte aus. Beschreibe dafür die Ernährungssituation auf der Erde.

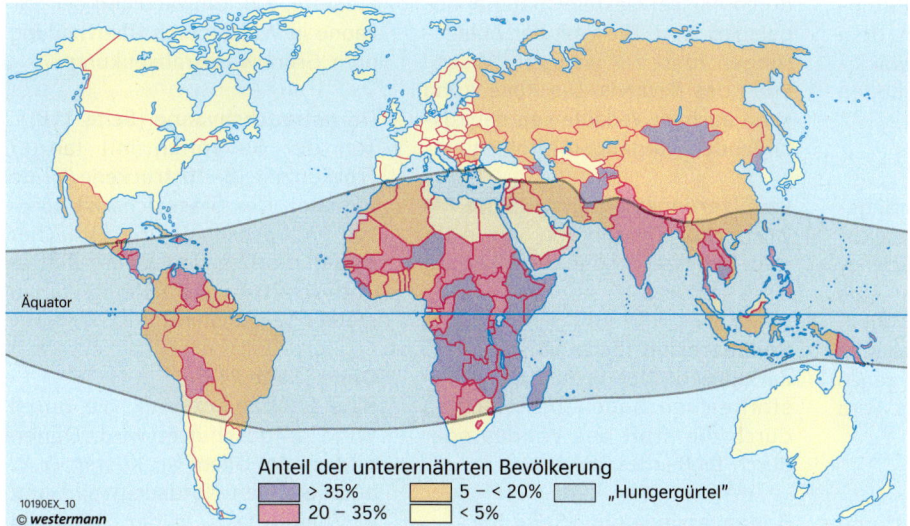

Äquator

Anteil der unterernährten Bevölkerung
- ■ > 35%
- ■ 20 – 35%
- ■ 5 – < 20%
- ■ < 5%
- ■ „Hungergürtel"

10190EX_10
© **westermann**

5. Karikaturen auswerten

a) Es gibt viele Möglichkeiten, eine gute Entwicklungszusammenarbeit zu leisten. Diese standen in den vergangenen Jahren oft zur Diskussion.

Nenne Grundsätze und Strategien der Entwicklungszusammenarbeit.
b) Finde Überschriften für die beiden Karikaturen.

6. Oberbegriffe erklären

Suche dir drei Begriffe aus. Erkläre sie einzelnen Schülerinnen/Schülern deiner Klasse mit eigenen Worten.

Grundbegriffe
- Aids
- AKP-Staat
- Analphabet
- Bruttoinlandsprodukt (BIP)
- Bruttonationaleinkommen (BNE)
- Entwicklungsstrategie
- Entwicklungszusammenarbeit
- fairer Handel
- Good Governance
- Grundbedürfnis
- Human Development Index (HDI)
- Infrastruktur
- Kinderarbeit
- Lebenserwartung
- nachhaltige Entwicklung
- Schwellenland
- Überernährung
- Unterernährung

165

Agroforstwirtschaft (Seite 130)
Eine an den tropischen Regenwald angepasste Wirtschaftsweise. Es werden Feldfrüchte und Baumkulturen gemeinsam nach dem Stockwerkprinzip des Regenwaldes angebaut. Damit wird der Boden verbessert und erhalten.

Aids (Seite 148)
Abkürzung, die aus den Anfangsbuchstaben der englischen Bezeichnung „acquired immune deficiency syndrome" gebildet wurde. Aids ist eine Virusinfektionskrankheit, die zu einer Störung oder gar zum Zusammenbruch der körpereigenen Abwehrkräfte führt. Der Virus wird HI-Virus genannt.

AKP-Staat (Seite 160)
Länder Afrikas, der Karibik und des Pazifik, die mit der EU Handelsabkommen geschlossen haben und Waren in bestimmten Mengen zollfrei innerhalb der EU verkaufen können.

Analphabet (Seite 146)
Person, die weder lesen noch schreiben kann. In Ländern mit hoher Analphabetenrate ist der Anteil bei Mädchen höher als bei Jungen.

Anökumene (Seite 78)
Ein von Menschen unbesiedelter Teil der Erde. Hier setzen vor allem Kälte und Trockenheit dem Leben und Wirtschaften des Menschen Grenzen.

Äquator (Seite 14)
Eine Linie auf Karten und Globen, welche die Erde in eine Nord- und eine Südhalbkugel teilt. Der Äquator ist 40076,6 km lang.

Äquatorialluft (Seite 111)
Eine Luftmasse am Äquator, die besonders warm und feucht ist.

Atlas (Seite 12)
Kartensammlung mit physischen und thematischen Karten sowie einem Register.

Becken (Seite 106)
Ein gegenüber seiner Umgebung tief liegender Raum, in dem (z. B. durch Flüsse) Gesteinsmaterial abgelagert wird. Die Last der Ablagerungen führt zur weiteren Absenkung des Beckens. Die Absenkung kann auch im Verlaufe von gebirgsbildenden Vorgängen erfolgen.

Bevölkerungsdiagramm (Seite 84)
Grafik zur Darstellung von Alter und Geschlecht der Bevölkerung eines Landes.

Bodenerosion (Seite 66)
Zerstörung oder Verlust der nährstoffreichen Bodenoberschichten durch die Kraft des Windes oder durch fließendes Wasser.

Bodenversiegelung (Seite 69)
Das Asphaltieren und Betonieren von Flächen nennen Fachleute Bodenversiegelung. Dabei wird der natürliche Boden z. B. durch Gebäude, Straßen und Plätze zugebaut.

Breitenkreis (Seite 14)
Breitenkreise bilden zusammen mit den Längenkreisen das Gradnetz der Erde. Sie werden vom Äquator aus nach Norden und Süden von jeweils 0° bis 90° gezählt. Man unterscheidet südliche und nördliche Breite. Sie verlaufen immer parallel zum Äquator und verbinden die Punkte auf der Erde, die die gleiche geographische Breite haben.

Bruttoinlandsprodukt (BIP) (Seite 143)
Die Summe aller volkswirtschaftlichen Leistungen (Produktion und Dienstleistungen), die innerhalb eines Landes in einem Jahr erbracht werden.

Bruttonationaleinkommen (BNE) (Seite 143)
Gesamtwert sämtlicher Güter (Waren und Dienstleistungen), die von den Staatsbürgern eines Staates in einem Jahr produziert werden.

demografischer Wandel (Seite 82)
Die Veränderung der Bevölkerungsstruktur nach Zahl, Zusammensetzung und Altersgruppen.

Desertifikation (Seite 122)
Die Ausbreitung der Wüste in Trockenräumen durch menschliche Eingriffe, z. B. Umwandlung der Savanne in Wüste durch Überweidung oder Grundwasserabsenkung.

Dornstrauchsavanne (Seite 118)
Teil der Savannen mit langer Trockenzeit (8-10 trockene/ aride Monate). Der Graswuchs ist spärlich und lückenhaft. Die Sträucher tragen Dornen und kleine Blätter und schützen sich damit vor zu starker Verdunstung.

Düne (Seite 113)
Eine Sandablagerung, die durch Wind aufgeschüttet wird. Dünen gibt es vor allem an Küsten (z. B. auch auf den Nordseeinseln) und in Wüsten (z. B. in der Sahara in Nordafrika). Bei einer Düne ist die dem Wind zugewandte Seite flacher, die windabgewandte Seite steiler.

Dürre (Seite 66)
Zeitraum lang anhaltender Trockenheit. Weil das Wasser fehlt, gibt es keine oder geringe Ernteerträge. Oft kommt es zu Hungerkatastrophen.

endogene Kräfte (Seite 32)
Endogene Kräfte haben ihren Ursprung im Erdinneren und führen zu Veränderungen der Erdoberfläche, z. B. zu Spannungen in der Erdkruste oder Strömen von Magma.

Entwicklungsland (Seite 82)
Land, das im Vergleich zu einem Industrieland weniger entwickelt ist. Es weist typische Merkmale auf, z. B. wenig Industrie, Hunger, geringe Lebenserwartung, ein hohes Bevölkerungswachstum, viele Analphabeten.

Entwicklungsstrategie (Seite 159)
Kombination von Maßnahmen zur Entwicklungszusammenarbeit, von der man sich besonders große Erfolge für die Entwicklung eines Landes erhofft.

Entwicklungszusammenarbeit (Seite 156)
Maßnahmen zur Unterstützung des wirtschaftlichen Wachstums und der sozialen Entwicklung in Entwicklungsländern.

Epizentrum (Seite 50)
Das Epizentrum ist der Punkt auf der Erdoberfläche, der genau über dem Herd eines Erdbebens liegt. An diesem Ort treten die größten Erschütterungen auf.

Erdachse (Seite 16)
Die Erdachse ist eine gedachte Verbindungslinie zwischen Nord- und Südpol.

Erdbeben (Seite 50)
Erschütterung der Erdoberfläche, die durch Kräfte im Erdinneren verursacht wird. Erdbeben entstehen durch die plötzliche Lösung von Druckspannung an der Grenze zweier Platten der Erdkruste.

Erde (Seite 10)
Ein Planet des Sonnensystems, der die Sonne umkreist. Die Erde selbst dreht sich um ihre eigene Achse, genannt Erdrotation.

Erdplatte (Seite 44)
Die Gesteinskruste der Erde besteht aus mehreren Platten. Sie bewegen sich auf dem zähflüssigen Material, das aus dem Erdinnern emporsteigt. An den Plattengrenzen kommt es häufig zu Erdbeben.

Erdrotation (Seite 20)
Innerhalb von 24 Stunden dreht sich die Erde einmal um ihre eigene Achse. Diese Drehbewegung nennt man Erdrotation.

exogene Kräfte (Seite 32)
Kräfte, die von außen auf die Erde einwirken und dadurch die Erdoberfläche gestalten, z. B. Wasser, Wind oder Eis.

fairer Handel (Seite 161)
Gemeint ist damit ein Handel ohne benachteiligende Handelsbeschränkungen (Quoten, Zölle, Einfuhrbestimmungen). Die Preise decken sowohl die Produktionskosten ab, als auch die alltäglichen Lebenshaltungskosten. Die Kleinbauern in den Erzeugerländern arbeiten unter besseren Bedingungen und erhalten bessere Preise als über den normalen Markt.

Feuchtsavanne (Seite 118)
Teil der Savannen mit einer Regenzeit von 6–10 Monaten. Die Feuchtsavanne besteht vorwiegend aus bis zu zwei Meter hohen Gräsern sowie einzelnen Bäumen.

Gated Community (Seite 94)
Eine geschlossene Wohnanlage der Ober- oder Mittelschicht, die durch zahlreiche Maßnahmen (z.B. Mauern, Sperrzäune, Wachdienste) vom Rest der Siedlung und der Gesellschaft abgetrennt ist. Oftmals ist der Grund dieser Abschottung die Furcht vor Verbrechen, manchmal geschieht sie jedoch auch einfach aus dem Wunsch der Absonderung von anderen Gesellschaftsgruppen.

Geburtenrate (Seite 80)
Anzahl der geborenen Kinder pro 1000 Einwohner, z.B. eines Landes oder einer Region innerhalb eines Jahres.

gemäßigte Zone (Seite 30)
Klimazone der mittleren Breiten. Kennzeichen sind Jahreszeiten, d.h. Temperaturunterschiede zwischen Sommer und Winter, und Niederschläge, die verteilt über das ganze Jahr fallen. Früher war die gemäßigte Zone von Laub- und Mischwald bedeckt, heute wird sie vom Menschen intensiv genutzt.

Geofaktor (Seite 108)
Geofaktoren wie Relief, Klima, geologischer Bau, Boden, Wasserhaushalt, Vegetation, Tierwelt sowie der Einfluss des Menschen gestalten die Landschaft.

Geozone (Seite 108)
Geozonen sind Landschaftseinheiten, die sich anhand der Geofaktoren abgrenzen lassen.

Gesteinskreislauf (Seite 34)
Kreislauf, der die ständige Zerstörung und Neubildung der Gesteine darstellt.

Globus (Seite 16)
Bezeichnung für das verkleinerte Abbild der kugelförmigen Erde. Der Maßstab der üblichen Tischgloben mit einem Durchmesser von 36 cm beträgt 1:36 Millionen.

Good Governance (Seite 160)
Gute Regierungsführung, die die Grundbedürfnisse und Wünsche aller Menschen im Land berücksichtigt.

Gradnetz (Seite 14)
Darstellungen der Erde (Globus, Karte) sind mit einem Netz von Linien überzogen. Sie verlaufen von Norden nach Süden (Längengrade) und von Westen nach Osten (Breitengrade). Dieses Gradnetz dient der Ortsbestimmung auf der Erde.

Grundbedürfnis (Seite 156)
Das, was ein Mensch mindestens zum Leben braucht. Die wichtigsten Grundbedürfnisse sind Nahrung, Trinkwasser, Kleidung, Unterkunft, Bildung, Arbeit, ärztliche Versorgung.

Hochdruckgebiet (Seite 116)
Gebiet mit hohem Luftdruck. Es entsteht u.a. bei Absinken der Luftmassen und dem größer werdenden Druck auf die Erdoberfläche.

Hochwasser (Seite 68)
Wenn der Wasserstand von Flüssen, Bächen, Seen, Meeren über das Normalmaß ansteigt, spricht man von Hochwasser. Manchmal kommt es dann zu Überschwemmungen, die zu Naturkatastrophen werden können.

Human Development Index (HDI) (Seite 150)
Der HDI gibt den Entwicklungsstand eines Landes an. Er wird berechnet aus dem BIP (Bruttinlandsprodukt)/Einwohner, der Lebenserwartung, der Bildung (mittlere Anzahl der besuchten Schuljahre) und der Kaufkraft der Menschen.

Hurrikan (Seite 62)
Heftiger, tropischer Wirbelsturm von großer Ausdehnung, der über warmem Wasser (> 27°C) entsteht, dessen Bahn wegen der Erdrotation zuerst westlich, dann zunehmend nördlich verläuft und der schwere Verwüstungen anrichtet.

Hypozentrum (Seite 50)
Ausgangspunkt eine Erdbebens. Von hier breiten sich Erdbebenwellen in alle Richtungen aus.

Industrieland (Seite 82)
Land, das sehr weit entwickelt ist. Im Gegensatz zum Entwicklungsland sind hier die Grundbedürfnisse der meisten Menschen erfüllt.

Infrastruktur (Seite 158)
Dazu zählen alle Einrichtungen, die zur Entwicklung eines Raumes notwendig sind, wie Verkehrswege, Wasser- und Stromleitungen, Entsorgungsanlagen, Bildungs- und Erholungseinrichtungen, Krankenhäuser.

Jahreszeit (Seite 22)
Einteilung des Jahres in vier Zeitabschnitte (Frühling, Sommer, Herbst, Winter), die durch die Umdrehung der Erde um die Sonne im Laufe eines Jahres in unseren Breiten bedingt sind.

Kinderarbeit (Seite 147)
Es ist typisch für viele Entwicklungsländer, dass Kinder unter 14 Jahren arbeiten müssen, um den Lebensunterhalt ihrer Familie zu sichern. Kinder, die arbeiten, haben neben hohen Gesundheitsrisiken nur eine minimale Schulbildung und befinden sich somit in einem „Teufelskreis der Armut".

Klima (Seite 26)
Zum Klima gehören die Erscheinungen, die auch zum Wetter gehören, z.B. Temperatur, Niederschlag. Das Klima eines Raumes wird im Gegensatz zum Wetter über einen längeren Zeitraum (mindestens 30 Jahre) aus den Mittelwerten der Wetterelemente bestimmt.

Klimadiagramm (Seite 26)
Temperatur- und Niederschlagswerte des Klimas können in einem Diagramm zeichnerisch dargestellt werden. Die Niederschläge erscheinen als blaue Säulen und die Temperaturen als rote Kurve.

Klimazone (Seite 30)
Die Erde ist aufgrund der unterschiedlichen großräumigen Temperatur- und Niederschlagsverhältnisse oder Windsysteme in Klimazonen eingeteilt. Gebiete mit gleichem Klima bilden eine Klimazone.

Kontinent (Seite 16)
Ein Kontinent ist eine Festlandsmasse, die von anderen Kontinenten durch eine natürliche Abgrenzung (z.B. ein Meer oder ein Gebirge) getrennt ist. Die Kontinente heißen Europa, Asien, Afrika, Nordamerika, Südamerika, Australien, Antarktis.

Konvektionsstrom (Seite 44)
Auf- und absteigende Magmaströmung im oberen Erdmantel, die zu Bewegungen der Platten der Erdkruste und damit zum Beispiel auch zur Gebirgsbildung führt.

Landwechselwirtschaft (Seite 129)
Form der Landwirtschaft, bei der die Felder so ausgelaugt werden, dass sie nur wenige Jahre bewirtschaftet werden können. Dann müssen neue Felder angelegt werden. Im Gegensatz zum Wanderfeldbau verlagern die Ackerbauern ihre Siedlung nicht.

Längenkreis (Seite 14)
Teil des Gradnetzes der Erde. Die L. verlaufen in Nord-Süd-Richtung. Es gibt 180 Längenkreise. Sie werden in je zwei sich auf der Erdkugel gegenüberliegende Meridiane geteilt.

Längenhalbkreis (Seite 14)
Längenhalbkreise, auch Meridiane genannt, sind Bestandteil des Gradnetzes. Sie bezeichnen die gedachten Hilfslinien, die vom Nordpol zum Südpol verlaufen.

Lava (Seite 46)
aus dem Erdinneren austretender, glutflüssiger Gesteinsbrei (Magma), der an der Erdoberfläche erstarrt.

Lebenserwartung (Seite 80)
Erwartung, wie lange die Angehörigen eines Altersjahrgangs im Durchschnitt leben werden. Die Lebenserwartung hängt vor allem vom Geschlecht, der Ernährung und von der medizinischen Versorgung ab.

Magma (Seite 44)
Gashaltiger, heißer Gesteinsbrei im Erdinneren. Sobald er an die Erdoberfläche tritt, nennt man ihn Lava.

magmatisches Gestein (Seite 35)
Gesteine, die durch Erstarrung von Lava bzw. Magma an der Erdoberfläche bzw. in der Erdkruste entstehen.

Meridian (Seite 14)
Halber Längenkreis, auch Längenhalbkreis, der jeweils vom Nordpol zum Südpol verläuft.

metamorphes Gestein (Seite 34)
Aus Sedimentgesteinen und magmatischen Gesteinen unter hohem Druck und hoher Temperatur innerhalb der Erdkruste entstandene Gesteine.

Metropole (Seite 88)
Großstadt und zugleich politischer und wirtschaftlicher Mittelpunkt eines Landes mit vielfältigem Warenangebot, Dienstleistungen und zahlreichen kulturellen Einrichtungen wie zum Beispiel Theatern und Opernhäusern.

Migration (Seite 86)
Wanderung einzelner Menschen oder von Menschen in Gruppen, die mit einem Wechsel des Wohnsitzes verbunden ist. Gründe für die Migration können die Suche nach

einem Arbeitsplatz, aber auch die Flucht vor Hunger und Krieg sein.

Mitteleuropäische Zeit (MEZ) (Seite 21)
Die in Mitteleuropa gültige Uhrzeit. Sie orientiert sich am 15. Längenhalbkreis.

Mittelozeanischer Rücken (Seite 44)
Langgestreckte, untermeerische Erhebung, die in allen Ozeanen vorkommt und in die erdumspannenden Bewegungen von Platten eingebunden ist.

Mond (Seite 10)
Ein Himmelskörper, der einen Planeten auf einer Umlaufbahn umkreist. „Unser" Mond begleitet die Erde auf ihrem Weg um die Sonne.

Monsun (Seite 64)
Beständig wehende, halbjährlich die Richtung wechselnde Winde in den Tropen.

nachhaltige Entwicklung (Seite 131, 159)
Entwicklung, deren Ziel es ist, dass nicht nur eine kurzfristige, sondern eine langfristige Verbesserung der Lebensbedingungen der Menschen erzielt wird. Dabei wird vor allem auch auf die Schonung der Umwelt geachtet. Eine nachhaltige Entwicklung beinhaltet auch eine nachhaltige Verbesserung bei der Befriedigung der Grundbedürfnisse, oft durch Hilfe zur Selbsthilfe.

Nährstoffkreislauf (Seite 128)
Aufnahme der Bodennährstoffe durch Pflanzen und deren Rückführung in den Boden durch Umwandlungsprozesse abgestorbener Pflanzenteile.

Nationalpark (Seite 124)
Große Gebiete mit besonders schönen oder seltenen Naturlandschaften. Es gelten Schutzbestimmungen, um die hier lebenden Tiere und Pflanzen in ihren Lebensräumen zu erhalten.

Naturereignis (Seite 42)
Naturereignisse sind zum Beispiel Vulkanausbrüche, Erdbeben, Wirbelstürme und Überschwemmungen. Wenn ihre Auswirkungen für die Menschen und die Wirtschaft eines Landes Schaden verursachen, werden sie als Naturkatastrophen bezeichnet.

Naturkatastrophe (Seite 42)
Vulkanausbrüche, Erdbeben, Wirbelstürme und Überschwemmungen werden dann zu Naturkatastrophen, wenn Menschen zu Schaden kommen.

Nomade (Seite 120)
Viehhalter, der auf den jahreszeitlichen Wanderungen mit seiner Herde wechselnde Weideplätze aufsucht.

Nordhalbkugel (Seite 14)
Der Teil der Erde, der nördlich des Äquators liegt.

Nordpol (Seite 14)
Der Nordpol ist der nördlichste Punkt auf der Erde. Er ist der am weitesten entfernte Punkt vom Äquator auf der nördlichen Halbkugel. Am Nordpol gibt es nur eine Himmelsrichtung: Alle Wege führen nach Süden.

Nullmeridian (Seite 14)
Der international gültige Ortsmeridian von Greenwich (London). Er ist der Basislängenhalbkreis, bei dem die Zählung der Meridiane nach Osten und nach Westen beginnt.

Oase (Seite 115)
Eine vom Menschen genutzte „Insel" in der Wüste. Durch vorhandenes Grund- oder Flusswasser ist der Anbau von Nutzpflanzen (z.B. Obst, Gemüse, Getreide) möglich.

Ökosystem (Seite 128)
System, in dem die Umweltbereiche Klima, Tiere, Pflanzen, Wasser, Boden und Menschen in enger Wechselwirkung stehen.

Ökumene (Seite 78)
Als Ökumene wird der vom Menschen besiedelte Teil der Erde bezeichnet. Die Anökumene ist hingegen der unbewohnte Teil. Hier setzen vor allem Kälte und Trockenheit dem Leben und Wirtschaften des Menschen Grenzen.

Ozean (Seite 16)
Die einzelnen, durch Kontinente voneinander getrennten Teile des Weltmeeres; dies sind der Atlantische, der Indische und der Pazifische Ozean. Auch die gesamte Wassermasse des Meeres wird Ozean genannt.

Passatklima (Seite 111)
Klima, welches durch Luftmassenströmungen gekennzeichnet ist. Es gibt feuchte und trockene Passatklimate.

Passatzirkulation (Seite 116)
Windsystem, das das Klima der Tropen bestimmt. Aufgrund des Luftdruckgefälles von den subtropischen Hochdruckgebieten zu den äquatorialen Tiefdruckgebieten wehen ganzjährig Nordost- bzw. Südostwinde äquatorwärts, die Passate.

Planet (Seite 10)
Ein Planet ist ein Himmelskörper, der die Sonne auf einer Umlaufbahn umkreist. Er leuchtet nicht selbst, sondern wird von der Sonne angestrahlt. Acht Planeten umkreisen die Sonne. Einer davon ist die Erde.

polare und subpolare Zone (kalte Zone) (Seite 30)
Klimazone zwischen der gemäßigten Zone und den Polen. Sie ist durch eine geringe Sonneneinstrahlung charakterisiert. Im Mittel liegen die Jahresdurchschnittstemperaturen bei 0 °C oder darunter. Sie wird auch als kalte Zone bezeichnet.

Polarnacht (Seite 22)
Zeit, in der die Sonne jenseits der Polarkreise Tag und Nacht unter dem Horizont bleibt.

Polartag (Seite 22)
Die Zeit des Jahres, in der die Sonne jenseits der Polarkreise Tag und Nacht scheint. An den Polen dauert der Polartag ungefähr sechs Monate.

Polder (Seite 69)
Eingedeichtes, neu gewonnenes Marschland an der Nordseeküste. Auch verwendet für eingedeichte Flusslandschaften, die bei Hochwasser als Ausgleichsflächen dienen.

Profil (Seite 106)
Ein Profil ist eine Zeichnung eines Längsschnittes durch eine Landschaft (z. B. einen Berg). Die Oberflächenformen entlang der Schnittlinie werden durch das Profil anschaulich.

Push- und Pull-Faktoren (Seite 88)
Auslösende Ursachen für die Wanderung von Menschen zwischen Räumen mit unterschiedlicher Attraktivität. Push-Faktoren bewegen die Menschen zum Verlassen einer Region (z. B. Landflucht, schlechte Bildungsmöglichkeiten, hohe Arbeitslosigkeit). Pull-Faktoren sind Anziehungskräfte des Zuwanderungsgebietes (z. B. Verstädterung)

Raubbau (S. 136)
Wirtschaftsweise, bei der ohne Rücksicht auf mögliche negative Folgen für die Zukunft Rohstoffe (z. B. Holz) ausgebeutet werden.

Regenzeit (Seite 118)
Zeitraum mit besonders ergiebigen Niederschlägen, im Gegensatz zur Trockenzeit. In den Savannen z. B. wird das Jahr in Regenzeit und Trockenzeit eingeteilt.

Sahelzone (Seite 120)
Übergangsbereich zwischen Wüste und Trockensavanne am Südrand der Sahara.

sanfter Tourismus (Seite 125)
Eine Form des Tourismus, der Natur und Landschaft nur gering belastet und auf die Traditionen und Interessen der einheimischen Bevölkerung Rücksicht nimmt.

Savanne (Seite 118)
Zone zwischen der Wüste und dem tropischen Regenwald. Je nach der Niederschlagsmenge ändert sich die Vegetation: In der Feuchtsavanne wachsen hohe Gräser und Bäume, in der Trockensavanne wachsen Gräser, Sträucher und einzelne Bäume, in der Dornstrauchsavanne gedeihen nur Pflanzen, die an die Trockenheit angepasst sind.

Schichtvulkan (Seite 46)
Meist kegelförmiger Vulkan mit steilen Flanken. Er besteht aus abwechselnden Lava- und Ascheschichten.

Schildvulkan (Seite 46)
Vulkan mit flachgewölbten, weitauslaufenden Flanken. Er entsteht durch Ausströmen dünnflüssiger Lava.

Schwelle (Seite 106)
Rückenartige Erhebung, die aus einem Becken aufragt. Schwellen können ganz oder teilweise von Wasser überdeckt sein.

Schwellenland (Seite 150)
Land, das sich im Übergang (auf der „Schwelle") vom Entwicklungsland zum Industrieland befindet.

Sediment (Seite 35)
Gestein, das aus Ablagerungen von Sand, Ton und Kalk hervorgegangen ist und schichtförmig (Gesteinsschichten) auftritt.

Sedimentation (Seite 34)
Ablagerung von verwittertem Gesteinsmaterial durch Gewässer und Wind.

Seebeben (Seite 60)
Erschütterung der Erde (Erdbeben), deren Herd unter einem Meeresgebiet liegt.

Slum (Seite 94)
Städtisches Elendsviertel mit mangelhaften Wohnverhältnissen, schlechter Schulausstattung, fehlender Krankenversorgung, ungünstigen hygienischen Verhältnissen usw.

Sonderwirtschaftszone (Seite 96)
Staatsgebiet, das ein besonderes wirtschaftsförderndes Wirtschafts- und Steuerrecht aufweist. Das Ziel der Einrichtung ist für gewöhnlich wirtschaftliches Wachstum durch ausländische Investitionen.

Sonne (Seite 10)
Der zentrale Stern unseres Sonnensystems, um den sich die Planeten auf Umlaufbahnen bewegen.

Sonnensystem (Seite 10)
Eine Sonne mit ihren Planeten und deren Monde bilden ein Sonnensystem. Unser Sonnensystem umfasst die Sonne und acht Planeten.

Sterberate (Seite 80)
Anzahl der Gestorbenen pro 1000 Einwohner innerhalb eines Jahres.

Sterne (Seite 10)
Ein Stern, auch Sonne genannt, ist eine glühende Gaskugel, die ihr Licht in den Weltraum strahlt.

Stockwerkanbau (Seite 115)
In den Oasen werden Anbaufrüchte so angepflanzt, dass sie möglichst gut gegen die Sonne geschützt sind. Höhere Pflanzen dienen als Schattenspender für niedrigere Pflanzen.

Subduktionszone (Seite 45)
Gebiet mit absteigender Magmaströmung, in dem die Kontinentalplatten aufgelöst werden. Dabei entstehen Tiefseegräben, Vulkane und Erdbeben.

subtropische Zone (warme Zone) (Seite 30)
Klimazone zwischen der gemäßigten und der tropischen Klimazone. Die Zone ist von heißen Sommern und milden Wintern geprägt. Im Mittelmeerraum fällt der Jahresniederschlag vorwiegend über die Wintermonate.

Südhalbkugel (Seite 14)
Die Südhalbkugel ist der Teil der Erde, der südlich des Äquators liegt.

Südpol (Seite 14)
Der Südpol ist der südlichste Punkt auf der Erde (an dem die gedachte Erdachse die Erdoberfläche durchstößt). Er ist der am weitesten entfernte Punkt vom Äquator auf der südlichen Erdhalbkugel. Am Südpol gibt es nur eine Himmelsrichtung: Alle Wege führen nach Norden.

Tiefdruckgebiet (Seite 116)
Gebiet mit niedrigem Luftdruck. Tiefdruckgebiete bringen bei uns oft reichlich Niederschläge.

Tiefseegraben (Seite 45)
Lang gestreckte, meist rinnenförmige Einsenkung im Meeresboden mit Tiefen bis zu 11034 m (Witjas-Tief).

Trockensavanne (Seite 118)
Teil der Savannen mit Trockenzeiten zwischen 4 bis 8 Monaten. Im Gegensatz zur Feuchtsavanne überwiegen hier daher nur Büsche, Sträucher und Gräser.

Trockenzeit (Seite 119)
Zeitraum, in dem keine Niederschläge fallen, im Gegensatz zur Regenzeit. In den Savannen wird das Jahr in Regenzeit und Trockenzeit eingeteilt.

tropischer Regenwald (Seite 126)
Immergrüner Wald beiderseits des Äquators. Das tropische Klima – in dem dieser Wald entsteht – zeichnet sich durch gleichbleibend hohe Temperaturen und enorme Niederschlagsmengen aus. Zudem treten keine relevanten Trockenzeiten auf, die das Wachstum beschränken. Für den tropischen Regenwald ist der Stockwerkbau der Pflanzen und die Artenvielfalt der Pflanzen und Tiere, deren Lebensraum er darstellt, charakteristisch.

tropischer Wirbelsturm (Seite 62)
Ein sich kreisförmig bewegender, wandernder Luftwirbel, der in tropisch-warmen Meeresteilen entsteht. Wegen der oft orkanartigen Windgeschwindigkeiten können diese Wirbelstürme Sturmfluten erzeugen und an den Küsten verheerende Zerstörungen anrichten.

Tsunami (Seite 60)
Extrem hohe Welle von großer Energie und Zerstörungskraft, die am Meeresboden durch Vulkanausbruch oder Erdbeben ausgelöst wird.

Überernährung (Seite 144)
Typisches Merkmal von Menschen in Industrieländern. Tritt ein, wenn dem Körper über längere Zeit mehr Kalorien/Joule zugeführt werden als er benötigt (vgl. Unterernährung).

Umlaufbahn (Seite 10)
Die Planeten umkreisen andere Himmelskörper auf bestimmten Bahnen. Diese heißen Umlaufbahnen. Der Planet Erde braucht ein Jahr um auf seiner Umlaufbahn die Sonne zu umrunden.

Unterernährung (Seite 144)
Unzureichende Versorgung mit Nahrungsmitteln; der tägliche Joule-/Kalorienbedarf kann nicht gedeckt werden (vgl. Überernährung).

Verwitterung (Seite 32)
Gesteine werden durch den Einfluss von Wasser, Frost und Hitze zersetzt und zerkleinert. Dies nennt man Verwitterung.

Vulkan (Seite 46)
Ein Vulkan ist eine kegel- oder schildförmige Erhebung, die durch den Austritt von Magma, Asche, Gesteinsbrocken und Gasen aus dem Erdinneren entsteht.

Wadi (Seite 112)
Das Wadi ist ein Trockental in der Wüste. Es kann bei gelegentlichen Starkregen Wasser führen.

Wanderfeldbau (Seite 129)
Ursprüngliche Anbauform im tropischen Regenwald. Schon nach wenigen Anbaujahren werden die Felder und Siedlungen verlegt, da die Bodenfruchtbarkeit erschöpft ist. Die benötigten Flächen werden häufig durch Brandrodung nutzbar gemacht.

Weltall (Seite 10)
Der gesamte Raum, in dem sich alle für uns fassbaren räumlichen und zeitlichen Vorgänge abspielen.

Wetter (Seite 24)
Wetter nennt man das Zusammenwirken von Temperatur, Luftdruck, Luftfeuchtigkeit, Wind, Bewölkung und Niederschlag zu einem bestimmten Zeitpunkt an einem bestimmten Ort. Man beobachtet und misst das Wetter in den Wetterstationen und -warten.

Wetterelement (Seite 24)
Bausteine des Wetters: Temperatur, Luftdruck, Luftfeuchtigkeit, Niederschlag, Wind, Bewölkung. Durch Zusammenwirken und gegenseitige Beeinflussung entsteht das Wetter.

Wüste (Seite 112)
Gebiet, in dem wegen Wassermangel keine oder nur wenige Pflanzen wachsen. Es fallen nur selten geringe Niederschläge. Es gibt Sandwüsten, Kieswüsten und Felswüsten.

Zeitzone (Seite 21)
Aus praktischen Gründen ist die Erde in 24 Haupt-Zeitzonen eingeteilt. In einer Zeitzone gilt dieselbe Uhrzeit. Von Zone zu Zone verändert sich die Zeit um eine Stunde.

Zenit (Seite 110)
Gedachter Punkt am Himmel, der sich senkrecht über dem Beobachtungspunkt an der Erdoberfläche befindet.

Land	Fläche (in km²)	Einwohner (in Mio.) 2014	Geburtenrate (in ‰) 2013	Sterberate (in ‰) 2013	Bevölkerung (in %) 2014	
					unter 15 Jahren	über 65 Jahren
Europa (EU-Staaten)						
Belgien	32 280	11,2	11	10	22	18
Bulgarien	108 560	7,3	9	14	14	20
Dänemark	42 430	5,6	10	11	17	19
Deutschland	357 093	80,9	8	11	13	21
Estland	45 227	1,3	10	12	16	18
Finnland	338 144	5,5	11	10	16	20
Frankreich	543 965	66,2	12	9	19	19
Griechenland	131 957	10,9	9	10	15	21
Großbritannien	242 910	64,5	12	9	18	18
Irland	70 273	4,6	15	7	22	13
Italien	301 336	61,3	9	10	14	22
Kroatien	56 542	4,2	9	12	15	19
Lettland	64 589	2,0	10	14	15	19
Niederlande	41 526	16,8	10	8	17	18
Österreich	83 871	8,5	9	9	14	19
Polen	312 685	37,9	10	10	15	15
Portugal	92 345	10,4	8	10	14	20
Rumänien	238 391	19,9	9	12	16	17
Schweden	449 964	9,7	12	9	17	20
Spanien	504 645	46,4	9	8	15	18
Tschechien	78 866	10,5	10	10	15	17
Vatikanstadt	0,44	0,0008	–	–	–	–
Afrika						
Ägypten	1 002 000	80,7	28	7	33	6
Äthiopien	1 133 380	91,7	33	9	42	3
Kenia	582 646	43,2	35	9	42	3
Libyen	1 775 500	6,2	21	6	35	5
Nigeria	923 768	168,9	40	13	44	3
Tschad	1 284 000	12,4	45	14	48	2
Südafrika	1 219 090	51,2	21	13	37	5
Nord- und Mittelamerika						
Kanada	9 984 670	34,8	11	7	19	15
Mexiko	1 953 162	120,1	19	6	28	6
USA	9 809 155	313,9	13	8	19	14
Südamerika						
Argentinien	2 780 403	41,1	18	8	25	11
Bolivien	1 098 581	10,5	24	7	33	5
Brasilien	8 547 404	198,6	15	7	28	7
Peru	1 285 216	30,0	20	7	28	6
Asien						
China, Volksrepublik	9 572 419	1350,7	12	7	23	9
Indien	3 287 263	1236,7	20	7	29	5
Israel	20 991	7,9	21	6	28	11
Japan	377 837	127,6	8	10	14	24
Malediven	298	0,3	17	5	28	5
Mongolei	1 564 100	2,8	24	6	28	4
Pakistan	796 095	179,1	30	7	35	4
Russland	17 075 400	143,5	13	13	16	13
Saudi-Arabien	2 240 000	28,3	21	5	29	3
Singapur	683	5,3	9	5	19	10
Südkorea (Rep. Korea)	99 313	50,0	14	5	21	12
Thailand	513 115	66,8	11	8	18	9
Türkei	779 452	74,0	17	7	26	7
Vietnam	331 114	88,8	16	6	23	7
Ozeanien						
Australien	7 692 030	22,7	13	6	20	14
Nauru	21	0,01	–	–	–	–
Neuseeland	270 534	4,4	13	7	21	14

(Quelle: Fischer Weltalmanach 2014, Knoema Datenatlas 2016)

Lebens-erwartung (in Jahren) 2015	Städtische Bevölkerung (in %) 2014	Zugang zu Trinkwasser (in %) 2014	Bevölkerung unter der Armutsgrenze 2014	BNE pro Kopf (in US-$) 2014
81	98	100	–	47 419
74	74	100	10,9	7 534
80	87	100	–	61 856
81	75	100	–	47 496
77	68	98	–	18 738
81	84	100	–	49 539
82	79	100	–	43 372
81	78	100	–	21 631
81	82	100	–	41 998
81	63	100	–	42 270
82	69	100	–	34 700
77	58	99	11,1	20 500
74	68	99	5,9	22 690
81	84	100	–	48 260
81	68	100	–	43 220
77	61	–	10,6	23 930
81	62	99	–	28 010
75	53	89	13,8	19 020
82	85	100	–	46 730
82	78	100	–	33 080
78	73	100	–	28 020
–	–	–	–	–
73	43	99	25,2	10 260
59	19	44	29,6	1 500
61	25	59	45,9	2 940
72	78	–	–	16 000
52	47	58	62,6	5 710
51	22	51	–	2 070
56	64	91	23,0	12 700
81	82	100	–	43 360
77	79	96	51,3	16 640
79	85	99	–	55 860
76	92	–	–	17 250
88	68	88	50,6	6 290
74	85	98	21,4	15 590
74	78	85	27,8	11 440
75	54	91	2,8	13 170
67	32	92	29,8	5 630
82	92	100	–	32 830
83	93	100	–	37 920
77	44	98	–	10 920
69	71	82	39,2	11 120
66	38	92	22,3	5 090
71	74	97	11,1	24 710
74	83	–	–	25 010
82	100	100	–	80 270
81	84	98	–	34 620
74	39	96	13,2	14 870
75	73	100	18,1	18 980
76	33	95	20,7	5 350
82	89	100	–	42 760
–	–	–	–	–
81	86	100	–	34 970

Hilfe zur Lösung

analysieren	Schwierige Sachverhalte in Teilthemen untergliedern und die Zusammenhänge herausarbeiten und aufzeigen.
auflisten	Eine Liste von Sachverhalten oder Gegenständen ohne Erklärung anlegen.
auswerten	Die Aussagen von Materialien (Texten, Karten, Bildern) herausfinden und zusammenstellen.
begründen	Für einen bestimmten Sachverhalt Argumente finden und aufschreiben.
beschreiben	Die Aussagen von Materialien (Texten, Karten, Bildern) mit eigenen Worten wiedergeben.
bestimmen, ermitteln	Einen Sachverhalt oder einzelne Begriffe in Texten und Materialien herausfinden.
beurteilen	Auf der Grundlage von Fachkenntnissen und der Analyse von Materialien einen Sachverhalt ohne persönliche Bewertung einschätzen.
bewerten	Auf der Grundlage von Fachkenntnissen und der Analyse von Materialien einen Sachverhalt einschätzen und eine sachlich begründete eigene Meinung darlegen.
charakterisieren	Einen Raum oder einen Sachverhalt auf der Grundlage bestimmter Gesichtspunkte begründet vorstellen.
darstellen	Die Aussagen von Materialien (Texten, Karten, Bildern) geordnet als Text oder Schemazeichnung verdeutlichen.
diskutieren	Zu einem Sachverhalt Argumente zusammenstellen und daraus eine begründete Bewertung entwickeln.
einordnen	Einen Sachverhalt auf der Grundlage einzelner Gesichtspunkte in einen Zusammenhang stellen.

der Aufgaben

Reihenfolge

entwickeln	Vorschläge und Maßnahmen vorstellen, die zu einer weiterführenden oder anderen Betrachtung eines Sachverhalts beitragen.
erarbeiten	Aus Texten und Bildern Sachverhalte herausfinden, die nicht klar benannt sind, und Zusammenhänge zwischen ihnen herstellen.
erklären	Ursachen und Folgen bestimmter Sachverhalte in einen Zusammenhang bringen und deuten.
erläutern	Sachverhalte auf der Grundlage verschiedener Informationen verdeutlichen.
erörtern	Einen Sachverhalt unter Abwägen von Pro- und Kontra-Argumenten klären und abschließend eine eigene begründete Meinung entwickeln.
interpretieren	Materialien (Texte, Karten, Bilder) auswerten, Zusammenhänge verdeutlichen, den Sinn erfassen und Schlussfolgerungen ziehen.
lokalisieren	Finden eines Raumbeispiels (Stadt, Staat) auf einer Karte und Beschreibung der Lage (z. B. Himmelsrichtung auf einem Kontinent, in der Nähe großer Flüsse oder Gebirge).
nennen, benennen	Sachverhalte oder Informationen ohne Erklärung wiedergeben.
prüfen, überprüfen	Aussagen auf der Grundlage eigener Kenntnisse oder mithilfe zusätzlicher Materialien auf ihre Angemessenheit und Richtigkeit hin untersuchen.
Stellung nehmen	Auf der Grundlage von Fachkenntnissen und der Analyse von Materialien einen Sachverhalt einschätzen und eine sachlich begründete eigene Meinung darlegen.
vergleichen	Gemeinsamkeiten und Unterschiede zwischen zwei oder mehreren Sachverhalten oder Räumen erfassen und verdeutlichen.

|123RF.com, Hong Kong: flukesamed 146.1; Nagy, Roland 154.1; Patisena, Kampee 42.1. |AFP Agence France-Presse GmbH, Berlin: Edelson, Josh 4.2, 38.1. |Alamy Stock Photo (RMB), Abingdon/Oxfordshire: Blackbird, Sabena Jane 124.2. |Anzenberger Agentur für Fotografen, Wien: Riedler, Reiner 87.3. |Arbeiter-Samariter-Bund Deutschland e.V., Berlin: Sae Kani 52.1. |ARD, München: 54.2. |Arend, Jörg, Wedel: 34.2, 35.1. |Astrofoto, Sörth: 20.1. |Baaske Cartoons, Müllheim: Striepecke, K. G. 145.1. |BanaFair e.V., Gelnhausen: 160.5. |Bayram Gasimkhanli Alibeshir, Berlin: Veröffentlichung im Rahmen des Karikaturenwettbewerb des Dritte Welt Journalisten Netz 2007 165.1. |Berghahn, Matthias, Bielefeld: 88.1. |Bergmoser + Höller Verlag AG, Aachen: 82.3. |Better Life Aid and Tours, Ghana-Bolgatanga: 125.2. |Bettermann, Antje, Wendhausen: 149.1. |bildunion GmbH, Ladenburg: Hansen, Jan-Dirk 41.1. |Binter, P.: 110.1. |Böthling, Jörg, Hamburg: 123.2. |bpk-Bildagentur, Berlin: Katz, Dietmar 12.1. |Bräuer, Kerstin, Leipzig: 107.1, 107.2, 107.3. |Braune, Barbara, Peine: 18.1, 18.4. |Brot für die Welt, Berlin: 162.2. |Clipdealer GmbH, München: 127.2. |Colourbox.com, Odense: Ljungberg, Mats 159.1. |Columbus-Verlag, Krauchenwies: 16.2. |Dägling, Andreas, Wardenburg: 164.4. |Deuter, Wolfgang, Germering: 24.1. |Deutsche Stiftung Weltbevölkerung (DSW), Hannover: 80.1, 143.2, 143.3. |Deutscher Wetterdienst, Offenbach: © Deutscher Wetterdienst (DWD)/Heimann, Alexander 28.2. |Diercke WebGIS: 153.1, 153.2, 153.3. |DLR Deutsches Zentrum für Luft- und Raumfahrt, Berlin: 16.1. |dreamstime.com, Brentwood: Anacoimbra 33.4; Jaysi 89.2; Kochergin 77.1; Kollidas, Georgios 126.2; Sapsiwai 94.1; Sereda, Tomas 33.7; Vaidya, Prashant 4.3, 74.1; Zingale, Concetta 72.2. |Druwe & Polastri, Cremlingen/Weddel: 119.1. |Eck, Thomas, Berlin: 21.1. |ESA - European Space Agency, Frascati (Roma): NASA/Selfie Alexander Gerst 10.1; S. Corvaja, 2014 10.2. |F1online, Frankfurt/M.: Cultura Images 4.1, 6.1; Geh, Andreas 32.1. |Fairtrade Deutschland e.V., Köln: 160.2, 160.3. |Focus Photo- u. Presseagentur GmbH, Hamburg: Menzel 143.1. |fotolia.com, New York: Arnold 32.1; Avraham, Kushnirov 76.2; Blach, Mariusz 56.2; Ckap 105.6; Denis 105.8; DeWe 65.2; Drachenko, Oleksiy 72.4; emeraldphoto 49.1; emuck 129.2, 129.3; eyetronic 77.3; forcdan 105.4; Friday 67.1; Grellmann, Tilo 121.1; Grötzner, Uwe 69.2; Grudzinski, Jaroslaw 127.3; idesign2000 11.1; imtmphoto 101.1; iofoto 41.2; JFL Photography 48.1; Käppler, Sven 33.3; Krause, Volker 32.2; Light Impression 33.2; M.E.A. 33.8; MAXFX Titel. Erde; Mazuryk, Mykola 30.1; Musat, Christian 118.2; oriwo 138.3; PeJo 127.4; Sanders, Gina 144.1; Schmitt, Henry 105.5; Schulz-Design 71.1; stomur 34.3; Tepfenhart, Rudolf 114.1; Tetastock 105.1; Thyberg, David 118.6; webartworks.de 65.1; windu 35.2; wiw 123.1; wrobel27 118.1; wyssu 118.4. |Gaffga, Peter, Eggenstein-Leopoldshafen: 58.1. |Garmin Deutschland GmbH, Gräfelfing (bei München): 152.3. |Gary Cook Photography, Castle Douglas: 124.1. |Getty Images, München: AFP/Mathema, Prakash 65.3; AFP/Ngan, Mandel 40.2; AFP/Nogi, Kazuhiro 87.2; AFP/STR 64.1; AFP/Stringer 5.2, 42.2, 72.1, 140.1; AgStock Image/Llewellyn, Robert 66.2; Bongarts/Stringer 86.1; Liu, Xiaoyang 97.1; The LIFE Picture Collection/Bourke-White, Margaret 66.1. |Gjerstad, Kim, Lille: 155.2. |GoodWeave International, Köln: 160.4. |Götz, Katrin, Berlin: 37.2. |Greenpeace e.V., Hamburg: Budhi, Oka 135.1; Verbelen, Filip 155.1. |Henry, Shawn, Gloucester: 142.1. |Herbert, Ch. W., USA-Tucson: 51.1. |Hinzmann, Bettina, Bochum: 118.3, 118.5. |Hofemeister, Uwe, Diepholz: 47.1, 47.2, 47.3, 47.4, 54.1. |International Rescue Committee, New York: Tyler Jump 87.1. |iStockphoto.com, Calgary: acanonguy 8.3; Beboy_ltd 40.1; benkrut 152.2; Berry, Doug 152.4; Braunsil 94.3; egadolfo 60.2; funky-data 5.1, 102.1; holgs 95.1; iShootPhotos 24.2; Jansen, Silvia 82.1, 95.3; Malsbury, Peter 105.7; martinhosmart 89.1; mikehillpics 127.5; MissHibiscus 164.3; Mtain 77.4; namibelephant 125.1; Nikada 98.1; photophinish 41.4; ranplett 120.2, 126.1; xxmmxx 127.1; Zijlstra, Peter 129.4. |JOKER: Fotojournalismus, Bonn: Allgoewer, Walter G. 99.2. |Jürgen Frank Photography, New York: 156.1. |Karto-Grafik Heidolph, Dachau: 61.1, 61.2, 115.1, 131.1. |Klaer, W., Mainz: 138.1, 138.2. |Kreuzberger, Norma, Lohmar: 33.5. |Kuhli, Martin, Oerlinghausen: 100.1. |Lachmeyer, Karl-Heinz, München: 105.3. |laif, Köln: Alberto Garcia/REA Titel; Butzmann, Dominik 82.2; Calais, Christophe 145.2; Foto: Murat Tueremis 50.2; Imaginechina 91.1; Imaginechina/Yuan bo 98.2; Ulutuncok 137.1. |Liebe, K., Wirges: 28.1. |Lüdecke, Timo, Bovenden: 19.1. |mauritius images GmbH, Mittenwald: Hoffmann 33.6; m. und re. Thonig/Hoffmann-Burchardi, H., Düsseldorf li. 113.1; Photo Resource 46.1; Truffy, Rene 92.2; Ypps 21.2. |NASA, Washington: 104.1. |NASA - Visible Earth: GSFC 37.1. |Naumann, Andrea, Aachen: 164.1, 164.2. |Nebel, Jürgen, Muggensturm: 76.1, 90.2, 114.3, 148.1. |Nußbaum, Dennis, Koblenz: 9.1, 25.1, 64.2. |OKAPIA KG - Michael Grzimek & Co., Frankfurt/M.: Kiepke 92.1. |PantherMedia GmbH (panthermedia.net), München: 36clicks 70.2; Balaguer, Tono 161.1; Geller, Bernd 70.1; Ingrid H. 105.2; Pauschert, Christian 117.1; Phovoi R. 71.2. |Peterhoff, Dr. Frank, Lenggries: 31.2, 35.3. |Pflügner, Matthias, Berlin: 12.2. |Philipp, Dr. Eckhard, Berlin: 31.1. |Picture-Alliance GmbH, Frankfurt a.M.: 62.2; Abaca/De Malglaive Etienne 42.3; AFP/Goraya, A. M. 87.4; Anatolian Agency/epa 50.1; ANN/The Star 96.2; dpa 93.2; dpa/Dornberger, Volker 163.1; dpa/epa Nordfoto 44.1; dpa/Kalaene, Jens 163.2; dpa/Scheuer, Stephan 99.1; dpa/Stoppelman 92.3; dpa/Wolf, Jens 42.4; EUMETSAT 62.1, 72.3; KEYSTONE/dpaweb/Balzarini 33.9; Koene, Ton 120.1; NHPA/photoshot/Harvey, Martin 136.1. |pixelio media GmbH, München: Jerzy 129.1. |Plan International Deutschland e.V., Hamburg: 162.1. |Preisinger, Dr. H. (BMBF/Universität Hamburg), Hamburg: 130.1. |Raupach, Thomas, Hamburg: 8.4. |REUTERS, Berlin: Boylan, Desmond 95.2; New, Ho 60.1. |Schönauer-Kornek, Sabine, Wolfenbüttel: 9.2, 9.3, 69.1, 114.2, 152.1. |Schwarzstein, Yaroslav, Hannover: 19.3, 20.3, 55.1, 57.1, 57.2, 57.3, 57.4, 57.5, 61.3, 127.6, 127.7, 127.8, 127.9, 127.10, 127.11, 127.12. |Seeber, Christian, Berlin: 90.1. |Shutterstock.com, New York: africa924 160.1; Albo 53.1; Cylonphoto 70.3; De Visu 158.1; HamsterMan 147.1; Lisner, Martin 71.3; Lorcel 56.1; Petrakov, Vadim 116.1; Radiokafka 8.1; wandee007 134.1; Zzvet 8.2. |Spitzbergen.de/Rolf Stange, Dresden: 23.1, 23.2. |Stadtentwässerungsbetriebe Köln, AöR / Hochwasserschutzzentrale, Köln: 68.1. |Stephan, Thomas, Munderkingen: 59.1. |Stonjek, Diether, Georgsmarienhütte: 77.2, 99.3. |Strohbach, Dietrich, Berlin: 41.3. |terre des hommes Deutschland e.V., Osnabrück: 162.4. |The Green Belt Movement, London: 131.2. |transit - Fotografie und -Archiv, Leipzig: Roetting, Thomas 96.1. |UN World Food Programme (WFP) - Welternährungsprogramm der Vereinten Nationen, Berlin: Skullerud, Rein 122.1. |UNICEF Deutschland, Köln: 162.3. |VII Photo Agency, Paris: 94.2. |Visum Foto GmbH, München: Panos Pictures 93.1. |Wendorf, Monika, Hannover: 18.2, 18.3, 19.2, 20.2, 31.3. |wetter.com GmbH, Konstanz: 25.5. |WetterOnline GmbH / www.wetteronline.de, Bonn: 25.2. |wikimedia.commons: Gemälde von Henry Raeburn 34.1. |Wilken, Thomas: 33.1. |www.weatherpro.de, Berlin: 25.4. |www.worldmapper.org, London: 78.1. |Yahoo! Deutschland GmbH, München: 25.3. |ZDF-Bilderdienst, Mainz: 54.3.

Erde – physisch

Landhöhen und Meerestiefen (in Meter)

Gebiet unter dem Meeresspiegel — Berghöhe

2962

1500
1000
500
200 — (Küstenlinie)
0
−200
−2000
−4000
−6000
−8000

Maßstab 1: 100 000 000

Beaufortsee
Bering-straße
Kap Barrow
Kanadischer Archipel
Baffin-bai
Grönland
3231
Europäisches Nordmeer
Island
Aleuten
Alaska
6198 Mt. McKinley
Rocky Mountains (Felsengebirge)
Küstengebirge
Barrengrounds
Kanadischer Schild
Hudson-bai
Baffin-Insel
Kap Farvel
Britische Inseln
Vancouver
NORD AMERIKA
Winnipeg
Labrador
Neufundland
Lon
Pari
San Francisco
Großes Becken
Great Plains (Prärien)
Sierra Nevada
Missouri
Appalachen
New York
Bermuda-Inseln
Sargasso-see
Azoren
Lissabon
Casablanca
Madeira
Atlas
Kanaren
Hochland von Mexiko
New Orleans
Golf von Mexiko
Kuba
Große Antillen
Karibisches Meer
9219
S A
A F
Mexiko-Stadt
Mittelamerika
Zentral-pazifisches Becken
Clipperton-Insel
Panamá
Llanos
Bergland von Guayana
Amazonas
St. Paul
7758
Kapverden
Kap Verde
Monrovia
Ascension
Pazifischer
Galapagos-Inseln
Quito
Cotopaxi 5897
Belém
Punta Parinas
Selvas
A SÜDAMERIKA
Kap Branco
Brasilianisches Bergland
Atlantischer
Ozean
Ozean
Anden
Titicacasee
La Paz
Cordillera
Paraná
Rio de Janeiro
St. Helena
Sampa
8050
Tongagraben
Tonga
Osterinsel
Aconcagua 6960
Pampa
Santiago
Buenos Aires
Tristan da Cunha
Patagonien
Falkland-Inseln (Malwinen)
Südgeorgien
Südsandwich-Inseln
-8428
Bouve
Insel
Punta Arenas
Kap Hoorn
Weddell-meer